일본어

펜맨십

사람 *in*
saramin

ひらがな

あ a	い i	う u	え e	お o
か ka	き ki	く ku	け ke	こ ko
さ sa	し shi	す su	せ se	そ so
た ta	ち chi	つ tsu	て te	と to
な na	に ni	ぬ nu	ね ne	の no
は ha	ひ hi	ふ fu	へ he	ほ ho
ま ma	み mi	む mu	め me	も mo
や ya	（い） i	ゆ yu	（え） e	よ yo
ら ra	り ri	る ru	れ re	ろ ro
わ wa	（い） i	（う） u	（え） e	を o
ん n				

カタカナ

ア a	イ i	ウ u	エ e	オ o
カ ka	キ ki	ク ku	ケ ke	コ ko
サ sa	シ shi	ス su	セ se	ソ so
タ ta	チ chi	ツ tsu	テ te	ト to
ナ na	ニ ni	ヌ nu	ネ ne	ノ no
ハ ha	ヒ hi	フ fu	ヘ he	ホ ho
マ ma	ミ mi	ム mu	メ me	モ mo
ヤ ya	(イ) i	ユ yu	(エ) e	ヨ yo
ラ ra	リ ri	ル ru	レ re	ロ ro
ワ wa	(イ) i	(ウ) u	(エ) e	ヲ o
ン n				

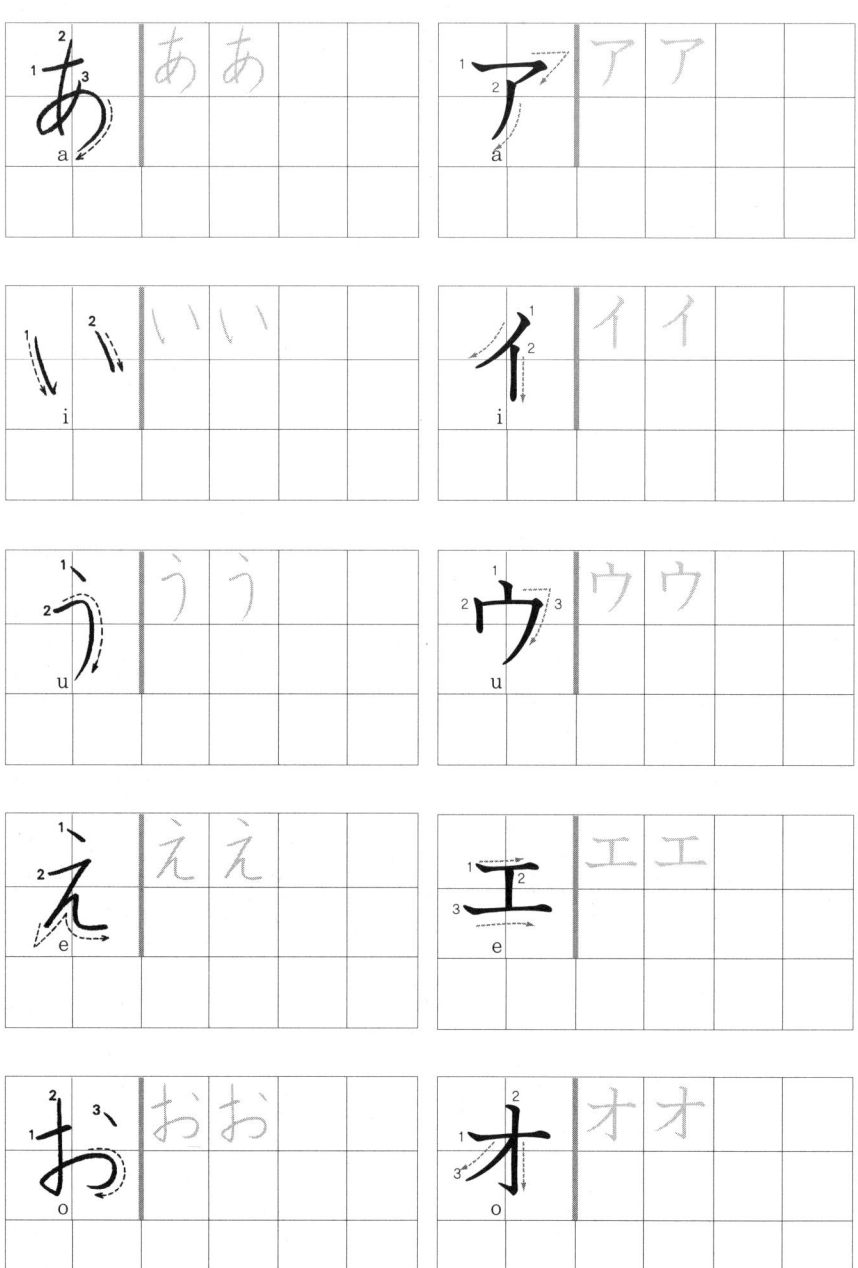

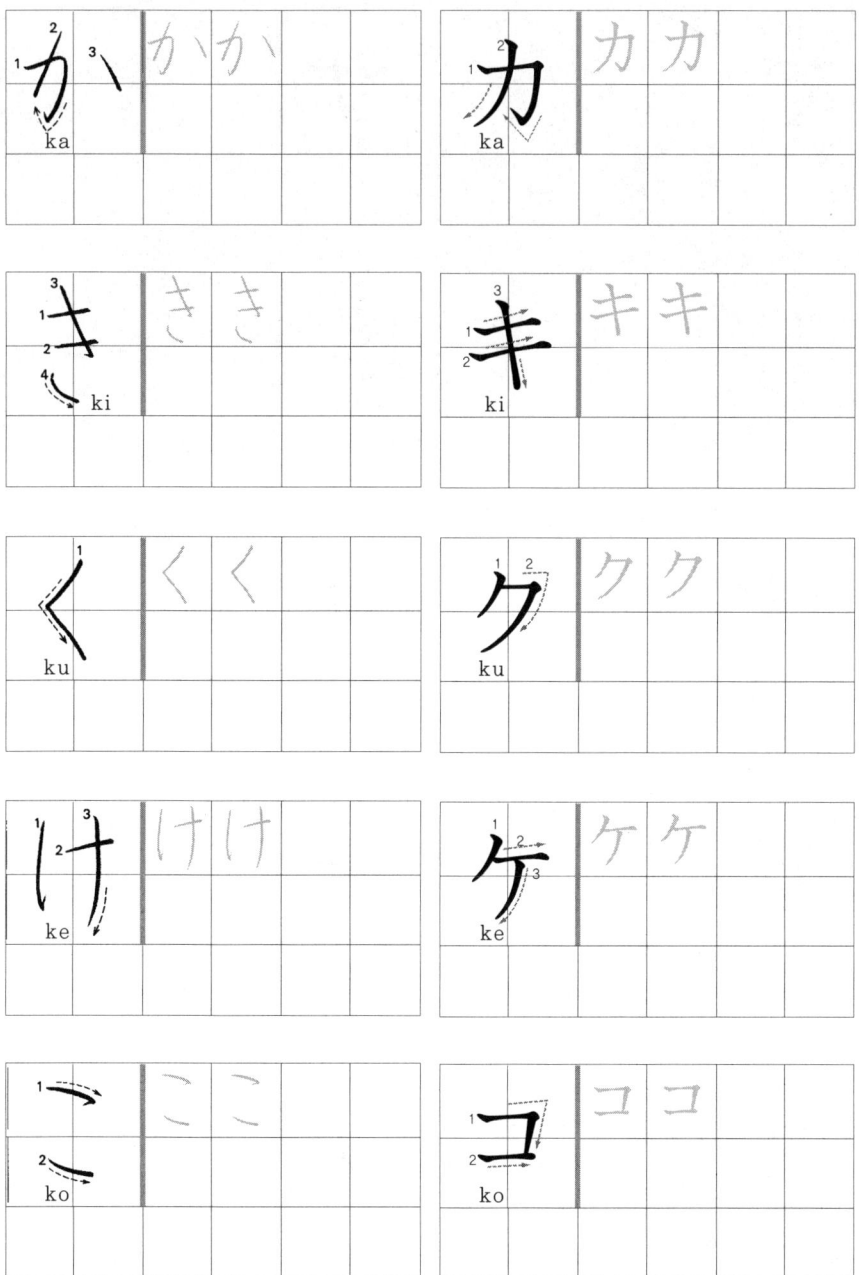

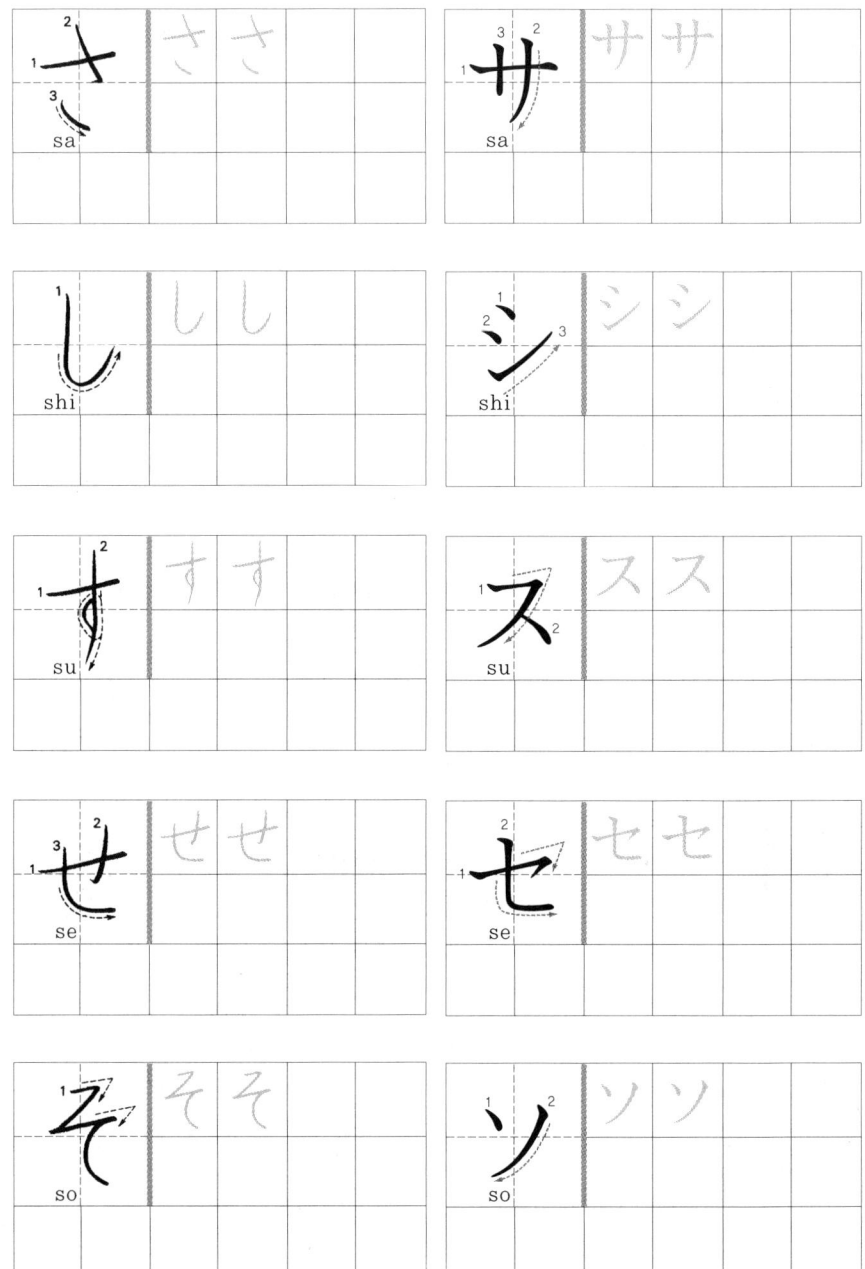

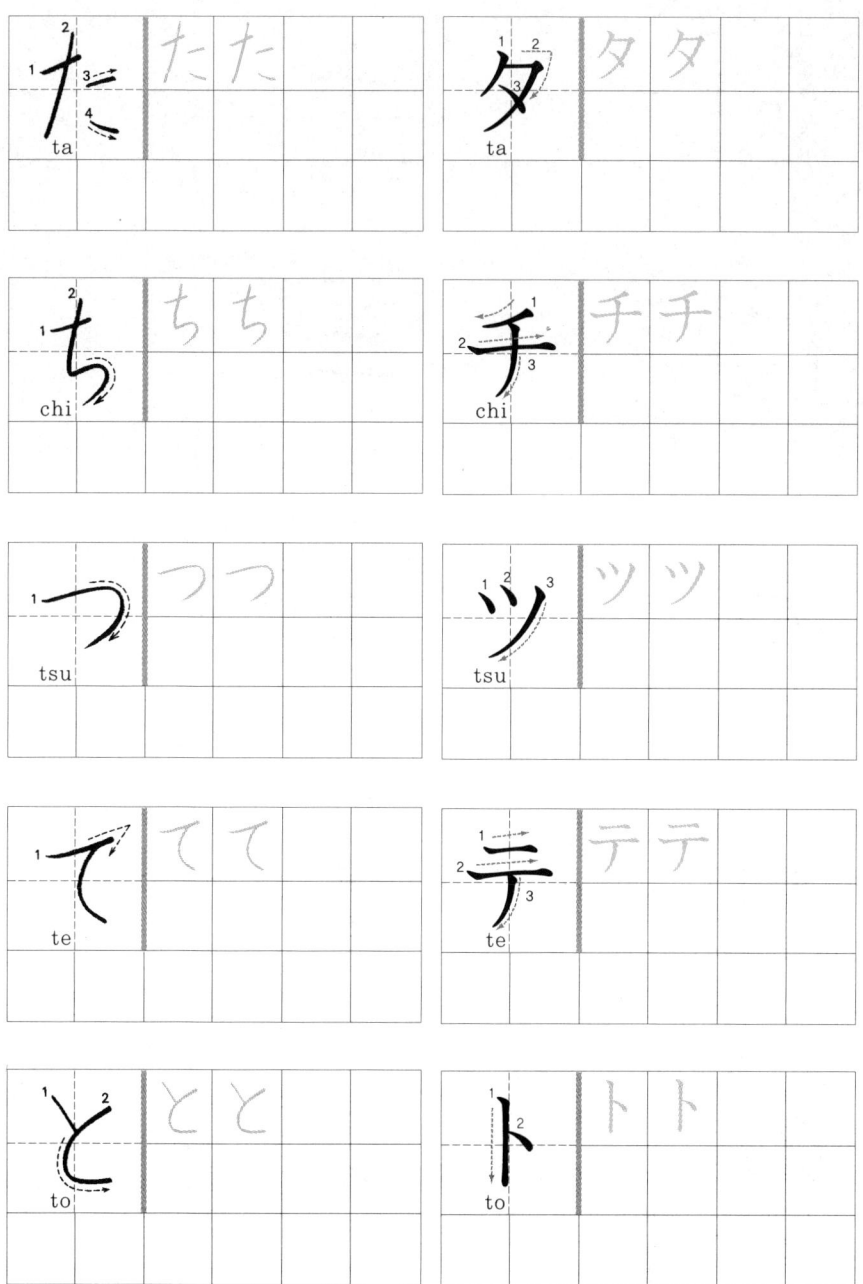

た た た ta

タ タ タ ta

ち ち ち chi

チ チ チ chi

つ つ つ tsu

ツ ツ ツ tsu

て て て te

テ テ テ te

と と と to

ト ト ト to

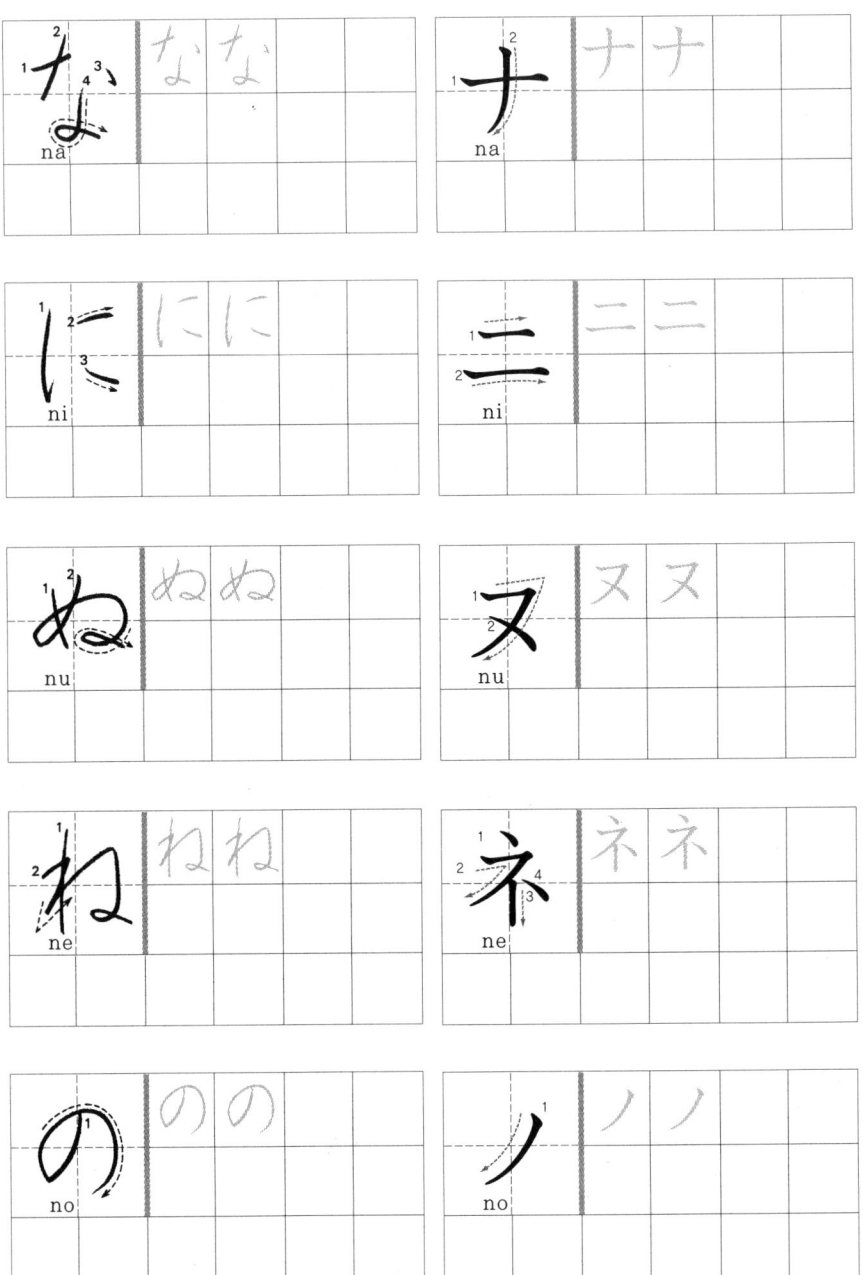

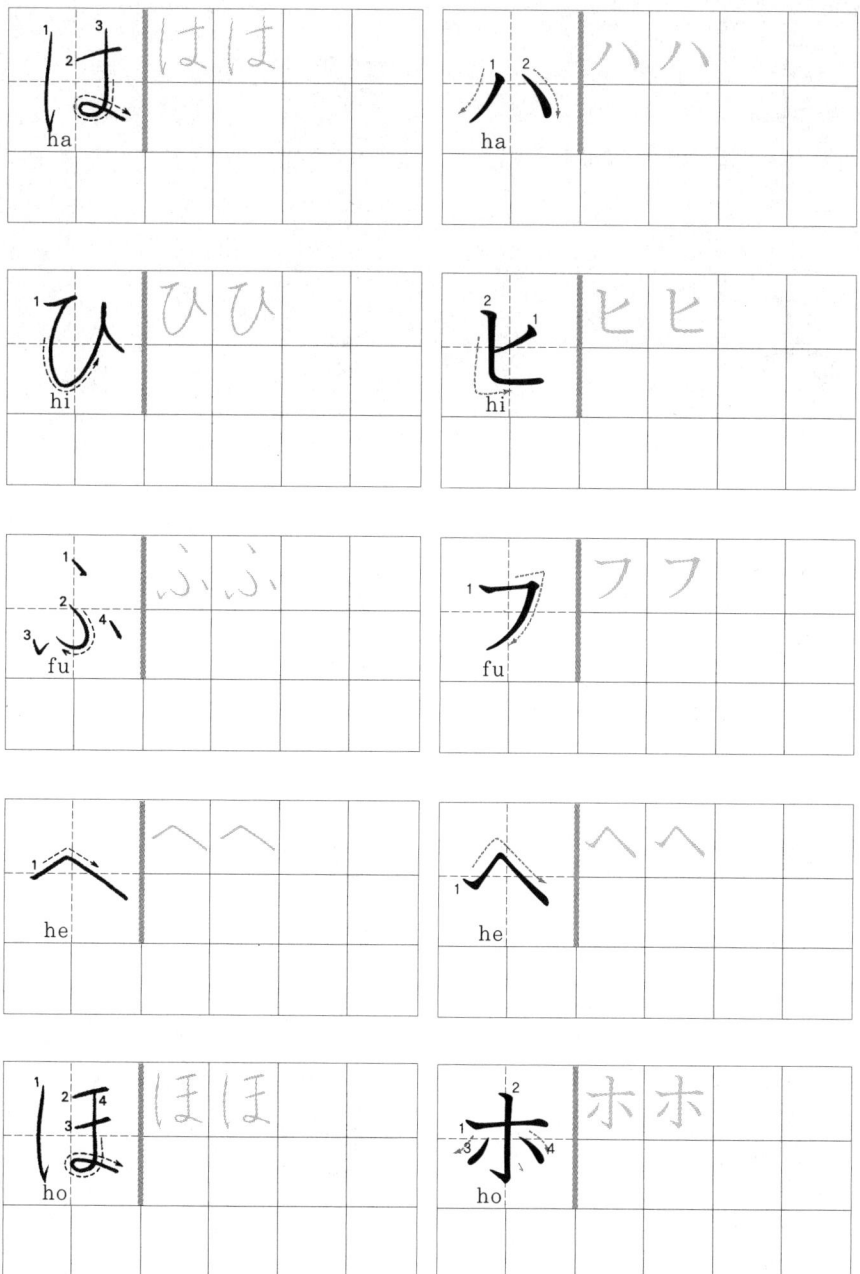

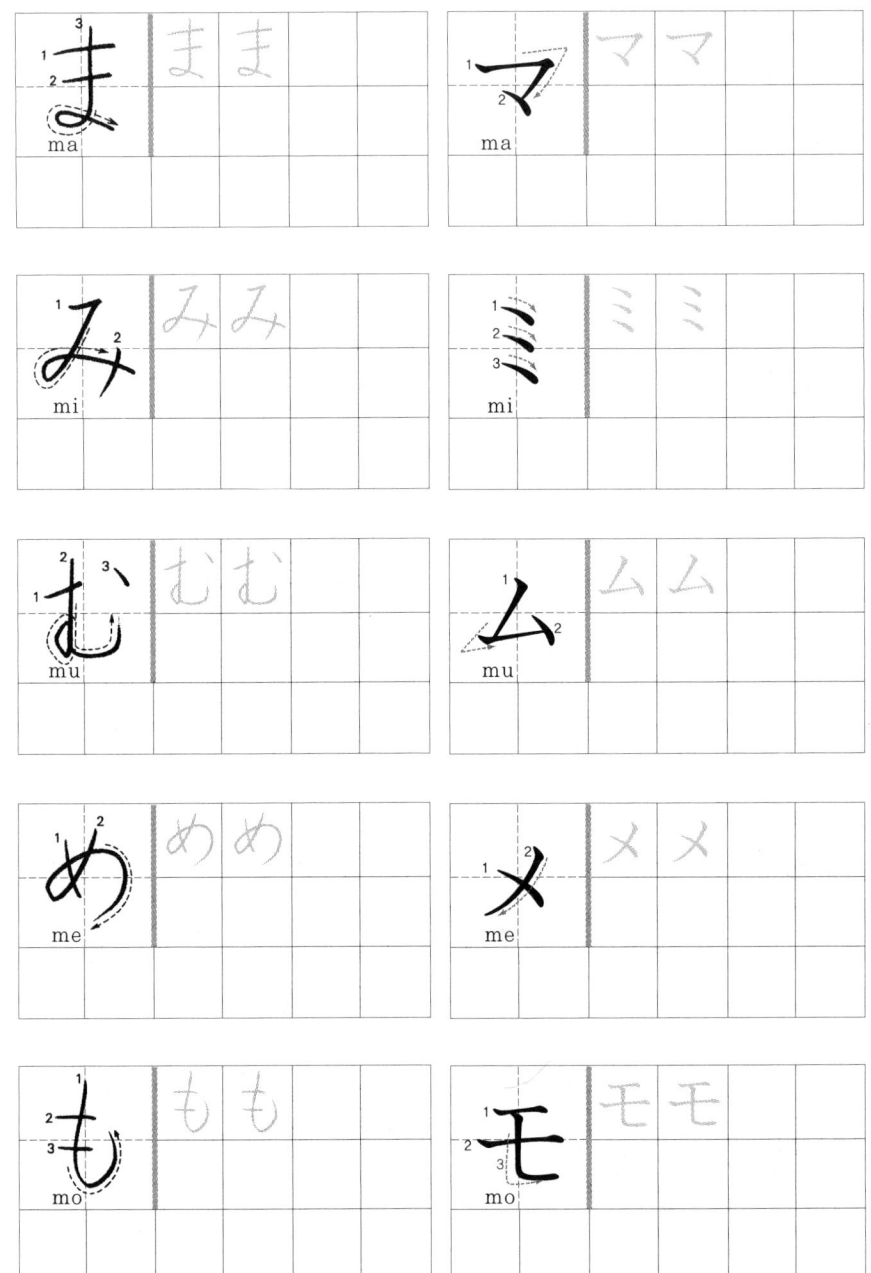

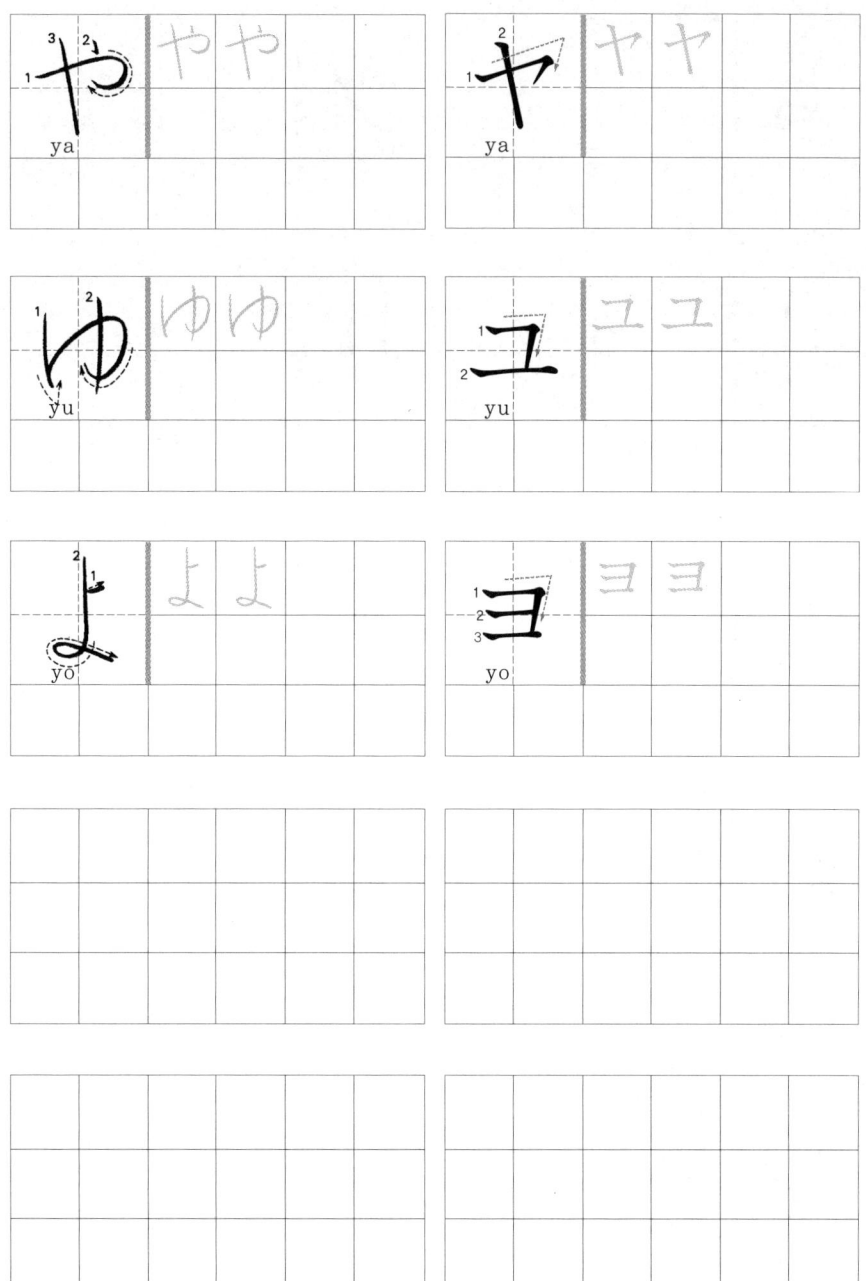

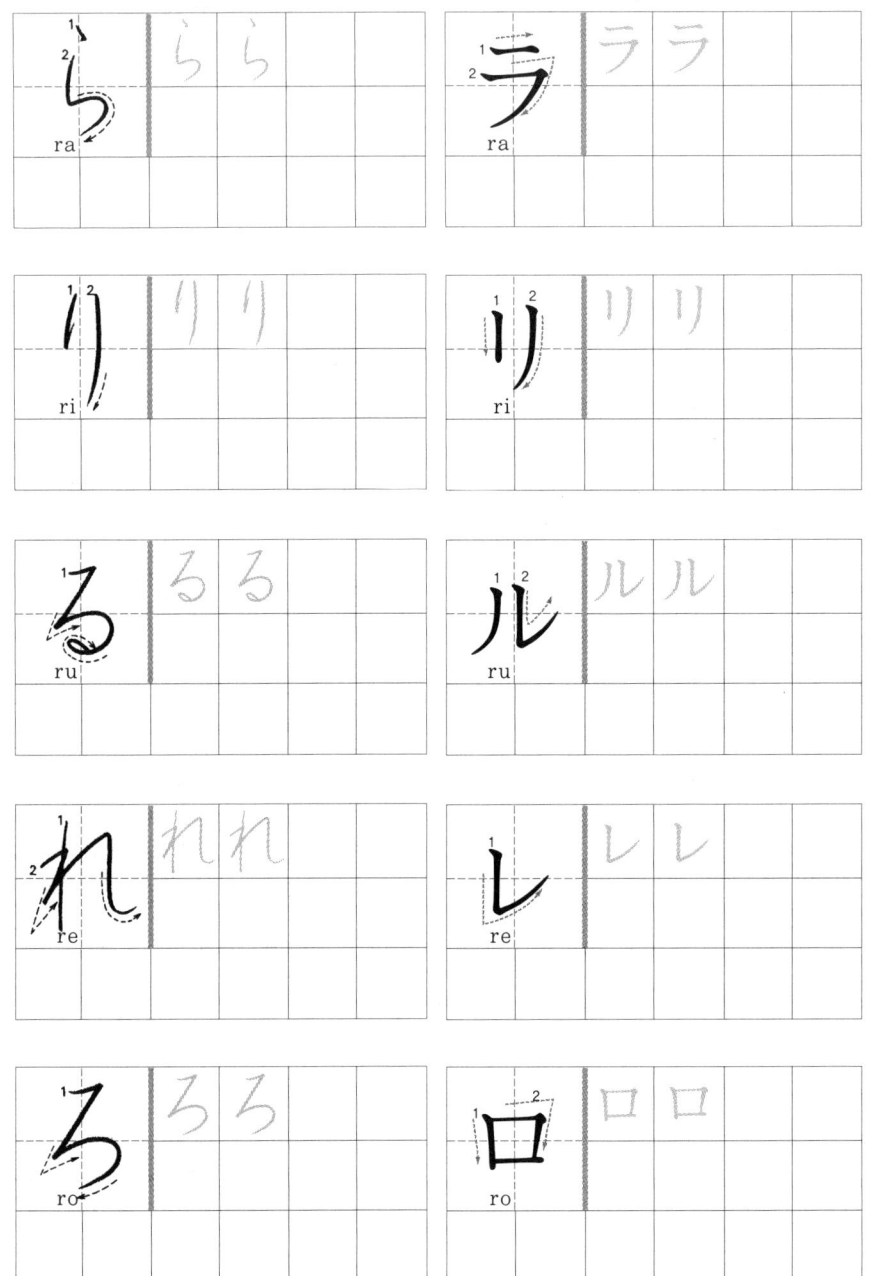

らら

ララ

りり

リリ

るる

ルル

れれ

レレ

ろろ

ロロ

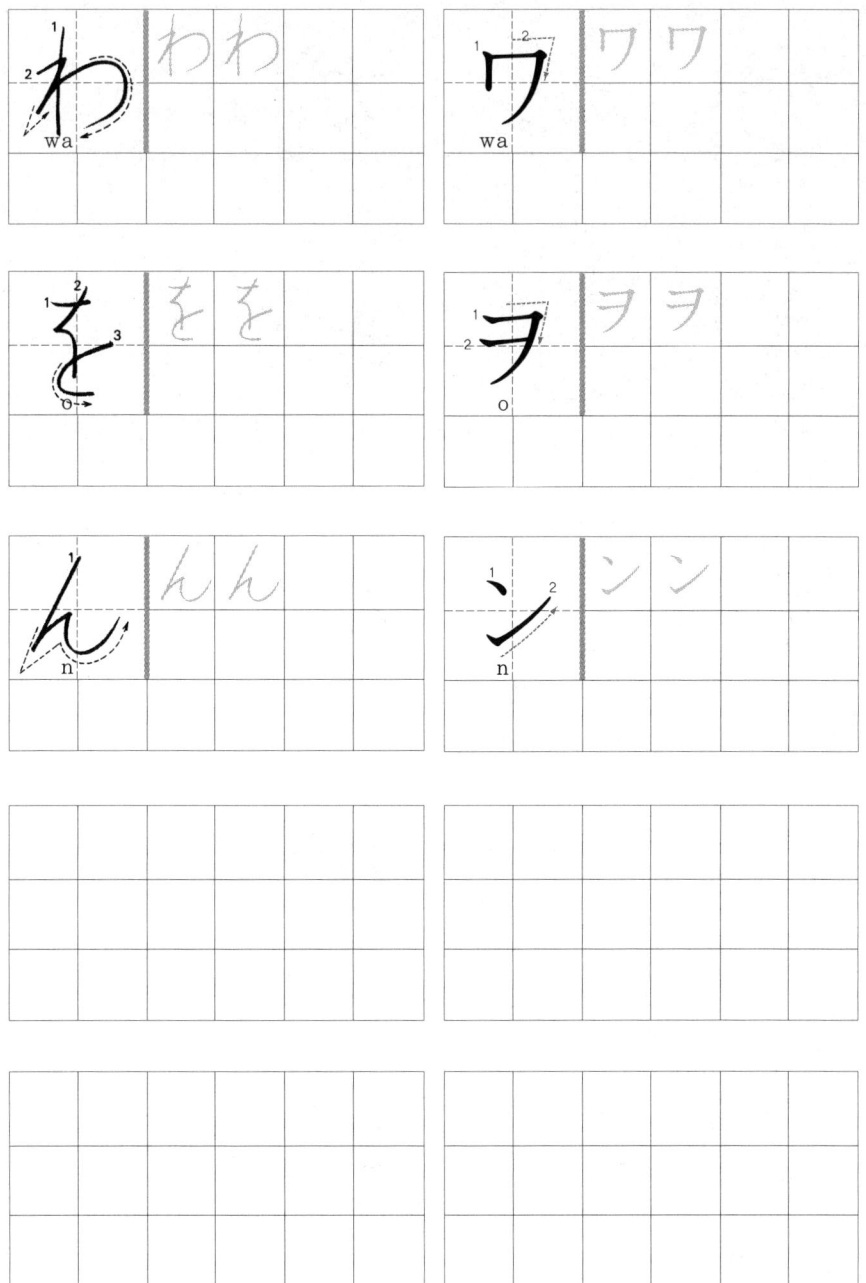

が　が　が
ga

ガ　ガ　ガ
ga

ぎ　ぎ　ぎ
gi

ギ　ギ　ギ
gi

ぐ　ぐ　ぐ
gu

グ　グ　グ
gu

げ　げ　げ
ge

ゲ　ゲ　ゲ
ge

ご　ご　ご
go

ゴ　ゴ　ゴ
go

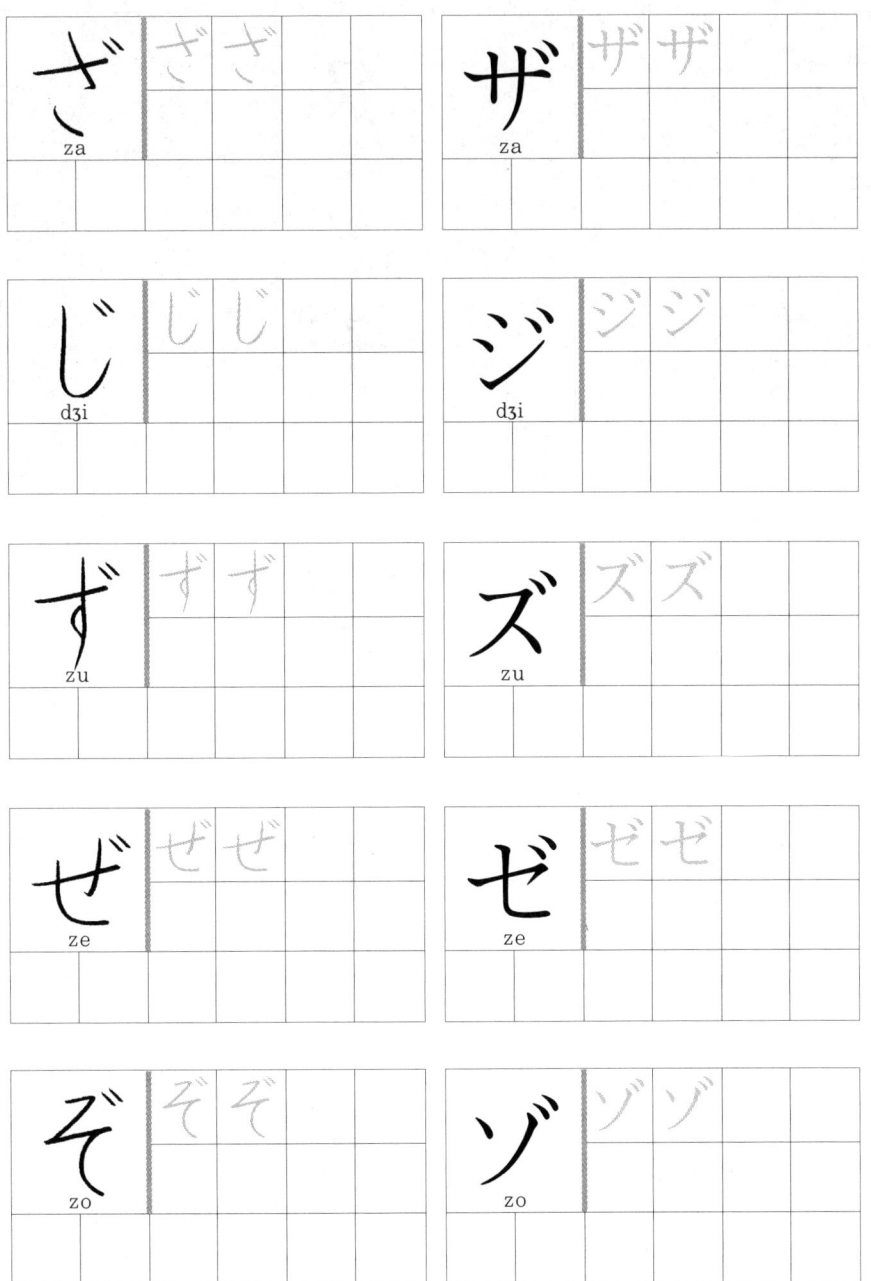

ざ
za

ザ
za

じ
dʒi

ジ
dʒi

ず
zu

ズ
zu

ぜ
ze

ゼ
ze

ぞ
zo

ゾ
zo

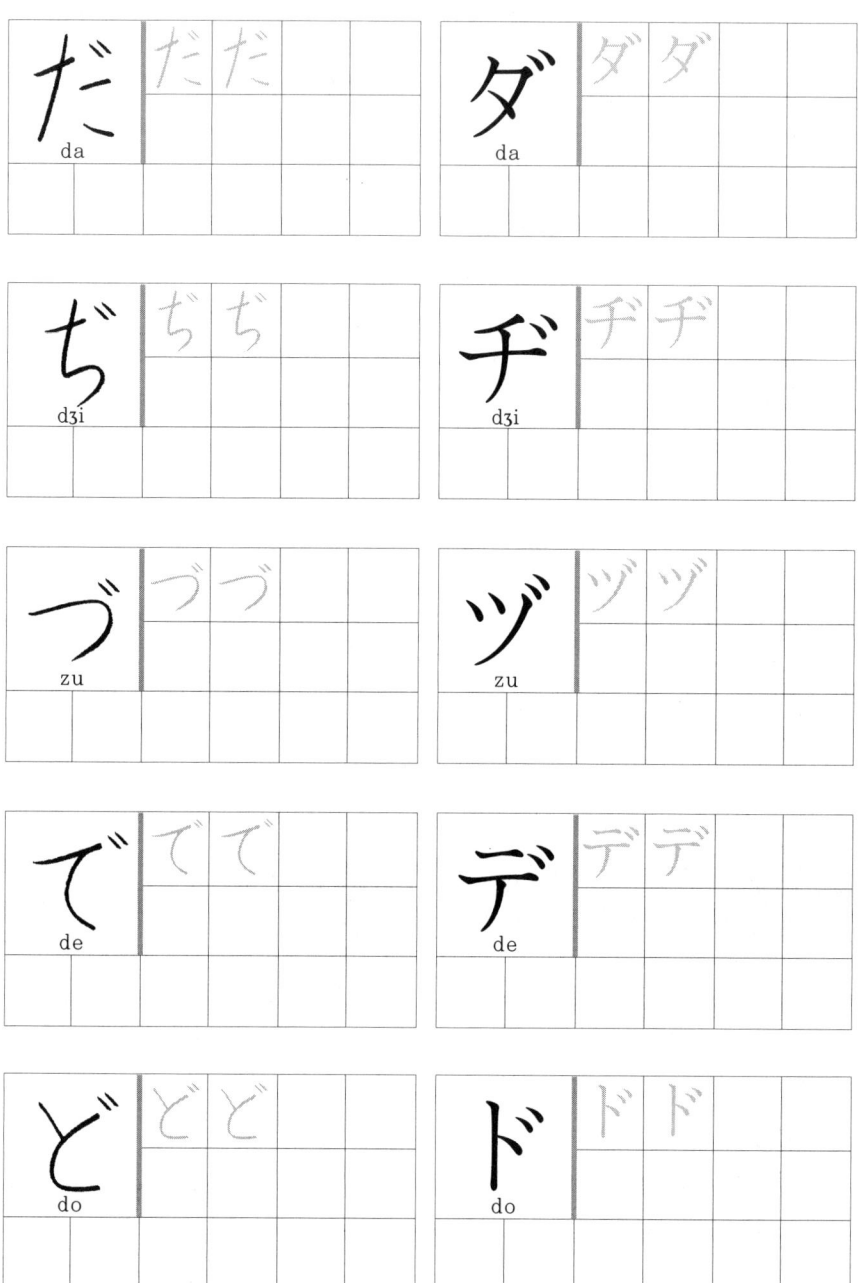

だ
da

ダ
da

ぢ
dʒi

ヂ
dʒi

づ
zu

ヅ
zu

で
de

デ
de

ど
do

ド
do

ば ba

バ ba

び bi

ビ bi

ぶ bu

ブ bu

べ be

べ be

ぼ bo

ボ bo

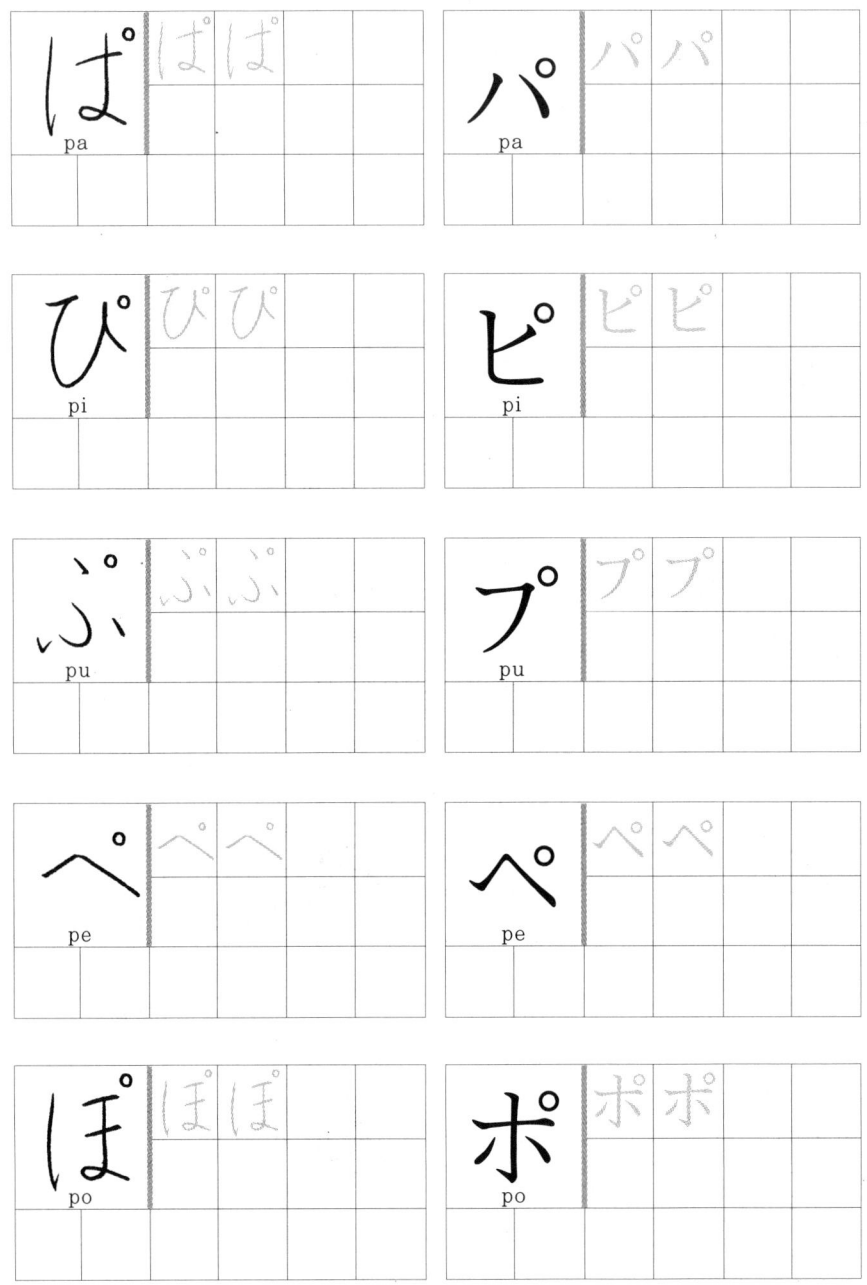

ぱ pa

パ pa

ぴ pi

ピ pi

ぷ pu

プ pu

ぺ pe

ペ pe

ぽ po

ポ po

きゃ
kya

キャ
kya

きゅ
kyu

キュ
kyu

きょ
kyo

キョ
kyo

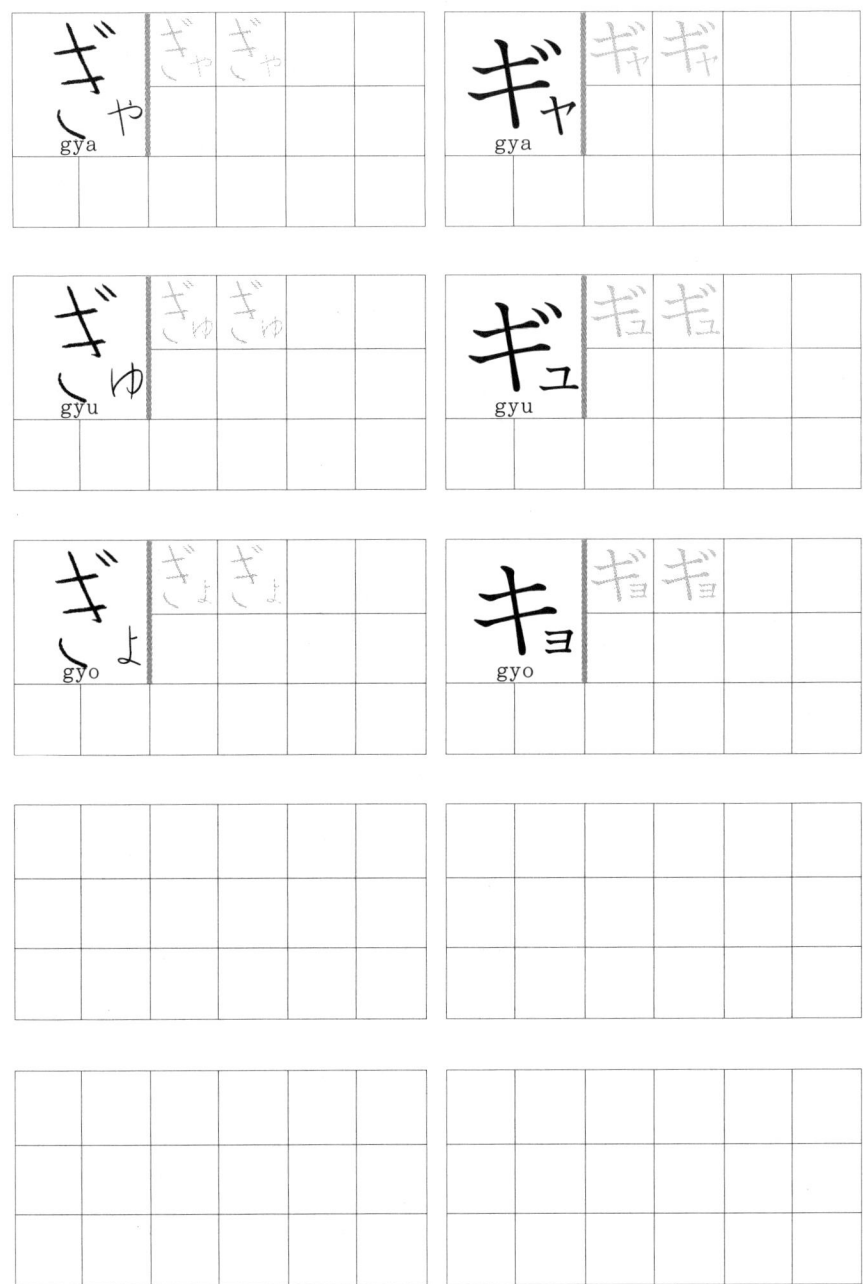

ぎゃ gya ギャ gya

ぎゅ gyu ギュ gyu

ぎょ gyo ギョ gyo

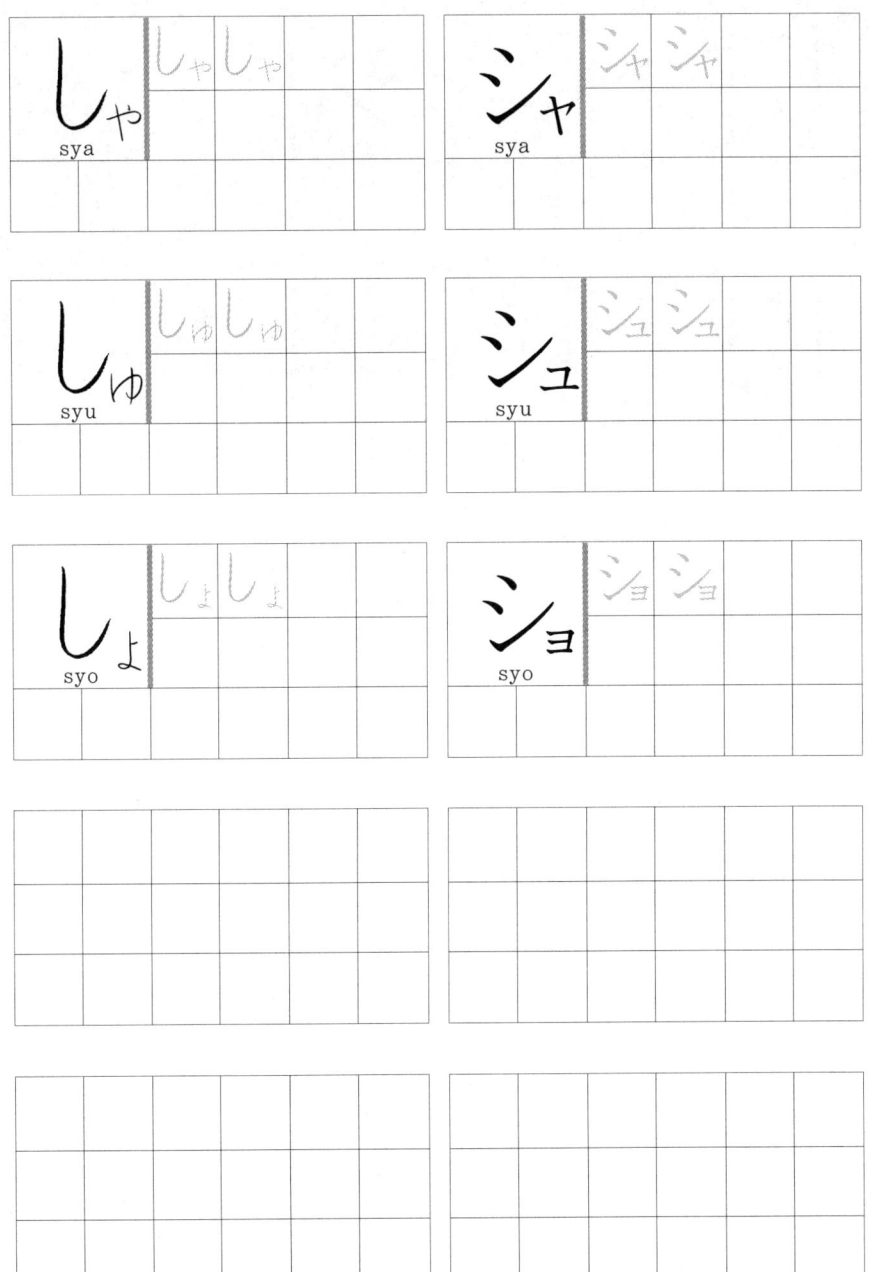

しゃ sya

シャ sya

しゅ syu

シュ syu

しょ syo

ショ syo

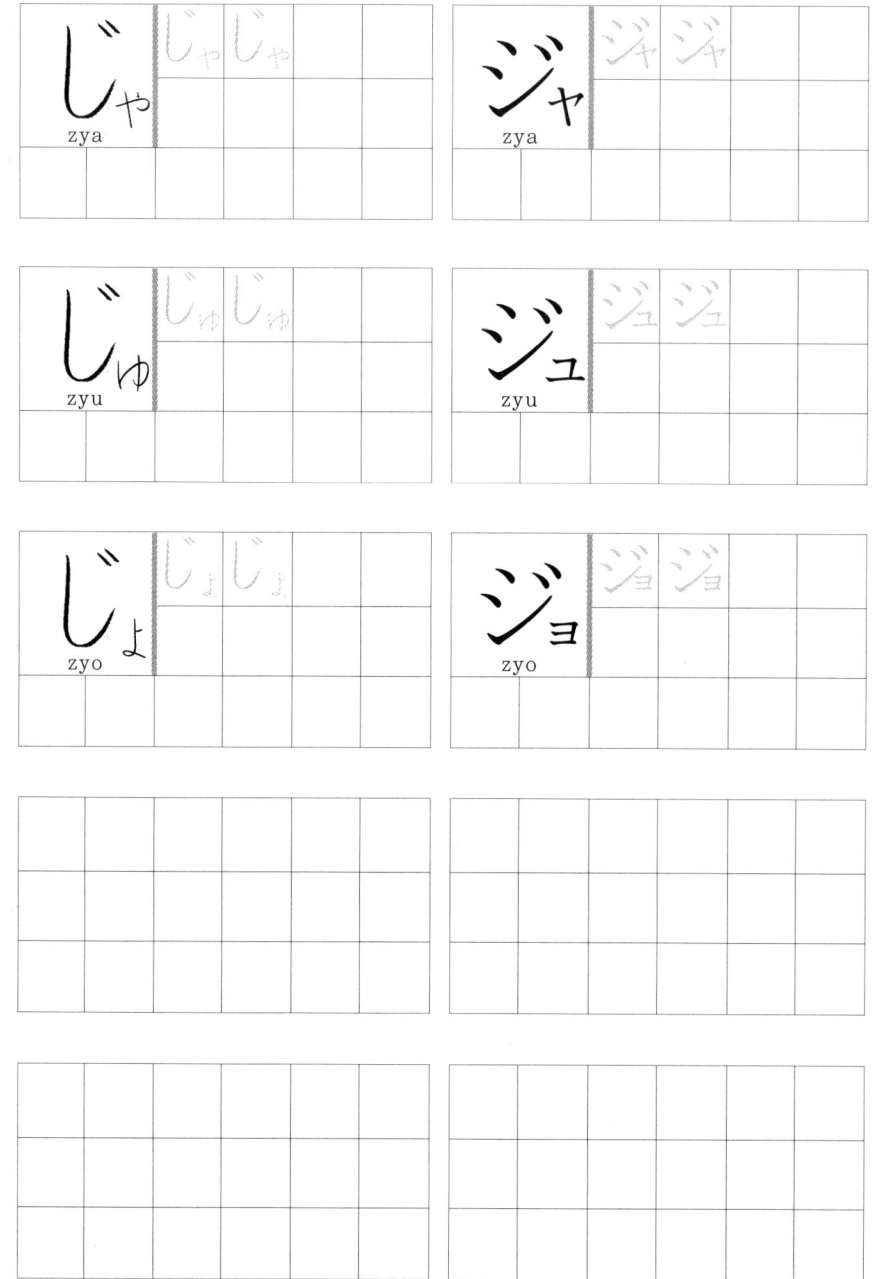

じゃ zya

ジャ zya

じゅ zyu

ジュ zyu

じょ zyo

ジョ zyo

ちゃ　ちゃ ちゃ
cha

チャ　チャ チャ
cha

ちゅ　ちゅ ちゅ
chu

チュ　チュ チュ
chu

ちょ　ちょ ちょ
cho

チョ　チョ チョ
cho

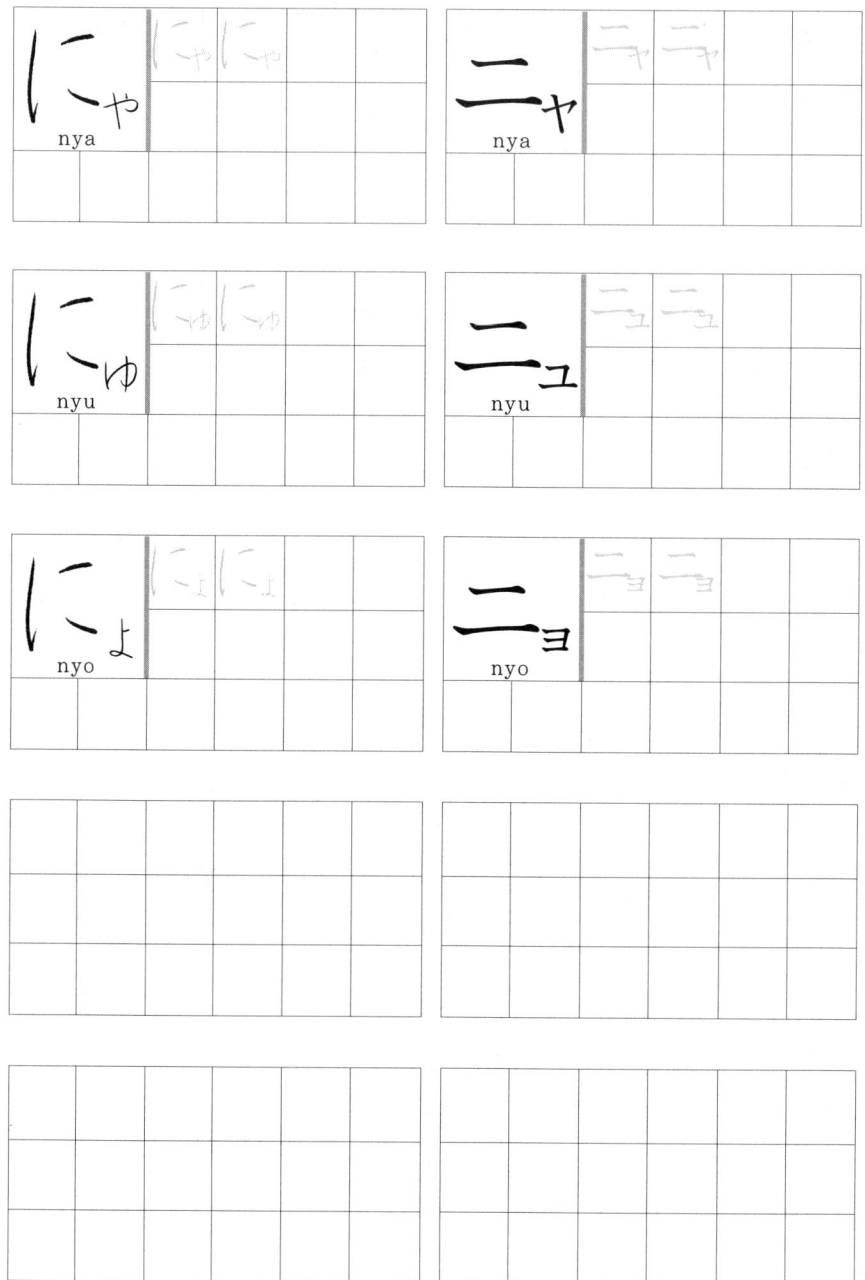

にゃ
nya

ニャ
nya

にゅ
nyu

ニュ
nyu

にょ
nyo

ニョ
nyo

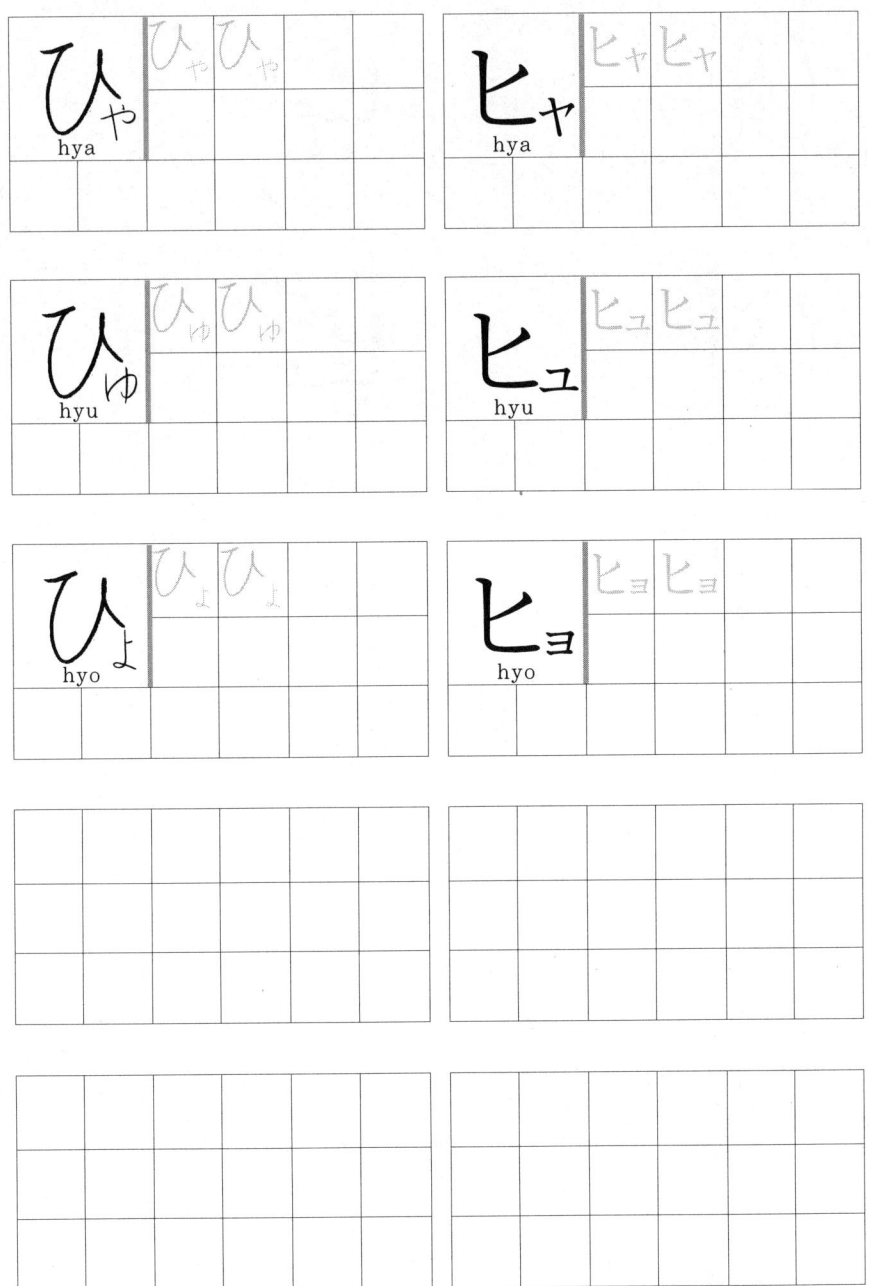

ひゃ hya

ヒャ hya

ひゅ hyu

ヒュ hyu

ひょ hyo

ヒョ hyo

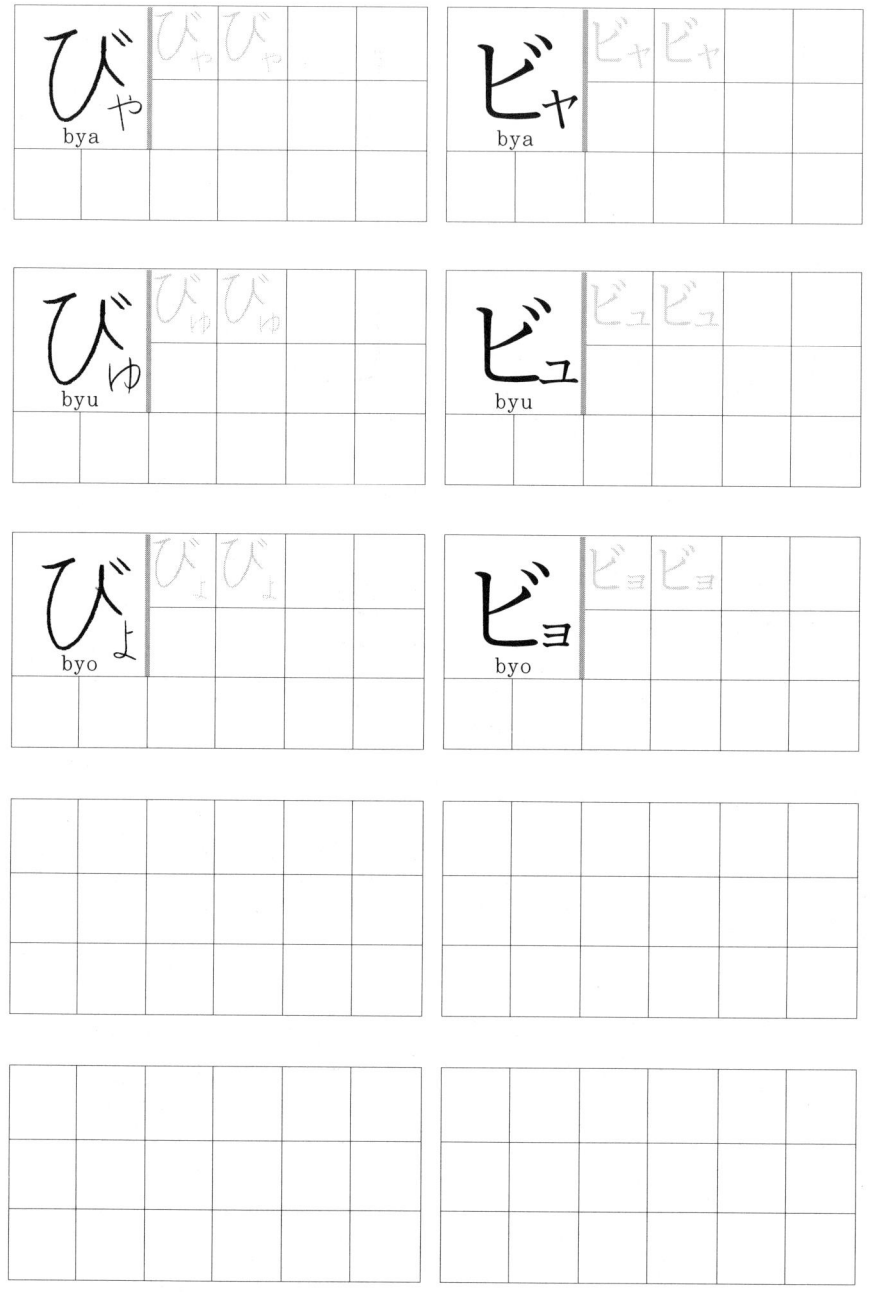

びゃ bya

ビャ bya

びゅ byu

ビュ byu

びょ byo

ビョ byo

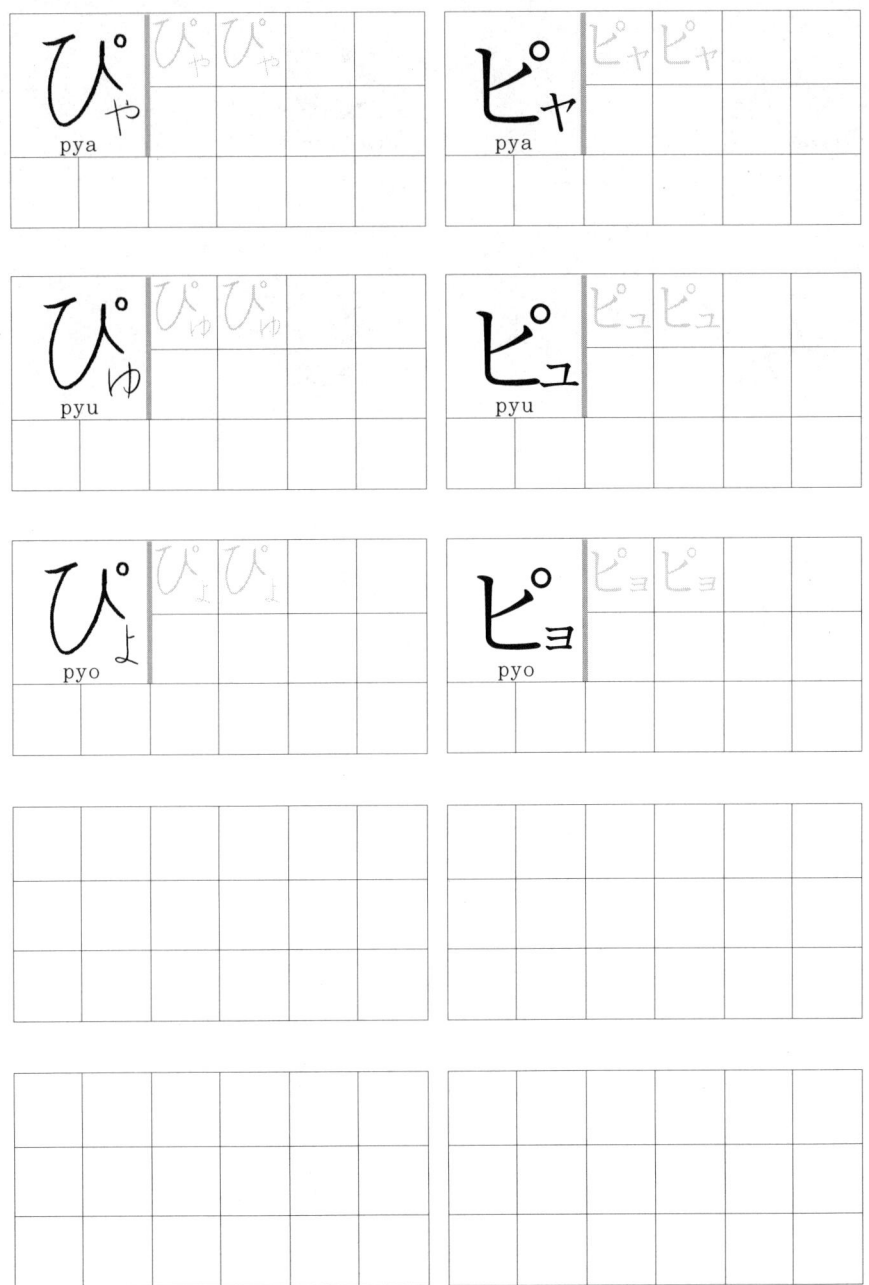

ぴゃ pya
ピャ pya
ぴゅ pyu
ピュ pyu
ぴょ pyo
ピョ pyo

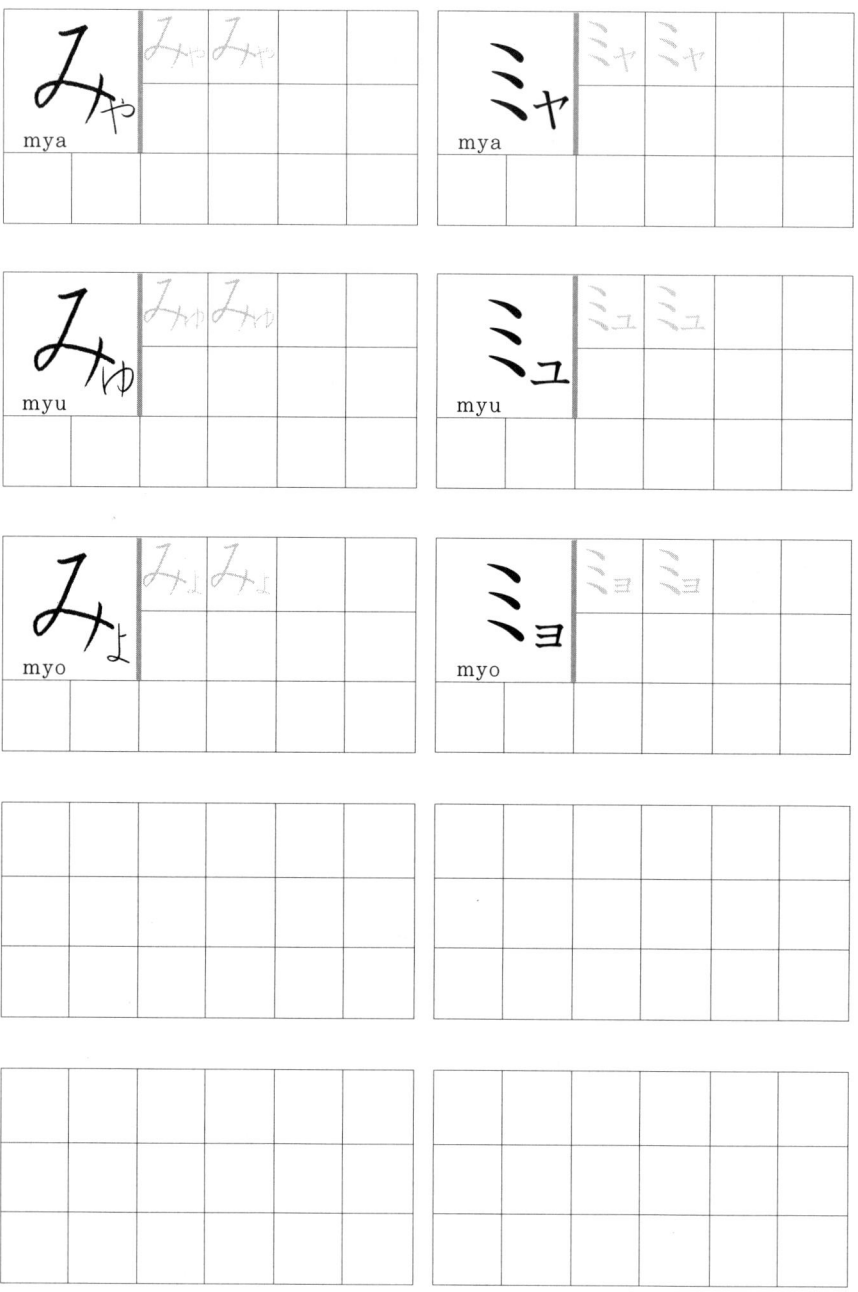

みゃ
mya

ミャ
mya

みゅ
myu

ミュ
myu

みょ
myo

ミョ
myo

りゃ りゃ りゃ

rya

リャ リャ リャ

rya

りゅ りゅ りゅ

ryu

リュ リュ リュ

ryu

りょ りょ りょ

ryo

リョ リョ リョ

ryo

일본어
펜맨십

편저 | 편집부

발행인 | 박효상
본문디자인 | 디자인봄
출판등록 | 제10-1835호
펴낸곳 | 사람in
주소 | 121-839 서울시 마포구 서교동 379-10
전화 | (02)388-3555(代)
팩스 | (02)338-3545
e-mail | saramin@netsgo.com
비매품
ⓒ사람in

일미리 일본어 첫걸음

일본어

커뮤니케이션 일본어 연구회 지음 · 오이랑 그림

사람in

머리말

'일미리 일본어 첫걸음'의 출간을 앞두고 조금은 색다른 형식의 이 책을 만들게
된 계기를 다시 한번 짚어보게 되었다.

일본어에 빠져 살아온 지 길게는 수십 년, 짧게는 수년의 시간을 보낸 우리 연구회원들은 10년 전이
나 지금이나 달라진 것이 없는 일본어 학습 환경에 문제의식을 가지고 있었다.

게다가 일본어를 시작한 지 3~4개월이 지난 사람들, 아니 1~2년을 공부한 사람들도 정작 필요할 때는 입 한
번 뻥끗하지 못하는 현실을 안타까워해 왔다.

이러한 일본어 학습 환경의 돌파구를 마련하기 위해 우리들은 지금까지 틀에 박힐 대로 박혀 있는 일본어 첫
걸음 학습법에서 완전히 벗어나, 새로운 시도를 해 보기로 한 것이다.

그래서 탄생한 것이 '일미리 일본어 첫걸음'이다.

이 책에서 가장 중점을 둔 부분은
일본어로 말하고 싶을 때 말하고, 일본어를 듣고 싶을 때 들을 수 있는 기초를 다지는 것이다. 그것이 핵심이다.
그렇다면 일본어를 언제 말하고, 언제 듣게 되는가?
'여행!!'
여행은 우리가 가장 쉽게 일본과 일본인을 경험하게 되는 요소이기 때문이다.
여행일본어회화책에 임의대로 적혀 있는 문장들을 이해도 못하면서, 앵무새처럼 따라 읽는 것이 아니다.
여행이라는 테마를 가지고 이미지 트레이닝을 하면서 일본어를 배워 가는 것이다.
여러 장면 속에서의 살아있는 일본어를 배우고 이해하다보면, 배경이 되는 지금의 일본 역시 자연스럽게 알
아 갈 수 있게 될 것이다.
그 다음에 첫걸음 학습자가 꼭! 알아야 하는 문법을 체계적으로 학습하자.
일본어에 대한 감각을 익힌 후, 살아 있는 문법을 배우는 것이다.
아무런 감각 없이 무조건 외우기만 하는 문법은 죽은 문법이라 생각하기에, 더 이상의 죽은 문법 학습은 뒤
로 하고 '일미리 일본어 첫걸음'식의 살아있는 문법 학습을 하자.

모든 일본어 학습자가 '일미리 일본어 첫걸음'을 통해 보다 재미있고 실용적인 일본어를 학습하게 되기를
기대해 본다. 끝으로 우리의 바람이 이루어질 수 있도록 책 속에 일본을 담아주신 일러스트 작가 오이랑 님을
비롯하여, 1년 7개월의 기간 동안 함께 작업해 주신 모든 분들께 감사의 뜻을 표한다.

이 책의 구성

일미리 일본어 첫걸음

★ 틀에 박힌 일본어 학습에서 벗어나, 바로 사용할 수 있는 가장 실용적인 내용을 중심으로 담았습니다.

★ 주인공 '나나'가 경험하는 일본에서의 상황을 이미지 트레이닝을 통해 함께 경험할 수 있습니다.
이미지 트레이닝 학습으로 배운 일본어는 실제로 일본에서 그러한 상황을 만났을 때, 자연스럽게 구사할 수 있습니다.

[일미리 일본어 첫걸음]의 문장과 어휘들은 일본인 선생님의 네이티브 발음으로 들을 수 있습니다.

일본어 문법 첫걸음

★ Part1 일본어 펜맨십

일본인 선생님의 정확한 발음을 들으면서 일본어 문자 「ひらがな」「カタカナ」를 바르게 쓸 수 있습니다. 각각의 음, 음에 해당하는 단어와 뜻까지 들으면서 학습할 수 있습니다.

★ Part2 일본어 기초 문법 정리

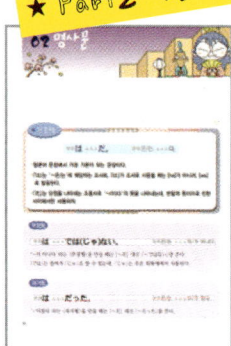

초급과정에서 알아야 할 일본어 문법을 체계적으로 정리하여 수록하였습니다. 일본인 선생님과 일본어 선생님의 강의가 녹음되어 있는 MP3 CD를 들으면서 기초 문법을 다질 수 있습니다.

[일미리 일본어 첫걸음]에서 재밌게 읽었던 내용을 학습적으로 접근하였으며, 일본어 선생님의 자세한 설명을 덧붙여, 이해를 쉽게 하였습니다.
본문의 내용을 떠올리며 듣는 것만으로도 반복학습이 가능한 오디오 강의를 들을 수 있습니다.

★ Part3 일미리 첫걸음 상세 해설

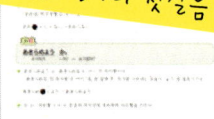

[일본어 문법 첫걸음]의 모든 설명은 일본인 선생님의 발음과 일본어 선생님의 강의를 들으면서 학습할 수 있습니다.

일★미★리 100% 활용법

이 책은 입체적인 학습법을 택하고 있으므로, 책을 펼치기 앞서
「일미리 100% 활용법」을 꼭 한 번 읽어주시기 바랍니다.

1
[일미리 일본어 첫걸음]을 가벼운 마음으로 처음부터 끝까지 읽습니다.
한 번 읽어 보는 것만으로 '일본어란 이런 것이구나!' 라는 것을 느낄 수 있으며, 일본어에 대한 흥미 또한
배가 될 것입니다.

2
두 번째는 표기되어 있는 마크에 주의하며 읽어 주세요.
01 – 일본인 선생님의 네이티브 발음이 녹음되어 있는 MP3 번호입니다.
네이티브 발음을 들으면서 책을 읽어 나가면, 보다 입체적인 학습을 할 수 있습니다.

1-1 – [일본어 문법 첫걸음] Part3에 문장이 설명되어 있습니다.
수록되어 있는 문장의 구성을 알고 싶을 때, [일본어 문법 첫걸음] Part3을 펼치면 문장 구성의 자세한 설명을
볼 수 있습니다.

3
세 번째는 책에 담겨있는 모든 문장과 어휘들을 꼼꼼하게 체크하고, 외우면서 읽어 주세요.
이미지 트레이닝으로 배우고 외운 일본어는 일본에서 필요할 때 바로 사용할 수 있게 될 것입니다.

이러한 방법으로 [일미리 일본어 첫걸음]을 활용한다면, 당장 일본에 가더라도 당황하지 않고,
당당하게 일본어를 구사할 수 있게 됩니다.

여기서 한 가지 더! **MP3 CD 활용법**

- [일본어 문법 첫걸음]의 내용은 CD를 듣는 것만으로도 일본어 발음에서 문법까지 마스터할 수 있게 구성되어 있습니다.
  Part1에서는 일본어 발음과 기본 단어 학습, Part2에서는 일본어 기초 문법 학습을 할 수 있고, Part3에서는
  [일미리 일본어 첫걸음]의 내용을 다시 한 번 들으면서 문장의 뜻과 문법적 설명까지 함께 들을 수 있습니다.
- CD에 담겨 있는 내용은 사람in 홈페이지(www.saramin.com)에서 다운로드 받을 수 있습니다.

마크 설명

01 해당 chapter의 MP3 번호입니다.

1-1 [일본어 문법 첫걸음] Part3에서 문장의 설명을 볼 수 있습니다.
chapter1의 ①번 문장이라는 뜻입니다.

CONTENTS

ホテルで
호텔에서
④
호텔에서 기죽지 않기

た
食べたり、
の
飲んだり。
먹거나 마시거나.
⑤
일본 요리 즐기기

ショッピングは
たの
楽しい。
쇼핑은 즐거워.
⑥
일본에서 쇼핑하기

chapter**1**

日本へ行こう。 일본에 가자.

★ 일본어 문자 ひらがな · カタカナ

★ 일본여행 결심하기

★ 일본여행 준비하기

* 일본어 문자(ひらがな · カタカナ)를 익힌다.
* 일본여행 준비를 테마로 일본화폐와 일본여행 시 필요한 여러 소품들의 어휘를 익힌다.

chapter**2**

空港で 공항에서

★ 출국할 때

일본공항에서 헤매지 않기

★ 비행기 탑승

출입국신고서 작성 & 입국심사 준비하기

기내식 먹기

★ 입국심사

입국심사는 침착하게~

★ 짐찾기

★ 날짜 표현

* 일본 공항과 비행기 안을 배경으로 회화와 어휘를 익힌다.
* 월, 일, 요일 등의 날짜와 관련된 표현과 함께, 기본 수사까지 학습할 수 있다.

* 일본의 교통수단에 대한 배경 지식과
함께, 일본의 주요 지역의 지명을 알
수 있다.
* 교통수단을 이용할 때에 필요한 회화
와 파생될 수 있는 어휘를 학습한다.
* 일본어의 기본 동사를 소개하였다.

* 일본의 호텔을 배경으로 호텔에서
필요한 회화와 호텔에서 제공되는
소품과 음식의 어휘를 함께 익힐 수 있다.
* 시, 분과 같은 시간 표현을 학습할 수
있다.
* 일본어의 い형용사를 소개하였다.

＊일본 음식의 소개를 통해 일본 요리의 배경 지식을 배운다.
＊일본의 음식점에서 이루어지는 회화문을 통해, 음식과 관련된 회화와 어휘를 익힐 수 있다.
＊일본어의 な형용사를 소개하였다.

chapter 6

ショッピングは楽しい。
たの

쇼핑은 즐거워.

＊ 일본에서의 쇼핑을 통해 쇼핑 시
　알아야하는 어휘와 표현을 배운다.
＊ 쇼핑 시에 일어날 수 있는 상황을
　설정하며 그 상황에 대처할 수 있는
　표현을 배운다.

자기소개 自己紹介[01]

☆ 이름 名前 : 나나 ナナ

☆ 나이 歳 : 21세 二十一歳

☆ 직업 職業 : 대학생 大学生

☆ 쉬미 趣味 : 일본 영화 日本の映画 .
드라마 ドラマ · 만화 漫画 .
애니메이션 アニメ 보기

가끔 말도 하는
정체를 알 수 없는 녀석

ナナ 나나 와 늘 함께하는 愛犬 애견 ポコ 뽀꼬

최근 들어 쉬미생활을 보다 충실히 즐겨 보겠다는 일념으로
본격적인 일본어 공부에 들어갔다.

chapter 1

にほん い
日本へ行こう。

일본에 가자.

일본어 공부… 처음엔 정말 열심히 했다.

字幕^{じまく}자막 없이 ドラマ드라마를 보는 날을 꿈꾸며~

01
1-❶

字幕^{じまく}なんて要^いらない。
자막 따윈 필요 없어.

하지만 일본어를 공부한지 어언~ 석 달…

02
1-❷

全然^{ぜんぜん}、わからない。
전혀 모르겠어.

사실,

「ひらがな^{히라가나}」「カタカナ^{가타카나}」도 가끔 헷갈린다.

字幕(じまく) 자막   ～なんて ～같은 건   要(い)る 필요하다   全然(ぜんぜん) 전혀   わかる 알다, 이해하다

ひらがな 히라가나

(1) 청음(清音)せい おん ⑬

청음이란 맑은 소리로, 탁점(゛)이나, 반탁음점(゜)이 붙지 않은 문자를 말한다.

	あ단	い단	う단	え단	お단
あ행	あ a 아	い i 이	う u 우	え e 에	お o 오
か행	か ka 카	き ki 키	く ku 쿠	け ke 케	こ ko 코
さ행	さ sa 사	し si 시	す su 스	せ se 세	そ so 소
た행	た ta 타	ち chi 치	つ tsu 츠	て te 테	と to 토
な행	な na 나	に ni 니	ぬ nu 누	ね ne 네	の no 노
は행	は ha 하	ひ hi 히	ふ hu 후	へ he 헤	ほ ho 호
ま행	ま ma 마	み mi 미	む mu 무	め me 메	も mo 모
や행	や ya 야		ゆ yu 유		よ yo 요
ら행	ら ra 라	り ri 리	る ru 루	れ re 레	ろ ro 로
わ행	わ wa 와				を o 오
	ん m,n,ŋ 응				

う는 '우'와 '으' 의 중간 발음으로, '으'보다 입모양을 둥글게 해서 발음한다.

し는 'si'보다 'shi' 발음에 더 가깝다.

す는 '수'와 '스'의 중간 발음이다. す가 문장의 끝에 오면 '스'쪽에 가깝게 발음한다.

つ는 '쓰'와 '쯔'의 중간 발음이다.

ふ는 'h'보다는 'f'음에 더 가깝다.

조사로만 쓰인다.

외워둬!

끄덕

끄덕

(2) 탁음(濁音) 04

탁음은 청음 「か、さ、た、は」행에 탁점(゛)이 붙은 문자를 말한다.

が	ぎ	ぐ	げ	ご
ga 가	gi 기	gu 구	ge 게	go 고
ざ	じ	ず	ぜ	ぞ
za 자	zi 지	zu 즈	ze 제	zo 조
だ	ぢ	づ	で	ど
da 다	zi 지	zu 즈	de 데	do 도
ば	び	ぶ	べ	ぼ
ba 바	bi 비	bu 부	be 베	bo 보

(3) 반탁음(半濁音) 05

반탁음은 청음 「は」행에 반탁음점(゜)이 붙은 문자를 말한다.

ぱ	ぴ	ぷ	ぺ	ぽ
pa 파	pi 피	pu 푸	pe 페	po 포

16

(4) 요음(拗音) 06

요음은 「き、ぎ、し、じ、ち、に、ひ、び、ぴ、み、り」에, 반모음 「や、ゆ、よ」를 붙여 한음절로 발음하는 문자다.

きゃ kya 캬	きゅ kyu 큐	きょ kyo 쿄
ぎゃ gya 갸	ぎゅ gyu 규	ぎょ gyo 교
しゃ sya 샤	しゅ syu 슈	しょ syo 쇼
じゃ ja 쟈	じゅ ju 쥬	じょ jo 죠
ちゃ cha 챠	ちゅ chu 츄	ちょ cho 쵸
にゃ nya 냐	にゅ nyu 뉴	にょ nyo 뇨
ひゃ hya 햐	ひゅ hyu 휴	ひょ hyo 효
びゃ bya 뱌	びゅ byu 뷰	びょ byo 뵤
ぴゃ pya 퍄	ぴゅ pyu 퓨	ぴょ pyo 표
みゃ mya 먀	みゅ myu 뮤	みょ myo 묘
りゃ rya 랴	りゅ ryu 류	りょ ryo 료

이것도~

끄덕
끄덕

カタカナ 가타카나

가타카나는 외래어나, 강조해서 표현하고자 할 때 사용되는 문자다.
예전에 비해 현재는 그 사용 빈도가 매우 높아졌다.

(1) 청음(清音せい おん) ⑦

	ア단	イ단	ウ단	エ단	オ단
ア행	ア a 아	イ i 이	ウ u 우	エ e 에	オ o 오
カ행	カ ka 카	キ ki 키	ク ku 쿠	ケ ke 케	コ ko 코
サ행	サ sa 사	シ si 시	ス su 스	セ se 세	ソ so 소
タ행	タ ta 타	チ chi 치	ツ tsu 츠	テ te 테	ト to 토
ナ행	ナ na 나	ニ ni 니	ヌ nu 누	ネ ne 네	ノ no 노
ハ행	ハ ha 하	ヒ hi 히	フ hu 후	ヘ he 헤	ホ ho 호
マ행	マ ma 마	ミ mi 미	ム mu 무	メ me 메	モ mo 모
ヤ행	ヤ ya 야		ユ yu 유		ヨ yo 요
ラ행	ラ ra 라	リ ri 리	ル ru 루	レ re 레	ロ ro 로
ワ행	ワ wa 와				ヲ o 오
	ン m,n,ŋ 응				

외워두면 좋겠지?

끄덕 끄덕

(2) 탁음(濁音) ⑧

ガ	ギ	グ	ゲ	ゴ
ga 가	gi 기	gu 구	ge 게	go 고
ザ	ジ	ズ	ゼ	ゾ
za 자	zi 지	zu 즈	ze 제	zo 조
ダ	ヂ	ヅ	デ	ド
da 다	zi 지	zu 즈	de 데	do 도
バ	ビ	ブ	ベ	ボ
ba 바	bi 비	bu 부	be 베	bo 보

(3) 반탁음(半濁音) ⑨

パ	ピ	プ	ペ	ポ
pa 파	pi 피	pu 푸	pe 페	po 포

파이팅!

(4) 요음(拗音) ⑩

キャ kya 캬	キュ kyu 큐	キョ kyo 쿄
ギャ gya 갸	ギュ gyu 규	ギョ gyo 교
シャ sya 샤	シュ syu 슈	ショ syo 쇼
ジャ ja 쟈	ジュ ju 쥬	ジョ jo 죠
チャ cha 챠	チュ chu 츄	チョ cho 쵸
ニャ nya 냐	ニュ nyu 뉴	ニョ nyo 뇨
ヒャ hya 햐	ヒュ hyu 휴	ヒョ hyo 효
ビャ bya 뱌	ビュ byu 뷰	ビョ byo 뵤
ピャ pya 퍄	ピュ pyu 퓨	ピョ pyo 표
ミャ mya 먀	ミュ myu 뮤	ミョ myo 묘
リャ rya 랴	リュ ryu 류	リョ ryo 료

⑪
1-❸

あきらめようか。
포기할까?

웃음의
의미가
그거였냐?

あきらめる 포기하다　～か ～까?

일본여행 결심하기

그러던 중 문득 깨달았다.
つくえ ^{책상} 앞에서 하는 勉強 ^{べんきょう} ^{공부}만이 공부는 아니라는 것을…

비록 일본어는 잘 못하지만, 일본에 가서,
직접 부딪쳐 보자.

これは、時間の無駄だ。
이건 시간낭비야.

결국
놀러 간다는
거네~

여행가고 싶어 핑계 대는 거 절대 아님.

오~호호호

さっそく ^{즉시} 旅行の計画 ^{りょこう けいかく} ^{여행 계획}을 세우는 나나.

どこに行こうか。
어디로 갈까?

주인아~
나도 데려가는 거
맞지?

日本は はじめてだから、東京へ 行こう。
일본은 처음이니까, 도쿄에 가자.

これ 이것   ～は ～은/는   時間(じかん) 시간   無駄(むだ) 쓸데없음, 헛됨   ～だ ～(이)다
どこ 어디   ～に ～에   行(い)く 가다   日本(にほん) 일본   はじめてだ 처음이다, 최초다
～から ～(이)니까, ～(이)므로   東京(とうきょう) 도쿄   ～へ ～(으)로, ～에

기본적인 飛行機(ひこうき)비행기 チケット티켓 予約(よやく)예약과 ホテル호텔 예약은 여행사를 통해 한다.

旅行会社(りょこうがいしゃ)
여행사

航空会社(こうくうがいしゃ)
항공사

⑮ 1-❼
行(い)く 必要(ひつよう)もない。
갈 필요도 없다.

⑯ 1-❽
インターネットで調(しら)べて、電話(でんわ)で、OK。
인터넷으로 검색하고, 전화로 OK.

電話(でんわ)전화로 予約(よやく)예약, 費用(ひよう)비용을 振込(ふりこ)み송금하면, 電子航空券(でんしこうくうけん)(eチケット)전자 항공권과

ホテルバウチャー호텔 바우처를 宅急便(たっきゅうびん)택배로 받을 수 있다.

택배요~

냉큼 주시오!

전자 항공권이란?
인터넷이나 전화로 항공권을 예약, 결제한 후 그 확인증을 팩스나 e-메일로 받아 출력한 것을 말한다.
출국 당일 공항의 해당 항공사 카운터에 가서 보여주고, 탑승권을 발급 받는다.

호텔 바우처란?
여행사 등을 통해 호텔을 예약했을 경우의 예약확인증 같은 것이다.
호텔 체크인할 때 제시해야 하므로, 잘 챙겨두도록 하자. 분실했더라도 예약번호만 알고 있으면 되므로,
분실 시를 대비하여 예약번호를 따로 적어 두는 것도 좋을 것이다.

行(い)く 가다　必要(ひつよう) 필요　～も ～도　ない 없다　インターネット 인터넷　～で ～으로
調(しら)べる 조사하다　電話(でんわ) 전화

각종 예약을 마쳤으면,
여행에서 쓸 お金_돈을 計算^{けいさん}計算_{계산}한 후, 銀行^{ぎんこう}銀行_{은행}에서 両替^{りょうがえ}両替_{환전}을 한다.

내돈~

은행

내돈~

꼬옥~

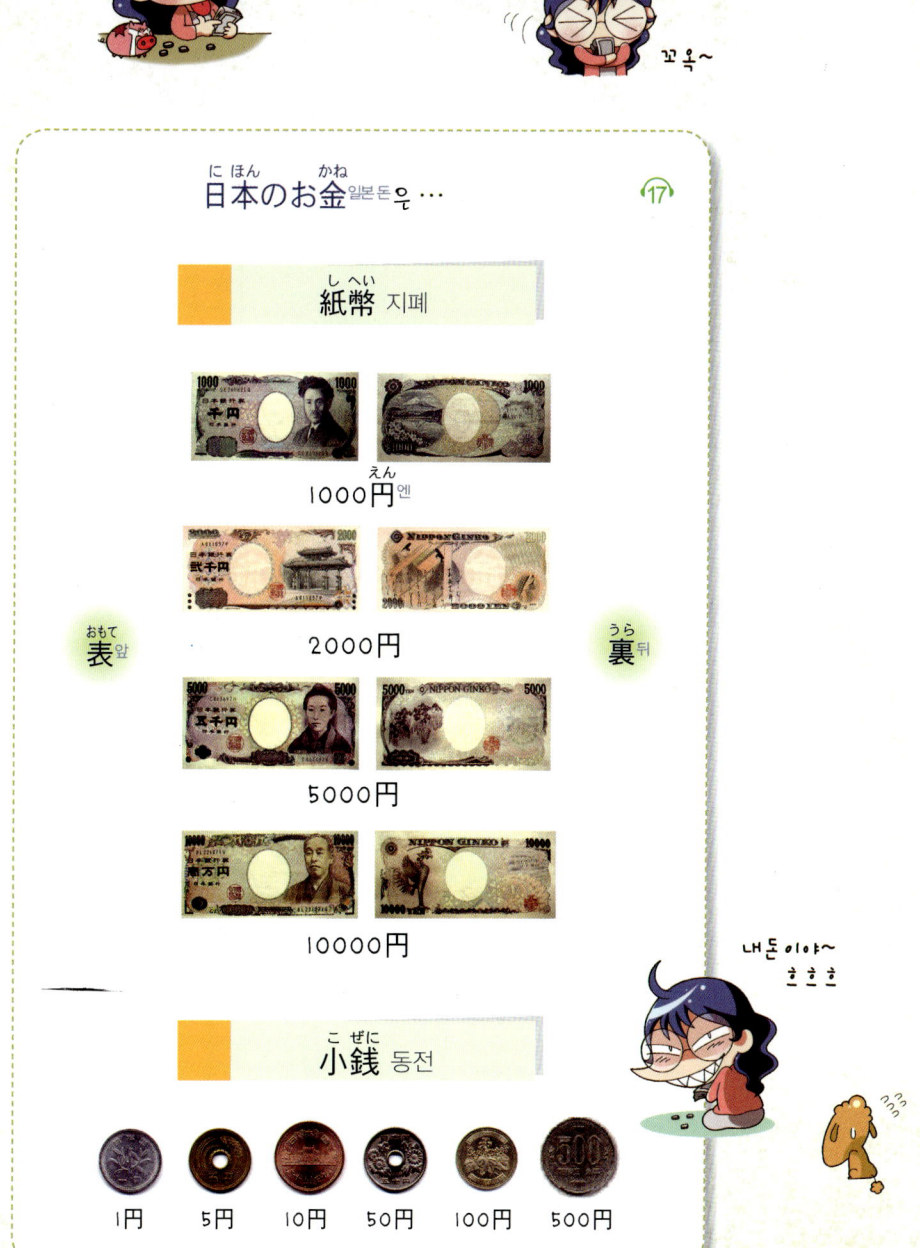

日本^{にほん}のお金^{かね} 日本のお金_{일본돈}은 …

⑰

紙幣^{しへい} 紙幣 지폐

1000円^{えん} 1000円_엔

表^{おもて} 表_앞

裏^{うら} 裏_뒤

2000円

5000円

10000円

내돈이야~
ㅎㅎㅎ

小銭^{こぜに} 小銭 동전

1円   5円   10円   50円   100円   500円

荷物づくりのノウハウ 짐 싸기 노하우 ⑱

짐을 쌀 때에는 우선 여행 시 없어서는 안 될 중요한 것들을
작은 가방에 따로 넣어 둔다.

ホテルバウチャー
호텔 바우쳐

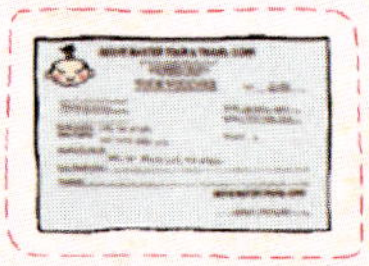

パスポート 여권

電子航空券・
eチケット
전자 항공권

ガイドブック
가이드북

일본 여행
가이드

뽀꼬!
좋은 말 할 때
치워라잉~

小銭入れ
동전지갑

手帳 수첩

カメラ
카메라

財布
지갑

ボールペン
볼펜

큰 가방에는 여분의 옷과 속옷, 화장품 및 상비약 등을 넣는다.
화장품과 같은 액체류나 젤류는 기내 반입이 엄격히 제한되므로, 큰 가방은 수하물로
위탁 처리하는 것이 좋다.

余分の服_{여분의 옷}은 季節_{계절}과

여행일수에 맞춰 シャツ_{셔츠},

ズボン_{바지} 등을 준비하고,

下着_{속옷}과 靴下_{양말}을 충분히 챙긴다.

ズボン　シャツ　ブラジャー
パンティー　くつした

化粧品_{화장품}은 조금씩 덜어 가능한 부피를 줄이는 것이 좋다.

각종 常備薬_{상비약}까지 챙긴 후

消化剤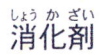
胃薬
下痢止め

風邪薬
痛み止め
絆創膏

떠나자!
일본으로~

えんぴつ、ボタン、くつ、よつばのクローバー、
さんかくじょうぎ

정답 & 단어의 뜻 → p.190에서

chapter2

くうこう
空港で

공항에서

출국할 때 — 일본 공항에서 헤매지 않기

韓国^{한국}에서의 出国^{출국} 정도는 朝飯前^{식은 죽먹기}.

앗! 하지만 日本^{일본}에서 출국은???

헤맬게 분명하다.

ここはどこ? 2-①

여기는 어디?

한국에서도
헤맸는데···
일본에서는
안 봐도
헨하다~ 헨해

日本の空港^{일본공항}에서의 ナナ^{나나}

한국에서 일본으로 갈 때나, 일본에서 한국으로 올 때
空港^{공항}에서의 출국 모습은 대략 비슷하다.

Incheon^{인천}, Gimpo^{김포}공항에서 출국 시 상황을 잘 기억하고 있다가
成田^{나리타}, 羽田^{하네다}공항에서 출국할 때 참고하자.

우선 공항에 도착하면···

✈ 出発^{출발}

✈ 到着^{도착}

出発ロビー^{출발로비} 쪽으로 향하자.

그래, 그래.
숏파츠 쪽으로~

ここ 여기　～は ～은/는　どこ 어디

28

출발로비에 도착하면,

항공사의 **チェックインカウンター**^{체크인카운터}로 간다.

떨지말고,
침착하게~

^{でん し こうくうけん}
電子航空券^{전자 항공권}과 **パスポート**^{여권}을 제시하면,

^{とうじょうけん}
搭乗券^{탑승권}(**ボーディングパス**^{보딩패스})를 준다.

탑승권을 발부 받은 후, 수하물을 위탁한다.

수하물을 위탁하면, **手荷物引換証**^{수하물교환증}을 주는데,

シール^{스티커} 형식이라서 주로 전자 항공권에 붙여 준다.

こちらに貼っておきますね。 2-②
이쪽에 붙여 두겠습니다.

정말 별거 아니지?

こちら 이쪽   ～に ～에   貼(は)る 붙이다   おく 놓다, 두다

그럼, 이제 出国場^{しゅっこくじょう}출국장으로 들어가자.

오 예~

나나~
같이 가~

출국장으로 들어가면

セキュリティチェック 보안 검사대를

通過^{つうか}통과하는데,

보안 검사대를 통과할 때는 鍵^{かぎ}열쇠와

コイン동전 같은 金属物^{きんぞくぶつ}금속물을

미리 꺼내두자.

그리고
出国審査^{しゅっこくしんさ}출국심사를 받는다.

출국심사만 끝나면
면세점이 우릴 기다리고
있다고~

シャネル ^{샤넬}
CHANEL

ランコム ^{랑콤}
LANCÔME PARIS

エスティローダー
에스티 로더
ESTÉE LAUDER

BIOTHERM

ビオテルム
비오템

クリニーク
클리닉
CLINIQUE

출국할 때
많이 사지 말랬지!

搭乗時刻^{とうじょう じ こく}_{탑승시각}까지 시간이 있다면 免税店^{めんぜいてん}_{면세점}에서 잠시 ショッピング_{쇼핑}을 즐기자.

면세점에서 물건을 구입할 때는 탑승권을 제시해야 하기 때문에 점원들이

搭乗券^{とうじょうけん}を拝見^{はいけん}します。탑승권을 보겠습니다. **2-③** 🎧 **03** 또는,

ボーディングパスを拝見^{はいけん}します。보딩패스를 보겠습니다. 라고 말한다.

搭乗券^{とうじょうけん}よろしいですか。 **2-④** 라고 하기도 하는데,

직역하면 '탑승권 괜찮겠습니까?'라는 뜻으로, '탑승권을 보여주셔도 괜찮겠습니까?'라는 뜻이 된다. 그럼 탑승권을 보여주자.

척!

搭乗券(とうじょうけん) 탑승권   拝見(はいけん)します 보겠습니다 (「見(み)ます 보겠습니다」의 겸양어)
よろしい 좋다, 괜찮다 (「いい 좋다, 괜찮다」의 공손한 표현)

비행기
탑승

출입국신고서 작성 & 입국심사 준비하기

비행기 탑승은 搭乗時刻^{とうじょう じ こく}탑승시각 전에
搭乗ゲート^{とうじょう}탑승게이트 앞에서 대기하고
있다가 탑승이 시작되면 탑승한다.

いらっしゃいませ。 ⁰⁴ 2-**5**
어서 오세요.

スチュワーデス
스튜어디스

搭乗券^{とうじょうけん}탑승권을 보여주고 탑승한다.

座席^{ざ せき}좌석 番号^{ばんごう}번호를 확인한 후, 자리에 앉은 다음에는
シートベルト^{안전벨트}를 맨다.

シートベルトをおしめください。 ⁰⁵ 2-**6**
안전벨트를 매 주십시오.

헉헉
숨 막혀~

シートベルト 안전벨트(seat belt)   しめる 매다

32

이제 자리를 잡았으면

座席^{좌석} 앞 ポケット^{포켓}에 준비되어 있는

出入国カード^{출입국신고서}를 작성하도록 하자.

外国人用

外国人出国記録　EMBARKATION CARD FOR FOREIGNER ②
외국인 출국기록

IJ 4864333　22

氏　名（漢字）　氏 한자 성　名 한자 이름
Name（한자）　Family Name 영문 성
Given Names 영문 이름
国　籍 Nationality as shown on passport 국적
生年月日 Date of Birth 생년월일　Day 日 일　Month 月 월　Year 年 년
外国人登録証明書番호 Alien registration certificate number
航空機便名・船名 Flight No./Vessel 항공기 편명・선명
降　機　地 Port of Disembarkation 도착지
審　名 Signature 서명

한국어로 뜻이 적혀 있네~.
かんたん、かんたん…。 _{간단, 간단…}

外国人入国記録　DISEMBARKATION CARD FOR FOREIGNER ①
외국인 입국기록

英語又は日本語で記載して下さい。 영어 또는 일본어로 기재해 주십시오.

IJ 4864333　21

氏　名（漢字）　氏 한자 성　名 한자 이름
Name（한자）　Family Name 영문 성　Given Names 영문 이름
国　籍 Nationality as shown on passport 국적
生年月日 Date of Birth 생년월일　Day 日 일　Month 月 월　Year 年 년　男 1 Male 남　女 2 Female 여
現住所 Home Address 현주소　国名 Country name 나라명　都市名 City name 도시명　職　業 Occupation 직업
旅券番号 Passport number 여권 번호　航空機便名・船名 Last flight No./Vessel 항공기 편명・선명　乗機地 Which airport did you board this flight or ship? 출발지
渡航目的 Purpose of visit 도항 목적　□観光 Tourism 관광　□商用 Business 상용　□親族訪問 Visiting relatives 친지 방문　□トランジット Transit 환승　日本滞在予定期間 Intended Length of stay in Japan 일본 체재 예정 기간　年 Years 년　月 Month 월　日 Days 일
□その他 Others (기타
日本の連絡先 Intended address in Japan 일본의 연락처　TEL

裏面を見てください。 See the back 뒷면을 봐 주십시오. →

KA1IJ486433321

출입국신고서를 제대로 작성해야 入国審査^{입국심사}를 수월하게 마칠 수 있으므로, 정확하게
그리고 제대로 작성해야 한다.

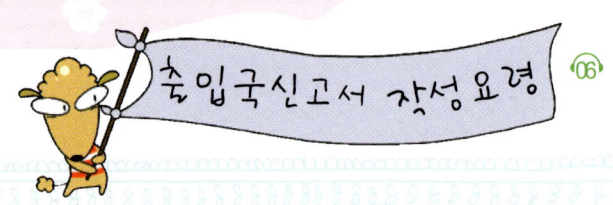

출입국신고서 작성요령 ⑥

<ruby>国籍<rt>こくせき</rt></ruby> 국적은 영문으로 「KOREA」 또는 한자로 「韓国」이라고 쓴다.

여기서 잠깐!!! 나라이름을 알아보면…

<ruby>韓国<rt>かんこく</rt></ruby> 한국	<ruby>日本<rt>にほん</rt></ruby> 일본	<ruby>中国<rt>ちゅうごく</rt></ruby> 중국
アメリカ 미국	イギリス 영국	カナダ 캐나다
フランス 프랑스	ドイツ 독일	オーストラリア 호주
*アジア 아시아	*ヨーロッパ 유럽	*アフリカ 아프리카

요건 대륙!

<ruby>職業<rt>しょくぎょう</rt></ruby> 직업은 영어 또는 아래를 참고로 하여 일본어로 쓰자.

<ruby>学生<rt>がくせい</rt></ruby> 학생	<ruby>先生<rt>せんせい</rt></ruby> 선생님
<ruby>教授<rt>きょうじゅ</rt></ruby> 교수	<ruby>会社員<rt>かいしゃいん</rt></ruby> 회사원
<ruby>医者<rt>いしゃ</rt></ruby> 의사	<ruby>看護婦<rt>かんごふ</rt></ruby> 간호사
<ruby>弁護士<rt>べんごし</rt></ruby> 변호사	<ruby>会計士<rt>かいけいし</rt></ruby> 회계사
<ruby>公務員<rt>こうむいん</rt></ruby> 공무원	<ruby>警察官<rt>けいさつかん</rt></ruby> 경찰관
<ruby>記者<rt>きしゃ</rt></ruby> 기자	アナウンサー 아나운서
<ruby>放送人<rt>ほうそうじん</rt></ruby> 방송인	モデル 모델
<ruby>作家<rt>さっか</rt></ruby> 작가	<ruby>画家<rt>がか</rt></ruby> 화가

끄덕
끄덕

참고해

日本の連絡先^{にほん れんらくさき}일본의 연락처에는 머물게 될 곳의 **住所**^{じゅうしょ}주소와 **電話番号**^{でんわばんごう}전화번호를 자세하게 쓴다.

호텔에 묵는 경우에는 '**지역의 ○○호텔'이라고 적으면 된다.

ホテルバウチャー^{호텔 바우처}를 참고로 하여 작성하자.

日本の連絡先 にほん れんらくさき 일본의 연락처	新宿 プリンスホテル　TEL 03-****-****

新宿 신주쿠(지명)
プリンス(prince) 프린스, 왕자(여기서는 호텔 명)
ホテル 호텔

Tip

호텔이 아닌 '친척집'이나 '친구집' 또는 '아는 사람 집'에 머물 경우에는
출입국신고서에 집주소와 전화번호를 정확하게 적는다.

여기서 알아두어야 할 것!!
호텔이 아닌 일본에 거주하는 친척이나 친구의 집주소를 썼을 경우에는 입국심사에서
'어떤 관계'냐, '어떻게 알게 된 사람이냐'라는 등의 질문을 받을 수도 있다.

어떤 질문을 받는지 다음 페이지에서 알아보자.

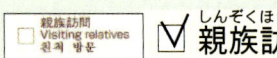

親族訪問 Visiting relatives 친척 방문　☑ **親族訪問**^{しんぞくほうもん} 친족방문 의 경우　2-❼

심사관의 질문

どういうご関係^{かんけい}ですか。①
어떤 관계입니까?

대답의 예

おばです。②
이모(고모)입니다.

おじ 삼촌(외삼촌)　祖父^{そふ} 할아버지　祖母^{そぼ} 할머니　いとこ 사촌

その他 Others 기타　☑ **その他**^{ほか} 기타 의 경우 (友^{とも}だちの家^{いえ}に訪問^{ほうもん} 친구집에 방문)　2-❽

심사관의 질문

どういう友^{とも}だちですか。①
어떤 친구입니까?

대답의 예

学生時代^{がくせいじだい}の友^{とも}だちです。②
학창시절 친구입니다.

どういう 어떤　　関係(かんけい) 관계　　〜ですか 〜입니까?　　おば 이모, 고모, 아주머니
〜です 〜입니다　友(とも)だち 친구　　学生時代(がくせいじだい) 학창시절

36

출입국신고서를 쓰다 틀렸을 경우에는 주저하지 말고 지나가는 스튜어디스를
부르자.

すみません。
저기요.

눈이 마주치면 이렇게 외친다.

これ、もう一枚…。
이거 한 장 더….

제대로 말하려면

これ、もう一枚もらえますか。
이거 한 장 더 받을 수 있습니까?

これ、もう一枚ください。
이거 한 장 더 주세요.

라고 말한 후에 새로 받아 다시 작성하자.

これ 이거　もう 더　一枚(いちまい) 한 장　もらう 받다　ください 주세요

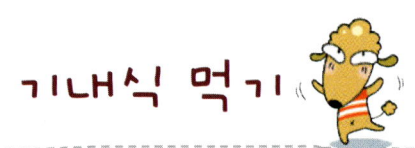

이제 機內食^{기내식}을 먹을 시간!

お飲み物はいかがですか。 2-⑬ ⑩

음료는 무엇으로 하시겠습니까?

食事^{식사}와 함께 나오는 飲み物^{음료}는 식사 メニュー^{메뉴}에 따라 조금씩 바뀌므로 무엇이 있는지 물어 보는 것도 좋다.

물어볼 때는

何がありますか。무엇이 있습니까? 2-⑭ 라고 한다.

주로 제공되는 음료로는

オレンジジュース^{오렌지주스}, りんごジュース^{사과주스}, グレープジュース^{포도주스} 등의 주스류와

コーラ^{콜라}, お茶^차, 紅茶^{홍차}, ミルク(=牛乳)^{우유} 등이 있다.

お酒^술은 주로 ビール^{맥주}, ワイン^{와인}, ウィスキー^{위스키}가 있고,

메뉴가 밥일 경우에는 味噌汁^{된장국}이 제공되기도 한다.

味噌汁ください。 2-⑮

미소시루(된장국) 주세요.

飲(の)み物(もの) 음료　いかがですか 어떻습니까?　何(なに) 무엇　**ある** 있다
味噌汁(みそしる) 미소시루(된장국)　ください 주세요

さげる (밥상 등을)치우다, 물리다　コーヒー 커피
けっこう 충분함, 만족스러움 (「けっこうです」는 ' (이것으로)충분합니다, 됐습니다' 라는 사양의 뜻)

すみません。
저기요.

歯ブラシ、もらえますか。 2-21
칫솔 받을 수 있을까요?

免税品をお持ちしております。 2-20
면세품을 준비했습니다.

歯ブラシですか。 2-22
칫솔 말씀이십니까?

かしこまりました。
알겠습니다.

トイレはどこですか。 2-23
화장실은 어디입니까?

あちらでございます。 2-24
저쪽입니다.

免税品(めんぜいひん) 면세품　持(も)つ 들다, 가지다　歯(は)ブラシ 칫솔　もらう 받다
かしこまりました 「わかりました 알겠습니다」의 겸양어　トイレ 화장실　どこ 어디　あちら 저쪽
〜でございます 「〜です 〜입니다」의 겸양어

ちょっと寒いんで、
毛布をもらえますか。 2-25

좀 추운데, 담요를 주시겠습니까?

飛行機よいみたいですが、
薬ありますか。 2-26

비행기 멀미 같은데, 약 있습니까?

あ、少々お待ちください。

아, 잠시만 기다려 주세요.

すぐ、お持ちします。 2-27

바로 가져오겠습니다.

ボールペンを貸してもらえますか。 2-28

볼펜을 빌릴 수 있을까요?

ちょっと 조금, 약간　寒(さむ)い 춥다　毛布(もうふ) 담요　飛行機(ひこうき)よい 비행기 멀미
薬(くすり) 약　ある 있다　少々(しょうしょう) 잠시　待(ま)つ 기다리다　ボールペン 볼펜
貸(か)す 빌려주다

입국심사는 침착하게~

<ruby>入国審査<rt>にゅうこくしんさ</rt></ruby> 입국심사는 <ruby>外国人入国<rt>がいこくじんにゅうこく</rt></ruby> 외국인입국이라고 쓰여 있는 곳에서 받는다.

기내에서 작성한 <ruby>出入国カード<rt>しゅつにゅうこく</rt></ruby> 출입국신고서와 パスポート 여권을 꺼내자.

17번이나 다시 쓴 걸 잃어버려?

결국 두고 가셨네요.

ない、ない、どこにもない。 2-29 ⑬

없다, 없어, 어디에도 없어.

기내에서 작성하지 않았거나, 작성한 용지를 잃어버렸더라도 걱정할 필요는 없다.

심사대 주변에 용지와 함께 작성할 수 있는 곳이 마련되어 있으므로 침착하게 작성하자.

출입국신고서를 문제없이 작성했으면, <ruby>一列ならび<rt>いちれつ</rt></ruby> 한 줄 서기로 순서를 기다리다가 자신의

차례가 되면 입국심사를 받자.

1번

심사대 앞에 몇 번 심사대로 갈지 안내해 주는 공항직원이 있는데, 출입국신고서 를 제대로 작성했는지 확인도 해준다.

ない 없다　どこ 어디　~にも ~에도

일본은 2007년 11월 20일부터 テロ ^{테러} 防止 ^{ぼうし} ^{방지}를 위해 외국인을 대상으로 입국심사 전에
指紋 ^{しもん} ^{지문}을 채취하고, 顔写真 ^{かおじゃしん} ^{얼굴사진}을 찍고 있다.

指紋を読み取ります。 ⑭ 2-30
지문을 채취하겠습니다.

내손도 찍어줘.

顔写真を撮ります。 ⑮ 2-31
얼굴사진을 찍겠습니다.

브이~

입국심사에서 꼭 필요한 것은 パスポート ^{여권}과 앞서 작성한 出入国カード ^{しゅつにゅうこく} ^{출입국신고서}다.
간혹 飛行機チケット ^{ひこうき} ^{비행기 티켓}을 보여 달라고 할 때도 있으므로, 미리 준비해 두자.

여권에 カバー ^{커버}가 씌어 있으면 벗겨둔다.

출입국신고서만 제대로 작성했다면 아무것도 묻지 않고 대부분 그냥 통과시켜 준다.

何か緊張するね～。 ⑯ 2-32
왠지 긴장되는데~.

심사관은 여권과 출입국신고서를 살펴본 후
여권을 돌려주며 이렇게 말한다.

どうぞ。 2-33
여기 있습니다.

그냥 아무 말 없이 돌려주는 심사관도 있다.

걱정할 필요 없다니까~

指紋(しもん) 지문　読(よ)み取(と)る 채취하다, 알아차리다　顔写真(かおじゃしん) 얼굴사진
撮(と)る (사진을)찍다　何(なん)か 어쩐지, 어딘지 모르게　緊張(きんちょう)する 긴장하다

근데..
물어보면 어쩌지?

조금이라도 걱정된다면 아래의 질문 정도만 알아두자.
대답을 할 때는 꼭!! 출입국신고서에 작성한 대로 한다.

審査官 : 入国の目的は何ですか。 ①
심사관 : 입국 목적은 무엇입니까?

ナナ : 旅行です。 ② **여행일 경우**
나나 : 여행입니다.

出張です。 ③ **출장일 경우**
출장입니다.

親戚の家の訪問です。 ④ **친척집 방문일 경우**
친척집 방문입니다.

審査官 : どこに泊まりますか。 ⑤
심사관 : 어디에서 묵습니까?

ナナ : 新宿のプリンスホテルです。 ⑥
나나 : 신주쿠의 프린스 호텔입니다.

호텔일 경우
호텔이 위치한 지역과 호텔 명을 말하면 된다.

審査官(しんさかん) 심사관　入国(にゅうこく) 입국　目的(もくてき) 목적　何(なん) 무엇
～ですか ～입니까?　旅行(りょこう) 여행　～です ～입니다　出張(しゅっちょう) 출장
親戚(しんせき) 친척　家(いえ) 집　訪問(ほうもん) 방문　どこ 어디　泊(と)まる 머물다, 묵다
新宿(しんじゅく) 신주쿠(지명)　ホテル 호텔

ナナ : 親戚の家です。⑦ 친척집일 경우
나나 : 친척집입니다.

審査官 : 滞在期間は何日間ですか。⑧
심사관 : 체류기간은 며칠간입니까?

ナナ : 三日間です。⑨
나나 : 3일간입니다.

바로 그날 돌아간다면,

今日、帰ります。⑩
오늘 돌아갑니다.

審査官 : 飛行機のチケットを見せてください。⑪
심사관 : 비행기 티켓을 보여 주세요.

ナナ : どうぞ。⑫
나나 : 여기 있습니다.

2일간~10일간까지 알고 가자! ⑱

2일간	二日間 (ふつかかん)	3일간	三日間 (みっかかん)
4일간	四日間 (よっかかん)	5일간	五日間 (いつかかん)
6일간	六日間 (むいかかん)	7일간	七日間 (なのかかん)
8일간	八日間 (ようかかん)	9일간	九日間 (ここのかかん)
10일간	十日間 (とおかかん)		

滞在期間(たいざいきかん) 체류기간 何日間(なんにちかん) 며칠간 三日間(みっかかん) 3일간
今日(きょう) 오늘 帰(かえ)る 돌아가다, 돌아오다 飛行機(ひこうき) 비행기 チケット 티켓(ticket)
見(み)せる 보이다

짐찾기

入国審査^{にゅうこくしんさ}입국심사가 끝났으면 荷物^{にもつ}짐을 찾으러 가자.

자신이 타고 온 飛行機^{ひこうき}비행기 便名^{びんめい}편명을 確認^{かくにん}확인하고 手荷物引渡場^{てにもつひきわたしじょう}수화물수취장의

ターンテーブル^{턴테이블} 앞에서 짐을 찾자.

가자~ 가자~

46

날짜와 수사 알아보자!

 꼭 알아두자.

월(月) 표현 ⑲

하늘에 떠있는 '달'을 말할 때는 「月」이라고 쓰고, 「つき」라고 읽는다.

1월	2월	3월	4월	5월	6월
いちがつ	にがつ	さんがつ	しがつ	ごがつ	ろくがつ
一月	二月	三月	四月	五月	六月
7월	8월	9월	10월	11월	12월
しちがつ	はちがつ	くがつ	じゅうがつ	じゅういちがつ	じゅうにがつ
七月	八月	九月	十月	十一月	十二月

일(日) 표현 ⑳

'해'를 말할 때는 「日」이라고 쓰고, 「ひ」라고 읽는다. '태양'은 「太陽」다.

1일	2일	3일	4일	5일	6일
ついたち	ふつか	みっか	よっか	いつか	むいか
一日	二日	三日	四日	五日	六日
7일	8일	9일	10일	11일	12일
なのか	ようか	ここのか	とおか	じゅういちにち	じゅうににち
七日	八日	九日	十日	十一日	十二日
13일	14일	15일	16일	17일	18일
じゅうさんにち	じゅうよっか	じゅうごにち	じゅうろくにち	じゅうしちにち	じゅうはちにち
十三日	十四日	十五日	十六日	十七日	十八日
19일	20일	21일	22일	23일	24일
じゅうくにち	はつか	にじゅういちにち	にじゅうににち	にじゅうさんにち	にじゅうよっか
十九日	二十日	二十一日	二十二日	二十三日	二十四日
25일	26일	27일	28일	29일	30일
にじゅうごにち	にじゅうろくにち	にじゅうしちにち	にじゅうはちにち	にじゅうくにち	さんじゅうにち
二十五日	二十六日	二十七日	二十八日	二十九日	三十日

요일(曜日) 표현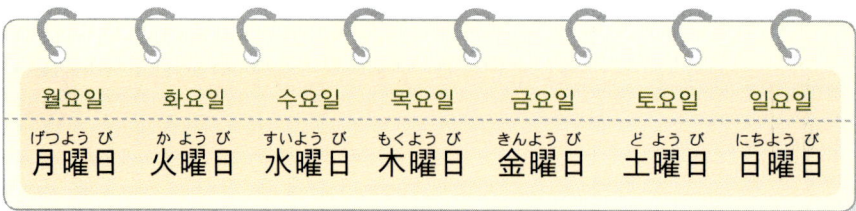

월요일	화요일	수요일	목요일	금요일	토요일	일요일
げつようび 月曜日	かようび 火曜日	すいようび 水曜日	もくようび 木曜日	きんようび 金曜日	どようび 土曜日	にちようび 日曜日

그 외 … 22

그저께	어제	오늘	내일	모레
おととい	きのう	きょう	あした	あさって

달, 일, 요일 묻기 표현 23 2-35

なんがつ
何月ですか。 ①
몇 월입니까?

なんにち
何日ですか。 ②
며칠입니까?

なんようび
何曜日ですか。 ③
무슨 요일입니까?

たんじょうび　　なんがつなんにち
お誕生日は 何月何日ですか。 ④
생일은 몇 월 며칠입니까?

きょう　　なんがつなんにちなんようび
今日は何月何日何曜日ですか。 ⑤
오늘은 몇 월 며칠 무슨 요일입니까?

근데, 아직 숫자 표현도 잘 모르는데~.

가볍게 숫자표현 정리하고 넘어가자. ㉔

1 いち 一	2 に 二	3 さん 三	4 よん・し 四	5 ご 五
6 ろく 六	7 なな・しち 七	8 はち 八	9 きゅう 九	10 じゅう 十
11 じゅういち 十一	12 じゅうに 十二	13 じゅうさん 十三	14 じゅうよん 十四	15 じゅうご 十五
16 じゅうろく 十六	17 じゅうしち 十七	18 じゅうはち 十八	19 じゅうきゅう 十九	20 にじゅう 二十
30 さんじゅう 三十	40 よんじゅう 四十	50 ごじゅう 五十	60 ろくじゅう 六十	70 ななじゅう 七十
80 はちじゅう 八十	90 きゅうじゅう 九十	100 ひゃく 百	1000 せん 千	10000 いちまん 一万

もう、覚えた。
벌써 외웠다.

㉕
2-㊱

…と、言いたい。
…라고 말하고 싶다.

もう 벌써, 이제, 이미   覚(おぼ)える 기억하다, 외우다   言(い)う 말하다

さかな、つえ、ハート、ちょう、きのこ

정답 & 단어의 뜻 → p.190에서

chapter3

とうきょう　こうつう
東京の交通

도쿄의 교통

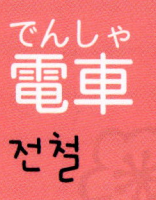

でんしゃ
電車
전철

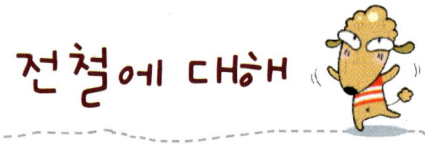

전철에 대해

일본에서 가장 많이 이용되고 있는 交通手段（교통수단）은 바로 電車（전철）이다.
하지만 日本（일본）의 전철, 특히 東京（도쿄）의 전철은 복잡하기로 有名（유명）하다.

3-①

ふくざつ
複雑すぎる。
너무 복잡해.

그러나 복잡하다는 것은 그 만큼 路線（노선）이 많아, 어디든 전철로 갈 수 있다는 뜻이기도 하다.

3-②

にほん　　でんしゃ　　　　　　　　　い　　　　べん り
日本の電車は、どこにも行けて便利だよ。
일본의 전철은 어디든 갈 수 있어, 편리해.

일본인

3-③

に ほんじん
あんたは、日本人だからでしょう。
넌 일본인이기 때문이겠지.

りょこうしゃ　　　たち ば
旅行者（여행객）立場（입장）에서는 복잡할 수밖에 없는 전철.

그러나 아무리 복잡한 전철이라도, 기본적인 운영체계만 이해하고 있으면 편리하게 이용할 수
있으므로, 타기도 전에 겁먹는 것은 금물!!!

複雑(ふくざつ) 복잡　～すぎる 너무～하다　日本(にほん) 일본　電車(でんしゃ) 전철　どこ 어디
～にも ～라도　行(い)く 가다　便利(べんり) 편리　あんた 너　日本人(にほんじん) 일본인
～から ～이니까　～でしょう ～이겠죠

전철과 지하철의 차이

한국에서는 지하철이 지상으로도 다니고 지하로도 다녀, 전철과 지하철의 구분이 없지만, 일본에서는 電車_{전철}은 地上_{지상}으로, 地下鉄_{지하철}은 地下_{지하}로만 다닌다.

어디를 다니는 것이 중요한 것이 아니라, 전철인지 지하철인지에 따라 역의 위치, 운임 등의 차이가 있으므로, 기본적으로 내가 타야 할 노선이 전철인지, 지하철인지 알고 타야 한다.

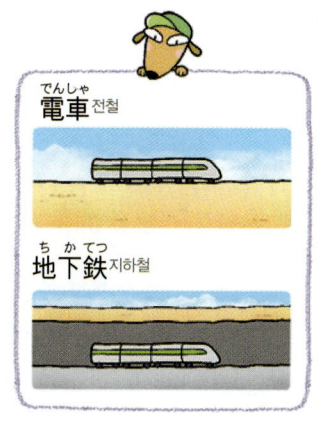

電車_{전철}

地下鉄_{지하철}

運賃_{운임}은

地下鉄より電車の方が安い。

지하철보다 전철 쪽이 싸다.

도쿄 여행 시 알아야 할 노선

★ 전철은 국가에서 운영하는 JR이라는 철도회사의 노선 중, 도쿄 중심을 순환하는 山手線_{야마노테센}과 도쿄 중심을 가로 지르는 中央線_{추오센} · 総武線_{소부센} 정도만 알아두자.

★ 지하철은 銀座線_{긴자센}, 丸の内線_{마루노우치센}, 日比谷線_{히비야센}만 알아두자.

내 빤쮸~

일본의 노선 이름은 전부 어렵다.
노선 이름뿐만 아니라, 역의 이름 역시 어렵다.
처음부터 외우려고 너무 애쓰지 말자.
이런 것이 있다는 것만 알고 넘어가자.

Tip

전철과 지하철 같은 교통수단을 전체적으로 일컬을 때는 鉄道_{철도} 또는 列車_{열차}라고 한다.

地下鉄(ちかてつ) 지하철　より 보다　電車(でんしゃ) 전철　～方(ほう) ～쪽　～が ～이/가
安(やす)い 값이 싸다

주요 역 노선도

복잡한 전철을 효율적으로 이용하는 방법은 내가 가야 할 곳만 보는 것이다. ⑭

그럼, 도쿄 중심을 순환하는 山手線_{야마노테센} 路線_{노선}부터 살펴보자.

池袋 いけぶくろ

大塚 おおつか

目白 めじろ

高田馬場 たかだのばば

한때 일본에서 가장 높았던 60층 빌딩인 サンシャインシティ 선샤인시티가 있다. 선샤인시티에서는 쇼핑뿐 아니라, 水族館_{すいぞくかん}수족관과 展望台_{てんぼうだい}전망대도 즐길 수 있다.

新大久保 しんおおくぼ

新宿 しんじゅく

유명 デパート백화점과 ショッピングモール쇼핑몰, 그리고 유흥의 거리인 歌舞伎町_{かぶきちょう}가부키쵸로 유명하다.

代々木 よよぎ

原宿 はらじゅく

더 이상 설명이 필요 없는 若者_{わかもの}젊은이들의 거리

渋谷 しぶや

恵比寿 えびす

유럽풍의 거리로, 세련되게 차려입은 젊은이들로 붐비는 곳이다.

일본에서 비싸기로 유명한 지역으로, 고풍스러운 건물들을 복 수 있다.

目黒 めぐろ

五反田 ごたんだ

大崎 おおさき

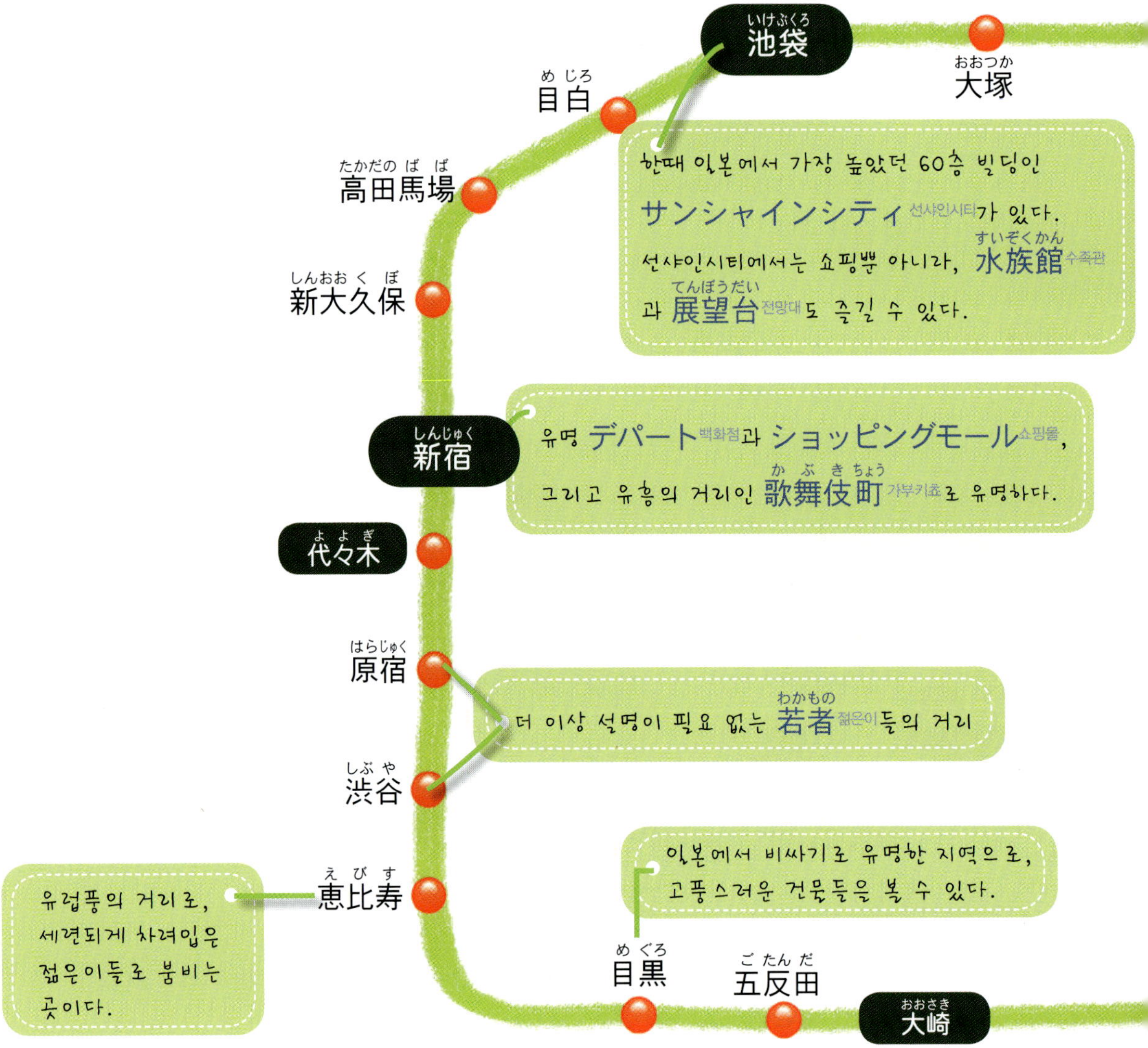

巣鴨
<ruby>巣鴨<rt>す がも</rt></ruby>

<ruby>駒込<rt>こまごめ</rt></ruby>

<ruby>田端<rt>た ばた</rt></ruby>

<ruby>西日暮里<rt>にしにっぽ り</rt></ruby>

<ruby>日暮里<rt>にっぽ り</rt></ruby>

<ruby>鶯谷<rt>うぐいすだに</rt></ruby>

<ruby>上野<rt>うえ の</rt></ruby>

<ruby>御徒町<rt>お かちまち</rt></ruby>

<ruby>秋葉原<rt>あきは ばら</rt></ruby>

<ruby>神田<rt>かん だ</rt></ruby>

<ruby>東京<rt>とうきょう</rt></ruby>

<ruby>有楽町<rt>ゆうらくちょう</rt></ruby>

<ruby>新橋<rt>しんばし</rt></ruby>

<ruby>浜松町<rt>はままつちょう</rt></ruby>

<ruby>田町<rt>た まち</rt></ruby>

<ruby>品川<rt>しながわ</rt></ruby>

<ruby>上野公園<rt>うえ の こうえん</rt></ruby> 우에노공원과 <ruby>上野動物園<rt>うえ の どうぶつえん</rt></ruby> 우에노동물원, 그리고 재래시장인 <ruby>アメ横市場<rt>よこいち ば</rt></ruby> 아메요코시장이 있다.

전자상가가 많기로 유명할 뿐 아니라, フィギュア 피규어나 コスプレ 코스프레, ゲーム 게임 등에 빠져 있는 オタク 오타쿠들의 거리이기도 하다.

일본의 심장부라 할 수 있는 역이다. 일본의 임왕이 살고 있는 왕궁인 <ruby>皇居<rt>こうきょ</rt></ruby> 고쿄가 있다.

일본어를 공부하는 사람이라면 <ruby>山手線<rt>やまのてせん</rt></ruby> 야마노테센 노선의 지명 정도는 알아 두는 것이 좋다.

일본어 시험 볼 때 간혹 출제되기도 한다.

시험도 볼라고?

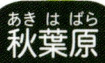

다음은 山手線^{やまのてせん}야마노테센을 관통하는 中央線^{ちゅうおうせん}추오센과 総武線^{そうぶせん}소부센, 그리고 東京駅^{とうきょうえき}도쿄역에서

舞浜^{まいはま}마이하마까지 가는 京葉線^{けいようせん}게이요센도 알아두자.

中央線 ちゅうおうせん 추오센	三鷹 みたか 미타카 ↔ 新宿 しんじゅく 신주쿠 ↔ 東京 とうきょう 도쿄 ↔ 舞浜 まいはま 마이하마를 연결
総武線 そうぶせん 소부센	三鷹 みたか 미타카 ↔ 新宿 しんじゅく 신주쿠 ↔ 秋葉原 あきはばら 아키하바라를 연결
京葉線 けいようせん 게이요센	東京 とうきょう 도쿄 ↔ 舞浜 まいはま 마이하마를 연결

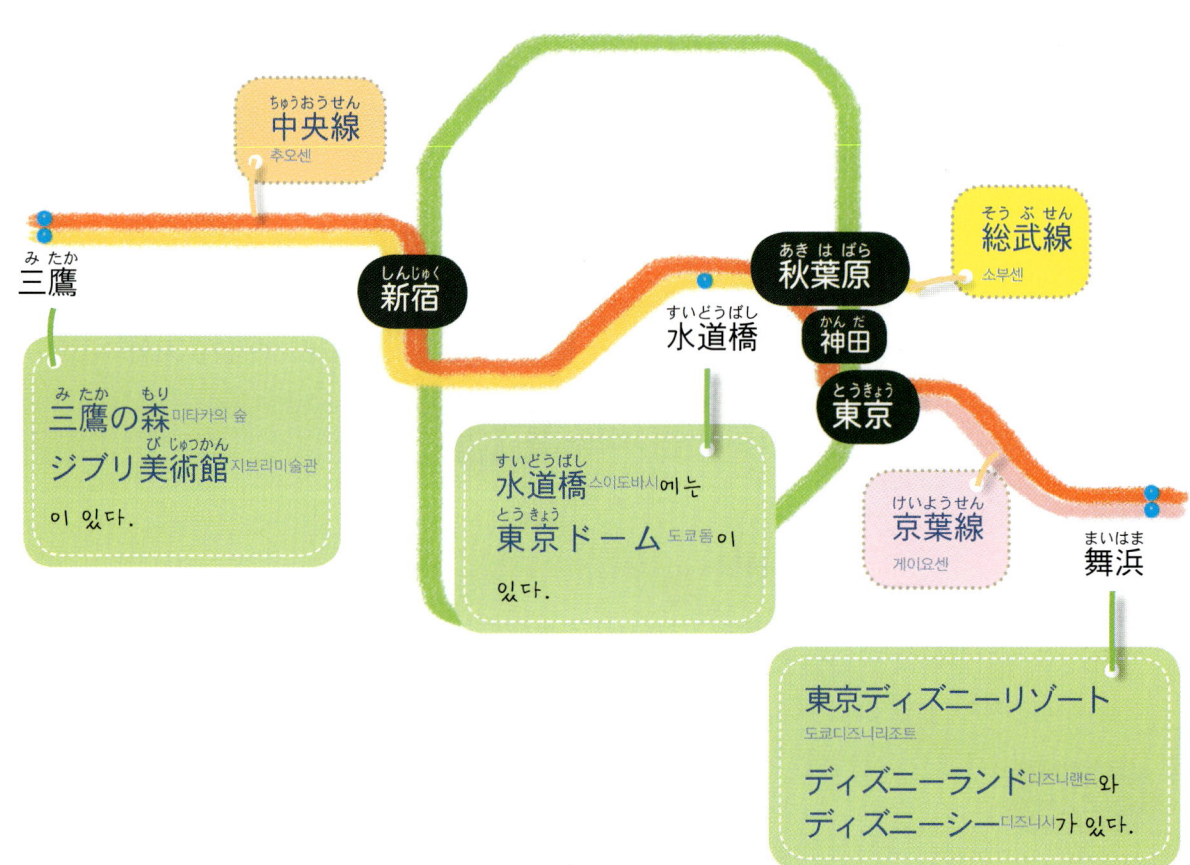

中央線 ちゅうおうせん 추오센

三鷹 みたか

新宿 しんじゅく

秋葉原 あきはばら

総武線 そうぶせん 소부센

水道橋 すいどうばし

神田 かんだ

東京 とうきょう

京葉線 けいようせん 게이요센

舞浜 まいはま

三鷹の森 みたか もり 미타카의 숲
ジブリ美術館 びじゅつかん 지브리미술관

이 있다.

水道橋 すいどうばし 스이도바시에는
東京ドーム とうきょう 도쿄돔이

있다.

東京ディズニーリゾート
도쿄디즈니리조트

ディズニーランド 디즈니랜드와
ディズニーシー 디즈니시가 있다.

이제 地下鉄^{지하철}인 銀座線^{긴자센}, 日比谷線^{히비야센}, 丸の内線^{마루노우치센}의 路線^{노선}을 알아보자.

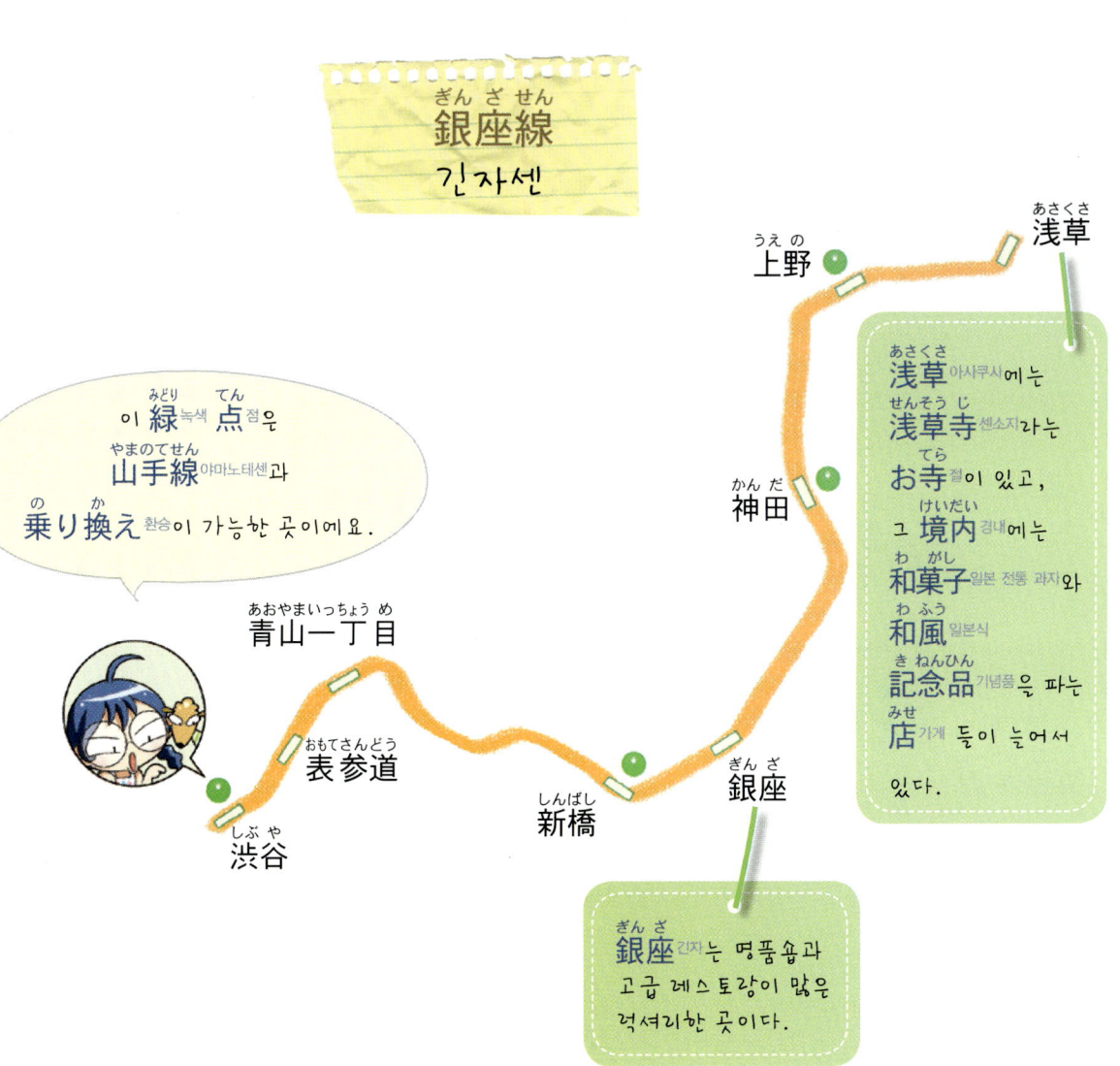

銀座線
긴자센

浅草^{あさくさ}

上野^{うえの}

이 緑^{みどり}^{녹색} 点^{てん}^점은 山手線^{やまのてせん}^{야마노테센}과 乗り換え^{の か}^{환승}이 가능한 곳이에요.

神田^{かんだ}

浅草^{あさくさ}^{아사쿠사}에는 浅草寺^{せんそう じ}^{센소지}라는 お寺^{てら}^절이 있고, 그 境内^{けいだい}^{경내}에는 和菓子^{わ がし}^{일본 전통 과자}와 和風^{わ ふう}^{일본식} 記念品^{き ねんひん}^{기념품}을 파는 店^{みせ}^{가게} 들이 늘어서 있다.

青山一丁目^{あおやまいっちょう め}

表参道^{おもてさんどう}

銀座^{ぎん ざ}

新橋^{しんばし}

渋谷^{しぶ や}

銀座^{ぎん ざ}^{긴자}는 명품숍과 고급 레스토랑이 많은 럭셔리한 곳이다.

日比谷線
ひ び や せん
히비야센

上野
うえ の

秋葉原
あき は ばら

日比谷
ひ び や

銀座
ぎん ざ

東銀座
ひがしぎん ざ

築地
つき じ

六本木ろっぽんぎ에는 六本木ヒルズ
ろっぽん ぎ   ろっぽん ぎ

롯폰기힐즈를 비롯하여

東京ミッドタウン도쿄미드타운과 같은
とうきょう

ショッピングモール쇼핑몰이 있다.

六本木
ろっぽん ぎ

恵比寿
え び す

築地초키지에는 수산시장이
つき じ

있어 보다 신선한 寿司초밥을
す し

값 싸게 먹을 수 있다.

後楽園（고라쿠엔）에는 東京ドーム
こうらくえん　　　　　　　　　とうきょう

도쿄돔과 에도 시대의 정원인
後楽園（고라쿠엔）이 있다.
こうらくえん

池袋
いけぶくろ

後楽園
こうらくえん

新宿
しんじゅく

東京
とうきょう

銀座
ぎんざ

山手線（야마노테센）이외의 路線（노선）은 주요 역과 야마노테센과
やまのてせん　　　　　　　　　　　ろせん

乗り換え（환승）이 가능한 역만 표기했어요.
の　か

複雑すぎると、わかりにくいから。　3-⑤
ふくざつ

너무 복잡하면, 알기 어렵잖아.

面倒くさかったんじゃないの？　3-⑥
めんどう

귀찮았던 거 아냐?

맞아.

複雑（ふくざつ）복잡　　〜すぎる 너무〜하다
わかりにくい 알기 어렵다 (わかる 알다 + 〜にくい 〜하기 어렵다)　　〜から 〜때문에
面倒（めんどう）くさい 귀찮다

발매기 사용법

<ruby>電車<rt>전철</rt></ruby> <ruby>切符<rt>표</rt></ruby>는 보통 きっぷうりば^{매표소} <ruby>券売機<rt>발매기</rt></ruby>를 통해 구입한다.

<ruby>駅員<rt>역무원</rt></ruby>이 <ruby>直接<rt>직접</rt></ruby> <ruby>販売<rt>판매</rt></ruby>하는
<ruby>窓口<rt>창구</rt></ruby>가 없는 <ruby>駅<rt>역</rt></ruby>도 많으므로,

발매기 사용에 익숙해 질 필요가 있다.

발매기를 보면 ⑥

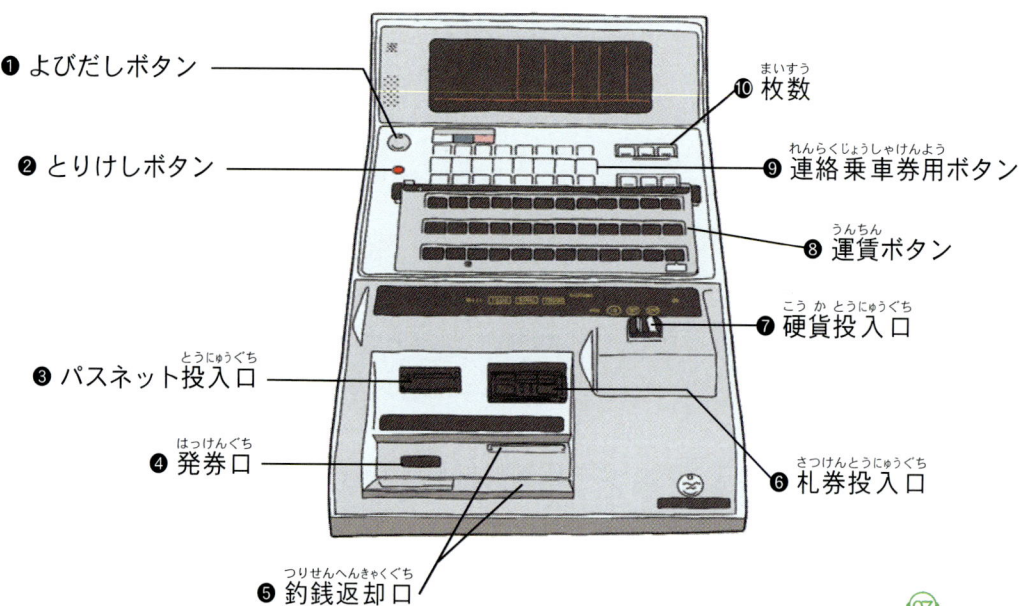

❶ よびだしボタン

❷ とりけしボタン

❸ パスネット<ruby>投入口<rt>とうにゅうぐち</rt></ruby>

❹ <ruby>発券口<rt>はっけんぐち</rt></ruby>

❺ <ruby>釣銭返却口<rt>つりせんへんきゃくぐち</rt></ruby>

❿ <ruby>枚数<rt>まいすう</rt></ruby>

❾ <ruby>連絡乗車券用<rt>れんらくじょうしゃけんよう</rt></ruby>ボタン

❽ <ruby>運賃<rt>うんちん</rt></ruby>ボタン

❼ <ruby>硬貨投入口<rt>こうかとうにゅうぐち</rt></ruby>

❻ <ruby>札券投入口<rt>さつけんとうにゅうぐち</rt></ruby>

でも、よくわからない。 ⑦ 3-❼
하지만 잘, 모르겠어.

でも 하지만　よく 잘　わかる 알다

❶ よびだしボタン : 호출버튼

駅員^{역무원}을 부를 때 사용한다.

❷ とりけしボタン : 취소버튼

처음부터 다시 할 때 사용한다.

❸ パスネット投入口 : 정액권투입구

「パスネット」는 쉽게 말해서 カード式^{카드식} 정액권을 말한다.

❹ 発券口 : 발권구

切符^표가 나오는 곳이다.

❺ 釣銭返却口 : 동전반환구

おつり^{거스름돈}이 나오는 곳이다.

❻ 札券投入口 : 지폐투입구

「札券」은 '지폐권'이라는 말이다. '지폐'는 「お札」로 알아두자.

❼ 硬貨投入口 : 동전투입구

「硬貨」는 '금속 화폐'를 뜻하는 말로, 회화체에서는 거의 사용하지 않는 말이다.

'동전'은 「小銭」 또는 「コイン」으로 알아두자.

❽ 運賃ボタン : 운임버튼

표의 금액버튼이다. 발권기 위에 있는 노선도에 도착역까지의 금액이 나와

있으므로 그 금액대로 누르면 된다.

❾ 連絡乗車券用ボタン : 연락승차권용버튼

経由^{경유}가 가능한 鉄道会社^{철도회사}의 路線^{노선}을 이용할 경우 사용하는 버튼이다.

❿ 枚数 : 장수

한 번에 구매할 표의 장수를 누르는 버튼이다. 한 장에서 세 장까지 살 수 있다.

발매기에서 표 사기

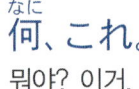

何、これ。
뭐야? 이거.

前のと全然違うじゃん。
앞의 것이랑 전혀 다르잖아.

원래 인생이란, 그런 거야.

앞에서 말했듯이 일본은 여러 철도 회사들이 서로 얽혀 있다. 그래서 발매기 역시 철도 회사에 따라 그 모양이 조금씩 다르다. 그리고 같은 회사의 발매기라 하더라도 新型신형과 旧型구형이 있어 종류가 정말 많다.

하지만, 사용방법은 기본적으로 같으므로 너무 걱정할 필요는 없다.

자, 그럼 일본에 가게 되면 가장 많이 타게 될 JR線JR선의 券売機발매기를 사용하여 切符표를 사보자. 우선 발매기 위의 노선도를 보자.

노선도에서 내가 갈 역을 보면 역 이름 아래 숫자가 적혀 있다.
그것이 当駅당역(지금 있는 역)에서 그 역까지의 요금이다.

何(なに) 뭐, 무엇   これ 이거   前(まえ) 앞, 전   全然(ぜんぜん) 전혀, 조금도   違(ちが)う 다르다, 틀리다

금액을 확인한 후에는

画面_{화면}에서 切符_표의 値段_{가격}을 押す_{누른다}.

그리고 一番_{가장} 左_{왼쪽}에 있는 ボタン_{버튼}에서 人数_{인원수}를 押す_{누른다}.

黒_{검정색} 큰 사람 모양은 大人_{어른}

赤_{빨간색} 작은 사람 모양은 子供_{아이}를 나타낸다.

그러면, 화면에 넣어야 하는 금액이 표시된다.

10円未満_{엔미만}のSuica残額_{잔액}はご利用_{리요}できません。 3-⑨

10엔 미만의 Suica 잔액은 이용할 수 없습니다.

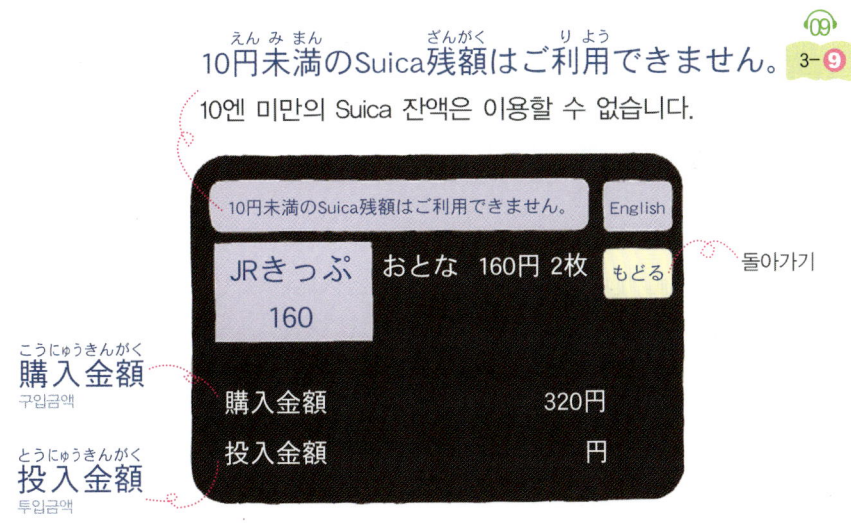

購入金額_{구입금액}

投入金額_{투입금액}

돌아가기

그 금액에 맞춰 お金_돈을 넣으면 切符_표가 나온다.

~円(えん) ~엔   未満(みまん) 미만   残額(ざんがく) 잔액   利用(りよう) 이용   できる 할 수 있다

정산기 사용법

改札口^{かいさつぐち}개찰구 周辺^{しゅうへん}주변에 券売機^{けんばいき}발매기와 비슷하게 생긴

精算機^{せいさんき}정산기라는 것이 있다.

개찰구 안에 저건 뭐지?

のりこし精算機
Fare Adjustment

처음 보는 거니까
찍어가자.
뽀꼬 좋은 말할 때
비켜라~잉.

잔말 말고,
예쁘게 찍어 봐.

여기서 「のりこし」는 '타고가다 하차역을 지나침, 하차역보다 더 감'이라는 뜻이고,

「精算機^{せいさんき}」는 단어 그대로 '정산기' 라는 뜻이다.

「のりこし精算機^{せいさんき}」는 切符^{きっぷ}표를 잘못 購入^{こうにゅう}구입했거나 가는 途中^{とちゅう}도중에 目的地^{もくてきち}목적지가

바뀌어 표의 値段^{ねだん}가격이 달라졌을 場合^{ばあい}경우를 대비해 표의 추가 요금을 지불하는 機械^{きかい}기계다.

오호호~

실수로 표를 잘못 샀어도,
걱정 할 거 없다고.

64

사용법은 정말 간단!!!

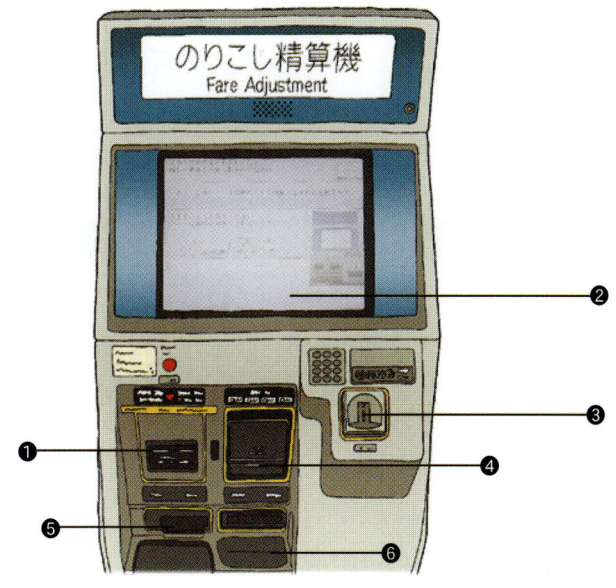

❶에 今지금 가지고 있는 切符표를 いれる넣는다.

그러면 ❷画面화면에 追加추가 金額금액이 表示표시된다.

細かいお金잔돈일 경우는 ❸에, お札지폐일 경우는 ❹에 お金돈을 いれる넣는다.

그러면 ❺에서 精算券정산권이 나오고,

おつり거스름돈이 있으면 ❻에서 出る나온다.

電車전철 博士박사 誕生탄생!

좋단다~.

전철 타기

전철 표를 샀으면, 타야 할 노선의 표지판을 따라 가자.

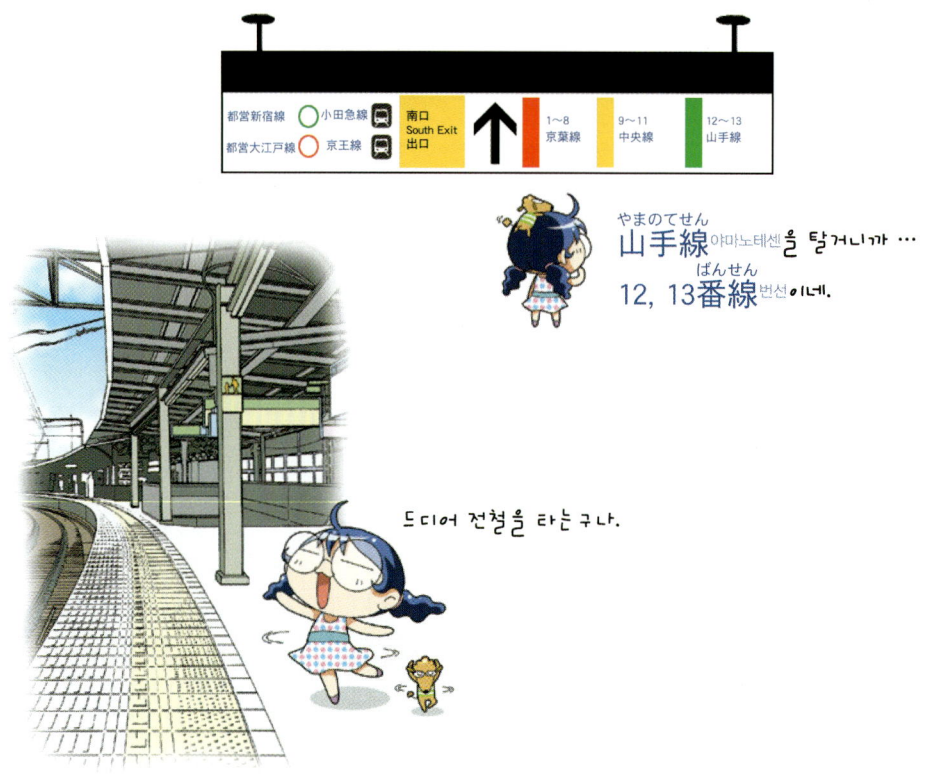

| 都営新宿線 ○ 小田急線 🚃 | 南口 South Exit 出口 | ↑ | 1~8 京葉線 | 9~11 中央線 | 12~13 山手線 |
| 都営大江戸線 ○ 京王線 🚃 | | | | | |

山手線^{야마노테센}을 탈거니까…
12, 13番線^{번선}이네.

드디어 전철을 타는구나.

하지만 맘 놓고 전철에 오르기에는 조금 이르다.

일본의 전철은 같은 노선에, 같은 곳을 가는 전철이라 하더라도,

'모든 역에 정차'하는 普通電車^{보통전철}(各駅電車^{각역전철}이라고도 함)과

'정해진 역에만 정차'하는 快速電車^{쾌속전철}, 特急電車^{특급전철}, 急行電車^{급행전철} 등이

있어, 잘못 탔을 경우에는 내려야 하는 역을 지나쳐 갈 수도 있다.

그러므로, 내려야 할 역에 정차하는 전철인지를 확인하고 타야 한다.

조금 헷갈릴 수도 있으나, 잘만 타면 원하는 역까지 매우 빠르게 갈 수 있다는 장점이 있다.

プラットホーム 플랫폼까지는 제대로 왔는데, 이 전철이 원하는 역에 가는지 확신이 서지 않을 경우에는 駅員 역무원에게 물어보자.

플랫폼에서 역무원의 모습은 쉽게 찾을 수 있다.

すみません。
저기요.

この電車、新宿駅まで行きますか。
이 전철, 신주쿠역까지 갑니까?

갈 경우에는

はい。 예. 라고 대답을 해 줄 것이다.

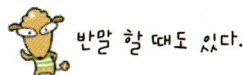
그럼, 바로 타면 되고~

가지 않을 경우에는 여러 가지 대답이 나올 수 있는데,

플랫폼은 제대로 찾았는데, 전철의 종류(쾌속, 특급 …)의 차이로 가려는 역에 서지 않는 전철일 경우에는

いいえ、この次の電車です。
아니요, 이 다음 전철입니다.

라고 대답을 해 줄 것이다. 그럼 그 자리에서 다음 전철을 기다렸다가 타면 OK!!!

플랫폼을 완전 잘못 찾았을 경우에는

いや、ここじゃない。 아니, 여기가 아니야.

向こうの方に行ってください。   또는
건너편 쪽으로 가 주세요.

반말 할 때도 있다.

三番線の方に行ってください。
3번선 쪽으로 가 주세요.

라고 할 것이다.

이 경우에는 예상할 수 없을 정도로 많은 대답이 나올 수 있으므로,

노선도를 보고 다시 잘 찾아보자.

この 이   電車(でんしゃ) 전철   駅(えき) 역   行(い)く 가다
次(つぎ) 다음   ここ 여기   〜じゃない 〜이/가 아니다   向(む)こう 건너편   〜方(ほう) 〜쪽
三番線(さんばんせん) 3번선

따리리링~~~

まもなく、三番線に品川方面の下り電車が参ります。
危ないですから、黄色い線の内側までお下がり下さい。

3-15

뭐라는 거지?
당연히 전철이 온다는 말이겠지?
그래도 좀 궁금한데~

まもなく 곧、三番線 3번선 に 에 品川 시나가와 方面 방면 の 의 下り 하행 電車 전철 が 参ります 들어옵니다。
危ないですから 위험하므로、黄色い 노란 線 선 の 의 内側 안쪽 まで 으로 お下がり下さい 물러서 주세요。

여기서 알아들어야 할 말은 ○○番線 번선 ◇◇方面 방면 下り 하행 이다.

○○에는 숫자가 들어가므로 숫자를 다시 한 번 체크해 보자.

1	2	3	4	5	6	7	8	9	10
いち	に	さん	よん	ご	ろく	なな	はち	きゅう	じゅう

◇◇는 지역이름이 나오므로, 앞서 설명한 지역을 알아두면 된다.
下り 는 '하행', 上り 는 '상행'이다.

전철 안에서

전철 안에는
출입구 위쪽에 이런 화면이
있어 매우 편리하다.

노선명과 방면, 그리고 현재 위치 및 도착역까지 남은 시간을
알려준다.

<ruby>山手線<rt>やまのてせん</rt></ruby>　<ruby>東京<rt>とうきょう</rt></ruby>・<ruby>上野<rt>うえ の</rt></ruby><ruby>方面行<rt>ほうめんゆき</rt></ruby> ⑬

야마노테센　도쿄·우에노 방면행

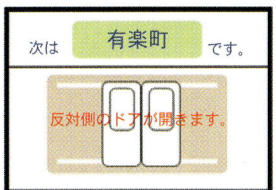

다음 역은 물론이고,

<ruby>次<rt>つぎ</rt></ruby>は<ruby>有楽町<rt>ゆうらくちょう</rt></ruby>です。 ⑭ 3-⑯

다음은 유라쿠쵸입니다.

출입문 방향도 알려준다.

<ruby>反対側<rt>はんたいがわ</rt></ruby>のドアが<ruby>開<rt>ひら</rt></ruby>きます。 ⑮ 3-⑰

반대편 문이 열립니다.

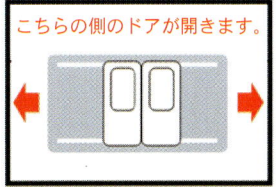

반대편 문을 보면

こちらの<ruby>側<rt>かわ</rt></ruby>のドアが<ruby>開<rt>ひら</rt></ruby>きます。 ⑯ 3-⑱

이쪽 문이 열립니다.

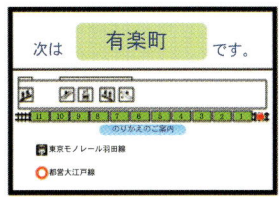

전철에서 내린 후의 계단, 에스컬레이터의 위치 및 환승 안내
까지 해준다.

のりかえのご<ruby>案内<rt>あんない</rt></ruby> ⑰

환승 안내

次(つぎ) 다음　反対側(はんたいがわ) 반대편　ドア(door) 문　開(ひら)く 열리다　こちら 이쪽

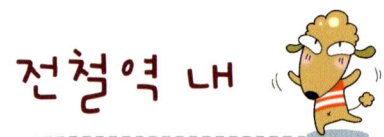

이꼭에서 전철역 내에서
꼭 알아야 할 표현 몇 가지 정리하고 가자.

우리나라에서는 출구 이름을 1번 출구, 2번 출구 …라고 하는데, 일본에서는
<ruby>東口<rt>ひがしぐち</rt></ruby> 동쪽 출구, <ruby>西口<rt>にしぐち</rt></ruby> 서쪽 출구 등으로 표현한다.

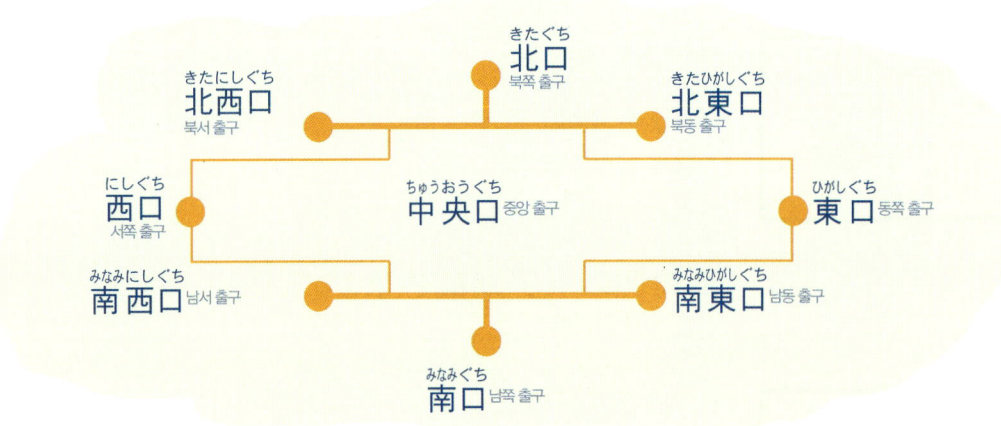

여기서 알아야 할 것은 <ruby>東<rt>ひがし</rt></ruby> 동쪽, <ruby>西<rt>にし</rt></ruby> 서쪽, <ruby>南<rt>みなみ</rt></ruby> 남쪽, <ruby>北<rt>きた</rt></ruby> 북쪽, <ruby>中央<rt>ちゅうおう</rt></ruby> 중앙이다.
'동서남북'은 「<ruby>東西南北<rt>とうざいなんぼく</rt></ruby>」라고 한다.

간혹 독특한 이름의 출구를 볼 수 있는데, 예를 들면
<ruby>渋谷駅<rt>しぶやえき</rt></ruby> 시부야역의 <ruby>ハチ公口<rt>こうぐち</rt></ruby> 하치코 출구.
시부야역 앞 광장에 '하치 이야기'로 알려진 충견 '하치'의 동상이
있기 때문에 그쪽 출구의 이름이 <ruby>ハチ公口<rt>こうぐち</rt></ruby> 하치코 출구가 된 것이다.

みどりの窓口 미도리 창구

JR線JR선의 역 내에서 볼 수 있는데, 쉽게 말하자면
'역무원이 있는 매표소'라 할 수 있다.
표의 払い戻し환불이나 곤란한 일이 발생했을 경우
처리해 주는 곳이다.

コインロッカー 코인조커

여행객에게 꼭 필요한 것 중의 하나라 할 수 있다. 짐이 많아 돌아다니기 힘들 때 사용해
보자. 한국인 여행객의 편의를 위해 한국어 사용이 가능한 곳도 많다.

큰 짐을 넣을 수 있는 곳도
있어 매우 편리하다.

거기 한국어 버튼 보이지?

バス
버스

버스에 대해

일본 버스를 타보자.

버스를 타려면 우선 **バス乗り場**버스정류장으로….
일본의 버스는 보통 뒷문으로 타서 앞문으로 내리는
데, 버스의 종류에 따라서 앞문으로 타서 뒷문으로
내리는 경우도 있으므로, 주의하자.

入口라고 써있는 곳으로 타서, 그 **反対側**반대편으로 내리면 된다.

入口입구 ↔ **出口**출구

버스를 타면 왼쪽에 **整理券**정리권이라고 쓰여 있는 기계가 있다.

요가~

乗車券승차권을 뽑는 기계인데, 뽑지 않으면 **料金**요금이 엄청나게 부과될 수 있으므로,
必ず꼭! 뽑자.

버스를 탄 후에 주의할 점이라면 운행 중에 움직이지 않는 것이다.

안전을 중요시하는 일본에서는 내릴 준비를 하기 위함이라 하더라도 운행 중에 움직이면

버스 기사한테 한소리 들을지도 모른다는 말씀!!!

안전운전하며
친절하신 기사님...

운행 중 돌아다니거나 하면,
갑자기 돌변할 수도...

③
3-⑲

危ないから、座ってください。
あぶ　　　　　　すわ

위험하니까 앉아 주세요.

이렇게 크게 주의 문구가 있는 버스도 있어요.

走行中 주행 중 は 은, 安全 안전 のため 을 위해 つり革 손잡이 や 나 保護棒 안전봉 に 을
そうこうちゅう　　　　あんぜん　　　　　　　　　かわ　　　　　　ほごぼう
おつかまり下さい 잡아 주세요.
くだ

일본에서는 '경로석'을 優先席 우선석 이라고 한다.
　　　　　　　　　　　ゆうせんせき

おとしより 노인 や 이나 からだの不自由な 몸이 부자유한 方に 분에게 席 자리 を 를
　　　　　　　　　　　ふじゆう　　　　　　　　かた　　　　　せき
おゆずりください 양보해 주세요.

危(あぶ)ない 위험하다　　座(すわ)る 앉다

내리기 전에는 벨을 누른다.

여기도 뭐라고
적혀 있네. 뭐라는 거지?

!!

とまります섭니다。
お降りの方내리실 분는은 この이 ボタン버튼를을 押してください눌러 주세요。

릴랙스~

후우~

버스에서의 하이라이트!!!
바로 요금을 내릴 때 낸다는 것이다.
별거 아니니 떨지 말고 침착하게...

우선 運転席운전석 위쪽에 있는 電光掲示板전광판을 보자.
승차 시 뽑았던 표의 번호와 같은 번호 아래 버스요금이 나와 있는 것을 볼 수 있다.
그대로 내면 된다.
구간이 늘어 갈수록 요금은 점점 올라간다.

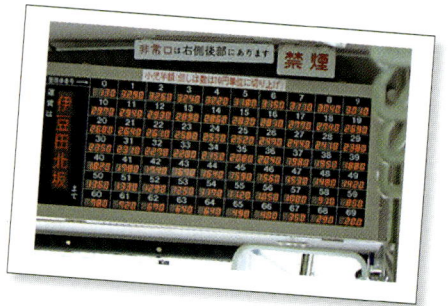

料金_{요금}은 運転手_{운전사} 옆에 마련되어 있는 조금은 복잡해 보이는 料金箱_{요금함}에 넣는다.

요금함을 보면 …

또 복잡 복잡!!!

일본은 정말 기계가 많고,
다 틀 복잡하게 생겼다.

이제 버스타지 말자.

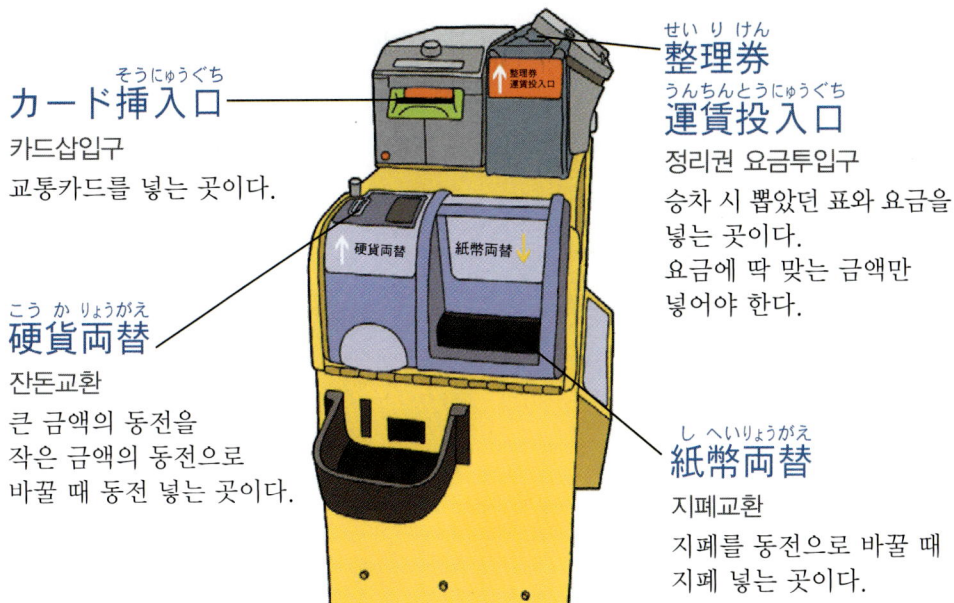

カード挿入口
카드삽입구
교통카드를 넣는 곳이다.

整理券
運賃投入口
정리권 요금투입구
승차 시 뽑았던 표와 요금을
넣는 곳이다.
요금에 딱 맞는 금액만
넣어야 한다.

硬貨両替
잔돈교환
큰 금액의 동전을
작은 금액의 동전으로
바꿀 때 동전 넣는 곳이다.

紙幣両替
지폐교환
지폐를 동전으로 바꿀 때
지폐 넣는 곳이다.

Tip

버스요금 지불방법을 간단히 정리하자면, '정리권 요금투입구'에 정리권과 요금에 딱 맞는 금액만 넣으면 된다. 요금함이 복잡한 것은 잔돈이 없는 승객을 위해, 승객 스스로가 잔돈으로 바꿀 수 있게 장치를 해 놓았기 때문이다. 한마디로 잔돈이 있는 경우에는 금액에 맞춰 내면 되고, 잔돈이 없는 경우에는 잔돈으로 바꿔 내면 되는 것이다.

택시에 대해

타는 김에 택시도 타보자.

택시는 우리나라와 마찬가지로 길에서 잡아 탈 수도 있고, **タクシー乗り場**택시승차장에서 탈 수도 있다.

> **여기서 잠깐!!!**
>
> '택시를 잡다'를 일본어로 「タクシーをひろう」 라고 한다. 「ひろう」는 '(떨어진 것을)줍다'라는 뜻인데…. 직역하면, '택시를 줍다'…???
> 길에 돌아다니는 택시를 잡기 때문에 이렇게 표현 하는 것 같다.

우선 일본의 택시는 자동문이므로, 승하차 시 문을 열고 닫을 필요가 없다.
문 안쪽에도 자동문에 대한 안내가 있다.

自動式자동식**ですから** 이므로 **開閉**개폐**は** 는 **運転者**운전사**に** 에게

おまかせ下さい맡겨 주세요。

택시를 탈 때 가장 염두에 두어야 할 것은

タクシー代택시요금이다.

初乗り 기본요금 **720円**720엔

택시에서 가장 기본적인 회화문

택시를 탈 때

運転手 : いらっしゃいませ。①
うんてんしゅ
운전사 : 어서 오세요.

ナナ : 東京駅までお願いします。②
とうきょうえき   ねが
나나 : 도쿄역까지 부탁합니다.

運転手 : 東京駅ですね。かしこまりました。③
とうきょうえき
운전사 : 도쿄역 말씀이죠? 알겠습니다.

택시에서 내릴 때

運転手 : 東京駅に着きました。④
とうきょうえき つ
운전사 : 도쿄역에 도착했습니다.

ナナ : 料金は… 2800円ですね。どうぞ。⑤
りょうきん   えん
나나 : 요금은… 2800엔이네요. 여기요.

運転手 : ちょうど2800円いただきました。⑥
えん
운전사 : 딱 2800엔 받았습니다.

ありがとうございます。
감사합니다.

運転手(うんてんしゅ) 운전사　東京(とうきょう) 도쿄　駅(えき) 역　まで 까지　願(ねが)う 바라다, 원하다
かしこまる 「わかる 알다, 이해하다」의 겸양어　着(つ)く 도착하다　料金(りょうきん) 요금
どうぞ 여기 있습니다　ちょうど 딱, 정확히　いただく 「もらう 받다」의 겸양어

기본 동사 알고 가기 ⑳

行_いく 가다

来_くる 오다

入_{はい}る 들어가다, 들어오다

選_{えら}ぶ 고르다

払_{はら}う 지불하다

買_かう 사다

出_でる 나오다

歩_{ある}く 걷다

止_とまる 멈추다

待_まつ 기다리다

見_みる 보다

走_{はし}る 달리다

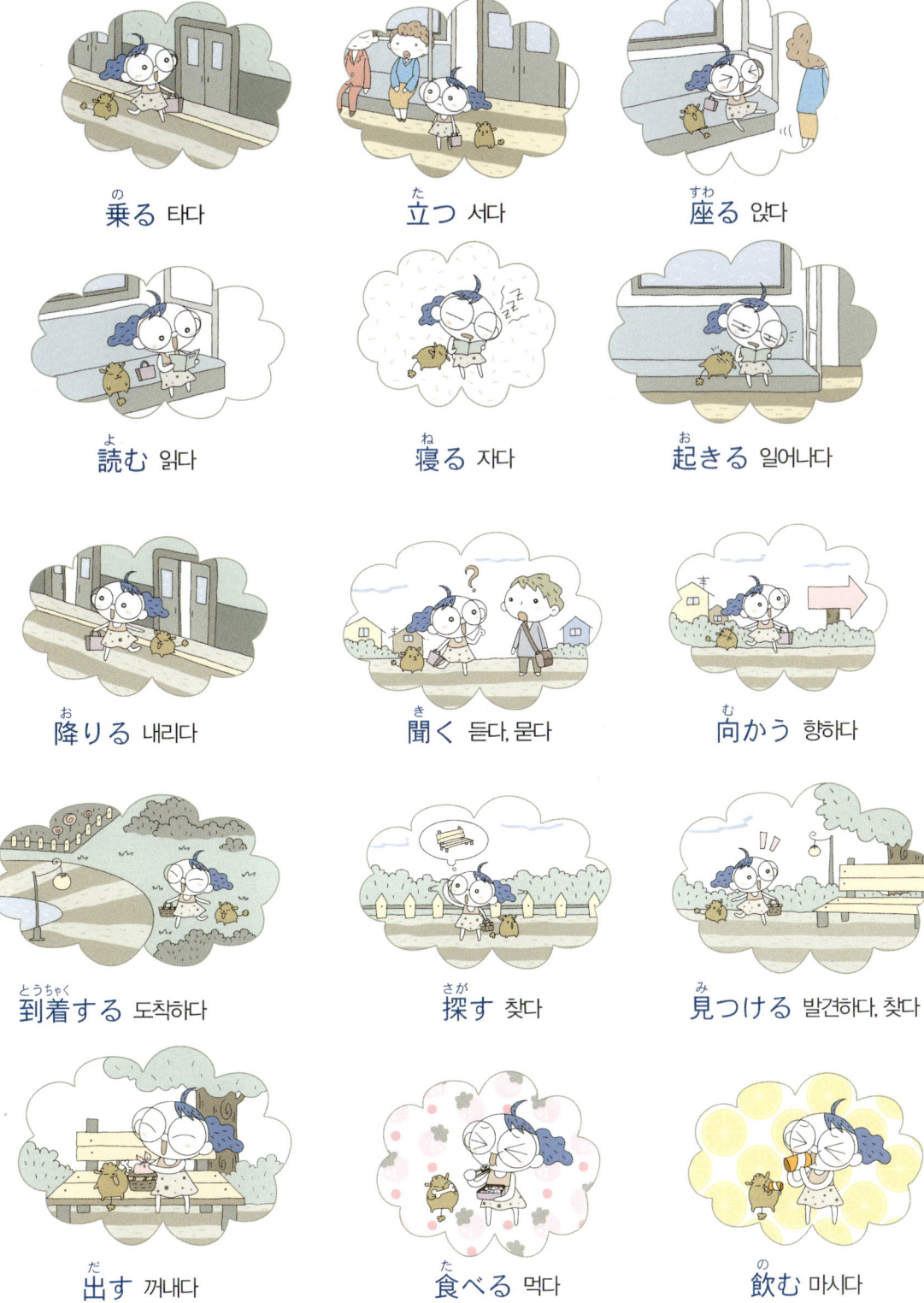

乗る 타다

立つ 서다

座る 앉다

読む 읽다

寝る 자다

起きる 일어나다

降りる 내리다

聞く 듣다, 묻다

向かう 향하다

到着する 도착하다

探す 찾다

見つける 발견하다, 찾다

出す 꺼내다

食べる 먹다

飲む 마시다

片<ruby>片<rt>かた</rt></ruby>づける 정리하다, 치우다

<ruby>拾<rt>ひろ</rt></ruby>う 줍다

<ruby>捨<rt>す</rt></ruby>てる 버리다

<ruby>散歩<rt>さんぽ</rt></ruby>する 산책하다

<ruby>話<rt>はな</rt></ruby>す 이야기하다

(<ruby>写真<rt>しゃしん</rt></ruby>を)<ruby>撮<rt>と</rt></ruby>る (사진을) 찍다

<ruby>言<rt>い</rt></ruby>う 말하다

<ruby>頼<rt>たの</rt></ruby>む 부탁하다

<ruby>書<rt>か</rt></ruby>く 쓰다

chapter4

ホテルで
호텔에서

여기는 비즈니스호텔

ホテル호텔에 到着도착하면 바로 ロビー階로비층의 フロント프런트로 간다.

やっと着いた。
겨우 도착했다.

ビジネスホテル비즈니스호텔은 원래 ビジネスマン비즈니스맨들이 주로 出張출장 시에 利用이용하는 호텔로, 대부분 駅역에서 가깝고, 비교적 저렴한 値段가격에 묵을 수 있다는 장점이 있다.
그래서 内国人내국인 · 外国人외국인 관계없이 旅行者여행자에게도 딱 맞는 호텔이다.
高級ホテル고급호텔과는 달리 チェックイン체크인 후 荷物짐을 운반해 주는 ベルボーイ 벨보이나 ポーター짐꾼은 없다.

チップ팁이 굳었다~

하하하   하하하

구두쇠~

やっと 겨우, 간신히, 가까스로   着(つ)く 도착하다

ロビー 로비에 들어서면, <ruby>外国人用<rt>がいこくじんよう</rt></ruby> 외국인용과 <ruby>内国人用<rt>ないこくじんよう</rt></ruby> 내국인용 フロント 프런트가 분리되어 있기도 하다.

こっちだ。 ④02 4-❷
이쪽이다.

프런트에 도착하면

チェックインお<ruby>願<rt>ねが</rt></ruby>いします。 체크인 부탁합니다. ④03 4-❸

라고 말하고, ホテルバウチャー 호텔 바우처를 내민다.

외국인용 프런트인 만큼, 호텔 직원이 영어로 말할 때가 있는데,
영어보다 일본어로 말해주길 원할 때는

④04 4-❹
<ruby>日本語<rt>にほんご</rt></ruby>でお<ruby>願<rt>ねが</rt></ruby>いします。
일본어로 부탁합니다.

라고 하자.

こっち 이쪽   ~だ ~(이)다   チェックイン 체크인   願(ねが)う 바라다, 원하다   日本語(にほんご) 일본어
~で ~으로

본격적으로 체크인하기

フロント : ナナ様^{さま}ですか。①

프런트 : 나나 님이십니까?

ナナ : はい。

나나 : 예.

フロント : シングル・ルームで、今日^{きょう}から四日^{よっか}まで三泊^{さんぱく}ですね。②

싱글룸으로, 오늘부터 4일까지 3박이시네요.

ナナ : はい。

예.

호텔 방을 예약할 때

한 명일 경우는 **シングル**_{싱글}, 두 명일 경우는 **ツイン**_{트윈} 또는 **ダブル**_{더블},
세 명일 경우에는 **トリプル・ルーム**_{트리플룸}으로 한다.

예약시 꼭! 알아 두어야 하는 표현

★1박 2일 一泊二日 ^{いっぱく ふつか} ★2박 3일 二泊三日 ^{に はく みっか}

★3박 4일 三泊四日 ^{さんぱく よっか} ★4박 5일 四泊五日 ^{よんはく いつか}

★5박 6일 五泊六日 ^{ご はく むいか} ★6박 7일 六泊七日 ^{ろっぱく なのか}

フロント : パスポートを拝見^{はいけん}させていただきます。③

여권을 보여 주십시오.

ナナ : どうぞ。

여기 있습니다.

～ですか ～입니까? 今日(きょう) 오늘 ～から ～부터 四日(よっか) 4일 ～まで ～까지 三泊(さんぱく) 3박
パスポート 여권 拝見(はいけん)する 「見(み)る 보다」의 겸양어 どうぞ 상대편에게 무엇인가를 허락하거나 권할 때 쓰는 말

フロント： 部屋は24階の32号室です。④

방은 24층 32호실입니다.

こちらが部屋の鍵です。⑤

이것이 방 열쇠입니다.

カードタイプになっています。⑥

카드 타입으로 되어 있습니다.

そして、こちらが朝食券です。⑦

그리고 이것이 조식권입니다.

ナナ ： はい。

예.

フロント： 四日のチェックアウトは、10時までです。⑧

4일 체크아웃은 10시까지입니다.

ナナ ： はい。

예.

フロント： それでは、どうぞごゆっくりおくつろぎください。⑨

그럼 편히 쉬십시오.

ナナ ： どうも。⑩

감사합니다.

部屋(へや) 방 ～階(かい) ～층 ～号室(ごうしつ) ～호실 こちら 이쪽 鍵(かぎ) 열쇠
朝食券(ちょうしょくけん) 조식권 チェックアウト 체크아웃 それでは 그럼 ゆっくり 느긋하게, 천천히
くつろぐ 심신을 편안하게 하다

아까는 긴장해서 그냥 「はい」만 남발했는데
체크아웃이 몇 시까지라는 거지???
시간 표현 한 번 알아보고 다시 물어보러 가자.

OTL.

못 알아듣는 거 같더라~

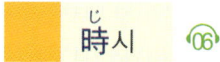

時じ시 06

1시	2시	3시	4시
いちじ 一時	にじ 二時	さんじ 三時	よじ 四時
5시	6시	7시	8시
ごじ 五時	ろくじ 六時	しちじ 七時	はちじ 八時
9시	10시	11시	12시
くじ 九時	じゅうじ 十時	じゅういちじ 十一時	じゅうにじ 十二時

'오전'은 「午前ごぜん」, '오후'는 「午後ごご」라고 한다.

分분 〈07

1분	2분	3분	4분	5분
いっぷん 一分	に ふん 二分	さんぷん 三分	よんぷん 四分	ご ふん 五分

6분	7분	8분	9분	10분
ろっぷん 六分	ななふん 七分	はちふん 八分	きゅうふん 九分	じゅっぷん 十分

20분	に じゅっぷん 二十分	30분	さんじゅっぷん 三十分	40분	よんじゅっぷん 四十分
50분	ご じゅっぷん 五十分	60분	ろくじゅっぷん 六十分	70분	ななじゅっぷん 七十分
80분	はちじゅっぷん 八十分	90분	きゅうじゅっぷん 九十分	100분	ひゃっぷん 百分

'30분'은 「半반」이라고도 한다.

자, 그럼 프런트에 체크아웃 시간 물어보러 가자.

〈08

めんどうくさいから、後で聞こう。 4-**6**

귀찮으니까 다음에 물어보자.

〈09

チェックアウトは、何時までですか。 4-**7**

체크아웃은 몇 시까지입니까?

めんどうくさい 귀찮다　後(あと)で 다음에, 나중에　聞(き)く 묻다　何時(なんじ) 몇 시　～まで ～까지

객실

객실 카드키 사용법

객실의 문 옆에 ドアの開(あ)け方(かた) 문 여는 법이라고 하여 カードキー 카드키의 사용법이 자세하게
나와 있긴 한데 ….

요기

全然(ぜんぜん)、わからない。
전혀 모르겠다.

落(お)ち着(つ)いて、やってみよう。
침착하게, 해보자.

カードを矢印(やじるし)の方向(ほうこう)に差(さ)し込(こ)んで抜(ぬ)いてください。
카드를 화살표 방향으로 꽂은 다음 뽑아 주십시오.

カード 카드   이것이 矢印(やじるし)

그런데
꼭 이렇게 들어가야 돼?

全然(ぜんぜん) 전혀, 조금도   **わかる** 알다, 이해하다   **落(お)ち着(つ)く** 안정되다, 진정되다   **やる** 하다
カード 카드   **矢印(やじるし)** 화살표   **方向(ほうこう)** 방향   **差(さ)し込(こ)む** 꽂다, 끼워 넣다
抜(ぬ)く 뽑다, 빼내다   **～てください** ~해 주세요

緑ランプがつきましたら、ドアハンドルを回してください。 4-⑪ ⑬

초록 램프가 켜지면, 문손잡이를 돌려 주세요.

開いた、開いた〜。

열렸다, 열렸다〜.

意外と簡単だね。 4-⑫ ⑭

의외로 간단하네.

赤いランプが点灯した場合、ドアは開きませんので、フロントへ
お問い合わせください。 4-⑬ ⑮

빨간 램프가 켜질 경우, 문은 열리지 않으므로 프런트에 문의해 주세요.

…なんだって。

…라고 하네.

緑(みどり) 녹색, 초록　ランプ 램프　つく 켜지다　ドアハンドル 문손잡이　回(まわ)す 돌리다
開(あ)く 열리다　意外(いがい) 의외　簡単(かんたん) 간단　赤(あか)い 빨갛다　点灯(てんとう) 점등
場合(ばあい) 경우　ドア 문　開(ひら)く (닫혔던 것이)열리다　フロント 프런트
問(と)い合(あ)わせる 문의하다, 알아보다

객실에서

콜록콜록
비겁하다.

내가
먼저닷?

무다당

あ〜、ベッドだ。 ④4-⑭
아〜, 침대다.

疲れた。 ⑰4-⑮
つか
피곤하다.

번쩍!

그럼 객실에는 뭐가 있나 볼까???

방에 들어가면 우선 잘 정리된 ベッド 침대 上 위에
うえ

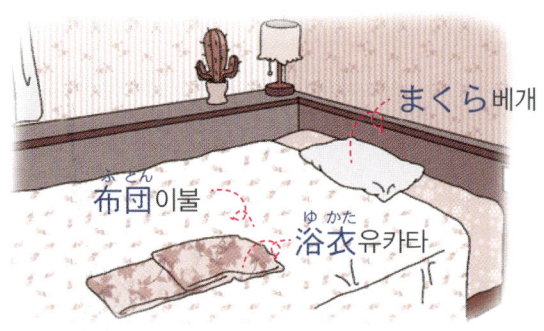

まくら 베개

布団 이불
ふとん

浴衣 유카타
ゆかた

가 놓여 있다.

'유카타'는 목면으로 만든 여름용 着物 기모노로, 夏 여름 祭 축제나 花火大会 불꽃놀이 대회 등에서
き もの   なつ まつり   はな び たいかい
주로 입는 일본 전통 옷이다. 객실에 준비되어 있는 유카타는 정식으로 갖추어진 것이 아닌
약식의 ガウン 가운과 같은 느낌이다.

ベッド 침대   疲(つか)れる 피곤하다

電気製品^{でんきせいひん}전기제품으로는 テレビ^{텔레비전}, 冷蔵庫^{れいぞうこ}냉장고,
電話^{でんわ}전화가 있다.

그리고 차를 마실 수 있게 ポット^{포트}가 준비되어 있는데,
포트 대신에 クッキングヒーター^{쿠킹히터}와
ケトル^{케틀}이 준비되어 있는 곳도 있다.

ケトル

クッキングヒーター

TiP

여기서 잠깐!!!

ケトル^{케틀}은 밑이 평평한 물 주전자를 말한다. 일반적인 '주전자'를 말할 때는 「やかん」이라고 한다.

ドライヤー^{드라이어}는 화장대 위나 욕실 벽 쪽에 장착되어 있다.
간혹 引き出し^{ひだ}서랍 같은 곳에 있기도 하다.

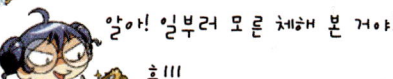

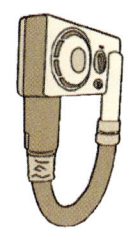

이건 뭐지?

뭐긴 뭐야~ 드라이어지!

알아! 일부러 모른 체해 본 거야!

흥!!!

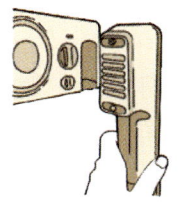

위 이이잉

모시모시
(여보세요)

장난치면 못써~
이건 머리를 말릴 때
쓰는 거야.

髪^{かみ}の毛^けを乾^{かわ}かす。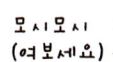
머리를 말리다.

髪(かみ) 머리칼, 머리　毛(け) 털　乾(かわ)かす 말리다

객실 안, 浴室^{욕실}은 보통 ユニットバス^{유니트바스}로 되어 있다.

'유니트바스'란 便器^{변기} · 洗面器^{세면기} · 浴槽^{욕조} · 電気施設^{전기시설} 등을 일체화하여 工業生産^{공업생산}한 욕실을 말한다.

당장 물
안 내려?!

あしふき
발 닦는 수건

욕조에 걸려있는 あしふき^{발 닦는 수건}은 바닥에 내려 놓고, 발만 닦자.

욕실에 들어가면...

난 이런 거 안 써.
애견용으로 준비해 줘.

발 닦는 수건으로
얼굴 닦고는…

シャンプー^{샴푸}, リンス^{린스}, ボディーソープ^{바디클렌저}가 벽에 장착되어 있고, タオル^{수건}이 걸려 있다.

歯ブラシ^{칫솔}, カミソリ^빗, シャワーキャップ^{샤워캡}, ゴム^{머리 고무줄}, 綿棒^{면봉} 등은 使い捨て用品^{일회용품}으로 준비되어 있다.

일본에서는 화장실에서 쓰는 두루마리 휴지와 평상시에 쓰는 휴지를 완벽하게 구별하여 사용하므로, 그 용어도 확실히 구별하여 알아두자.

'화장실에서 쓰는 두루마리 휴지'는 トイレットペーパー라고 하고, '평상시에 쓰는 휴지'는 ティッシュ ^{티슈}라고 한다.

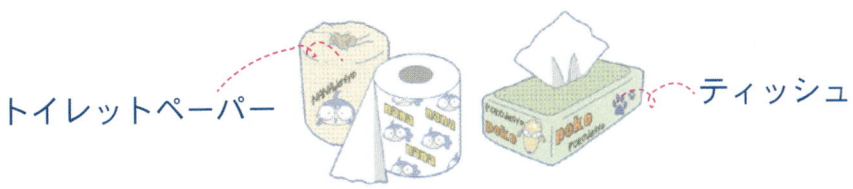

トイレットペーパー   ティッシュ

객실 ドアノブ ^{문손잡이}에는 プレート ^{플레이트}가 걸려 있는데, 청소를 원하거나 원하지 않을 때 객실 문 바깥쪽에 걸어 두는 것이다.

掃除してください。
掃除(そうじ)

^{そう じ}
掃除してください。 ^⑲ 4-⑰
청소해 주세요.

^お
起こさないでください。 4-⑱
깨우지 말아 주세요.

掃除(そうじ) 청소   する 하다   ～てください ～해 주세요   起(お)こす 깨우다
～ないでください ～하지 말아 주세요

호텔 조식

호텔에서 아침 먹기

 チェックイン체크인 할 때 함께 받았던 ご朝食券조식권.
^{ちょうしょくけん}

웬만한 ビジネスホテル비즈니스호텔에서는 아침 식사도 함께 제공된다.

식권에 적혀 있는 내용은 호텔마다 다르지만, 일반적으로 営業時間영업시간, 有効期間유효기간
과 식사를 할 수 있는 レストラン레스토랑의 위치 등이 적혀 있다.

식사는 보통 バイキング料理뷔페식 요리로 和食일식과 洋食양식으로 준비된다.

자~그럼 밥 먹으러 가자.

二階のレストランで、7時から10時までね。
^{にかい}
2층 레스토랑에서, 7시부터 10시까지구나.

조식은 가능하면 일찍 가서
먹는 것이 좋다.
늦으면 맛있는 음식이
다 떨어질 수도 있다.

二階(にかい) 2층　レストラン 레스토랑　～で ～에서　～から～まで ～부터～까지

お一人様ですか。 ㉑ 4-20

ひとり さま

한 분이십니까?

はい。

예.

조식권을 내고 들어가 자리를 잡은 후 먹자.

どれもおいしそう～。 ㉒ 4-21

전부 맛있을 것 같아.

おいしい～。 4-22

맛있다.

뷔페식이라서 과식의 위험이 있다.

もう、食べられない。 4-23

た

더 이상 못먹어.

食べすぎはやめましょう。 4-24

た

과식은 하지 맙시다.

一人(ひとり) 한 명   様(さま) 님   どれ 무엇, 어느 것   おいしい 맛있다   ～そうだ ～일 것 같다
もう 이제, 더 이상   食(た)べる 먹다   ～すぎる 지나치게~하다   やめる 그만두다

ちょうしょく
朝食メニュー ㉓
조식 메뉴

スクランブルエッグ스크럼블 에그

ケチャップ 케첩

ウインナー 비엔나소시지

ベーコン 베이컨

しょうゆ
お醤油 간장

しょく
食パン 식빵

パン 빵

クロワッサン
크루아상

シューマイ 슈마이

ミートボール 미트볼

ジャム 잼

バター 버터

96

ご飯 밥

野菜炒め 야채볶음

焼き魚 구운 생선

のり 김

巻き卵 계란말이

味噌汁 된장국

スープ 스프

おかゆ 죽

コーンフレーク
콘플레이크

牛乳 = ミルク 우유

オレンジジュース
오렌지주스

りんごジュース
사과주스

緑茶 녹차

紅茶 홍차

コーヒー 커피

아쉽지만 체크아웃하기

아쉽지만, 체크아웃하러 갈 시간!!!
자신의 짐과 **おみやげ** 선물을 빠짐없이 챙기도록 하자.

뚝! 하고 여기서 잠깐!!

'선물'은 「プレゼント」 또는 「おくりもの」라고도 하는데,
「おみやげ」와는 뉘앙스 차이를 가지고 있다.
「プレゼント」와 「おくりもの」는 축하선물 또는 명절 등
특정한 날 보내는 일반적인 선물을 가리키고,
「おみやげ」는 旅行 여행이나 出張 출장 등 특정한 곳에 가서
사오는 선물을 말한다.

짐을 다 챙겼으면 체크아웃 시간 전에 **チェックアウト** 체크아웃을 하러 가자.

객실 키를 내밀며   ㉔ 4-㉕

ナナ : あの、チェックアウトお願いします。❶
나나 : 저기, 체크아웃 부탁합니다.

フロント : はい。かしこまりました。❷
프런트 : 예, 알겠습니다.

2432号室ですね。

2432호실이네요.

少々お待ちください。

잠시만 기다려 주십시오.

チェックアウト 체크아웃　**願(ねが)う** 바라다, 원하다　**かしこまる** 「わかる 알다, 이해하다」의 겸양어
号室(ごうしつ) 호실　**少々(しょうしょう)** 잠시　**待(ま)つ** 기다리다

電話料金^{でん わ りょうきん} 전화요금 등의 **追加料金**^{つい か りょうきん} 추가요금이 있을 경우에는 추가요금을 계산하고,
없을 경우에는 인사하고 나오면 된다.

 추가요금이 있을 경우 ㉕

フロント： **追加料金**^{つい か りょうきん}**の明細**^{めいさい}**です。** ③
추가요금 명세서입니다.

ご確認^{かくにん}**ください。**
확인해 주세요.

ナナ　　：はい。
예.

 추가요금이 없을 경우 ㉖

フロント： **ありがとうございました。また、お越**^こ**しくださいませ。** ④
감사합니다. 또, 오십시오.

ナナ　　：はい。どうも。 ⑤
예, 감사합니다.

追加(ついか) 추가　　料金(りょうきん) 요금　　明細(めいさい) 명세, 명세서　　確認(かくにん) 확인　　する 하다
～てください ～해 주세요　　ありがとうございます 감사합니다　　また 또, 다시　　越(こ)す 넘다, 넘기다, 건너다
お越(こ)し '가다, 오다'의 높임말

형용사 표현 알고 가기 ― い형용사

일본어의 형용사는 어미가 「い」로 끝나는 い형용사와, 활용형 어미가 「な」인 な형용사가 있다. 여기서는 い형용사에는 어떤 것들이 있나 알아보자.

おいしい 맛있다

まずい 맛없다

かわいい 귀엽다, 예쁘다

美(うつく)しい 아름답다

熱(あつ)い 뜨겁다

冷(つめ)たい 차갑다

暑(あつ)い 덥다

寒(さむ)い 춥다

蒸(む)し暑(あつ)い 후텁지근하다

すずしい 시원하다, 선선하다

甘い 달다

苦い 쓰다

辛い 맵다

しょっぱい
塩辛い 짜다

おもしろい 재미있다

つまらない 재미없다

高い 비싸다, 높다

安い 싸다

低い 낮다

大きい 크다

小さい 작다

多い 많다

少ない 적다

重い 무겁다　軽い 가볍다

ねずみ、かびん、ほね、せんす、かも

정답 & 단어의 뜻 → p.190에서

chapter**5**

食べたり、飲んだり。
た の

먹거나 마시거나.

일본요리 기본표현

식사에 앞서 알아두어야 할 표현

먹기 전에 기본적으로 알아야 할 건 알고 먹자.

그냥 먹으면 되지.
뭘 더 알아야 하는데?

이건 일본의 아주 기본적인 밥상!!!

さら
皿 접시

つけもの
漬物
절인 야채

うめ ぼ
梅干し
우메보시(매실 장아찌)

はん
ご飯 밥

ちゃわん 밥그릇

みそしる
된장국

しるわん
국그릇

ぜん
膳 쟁반

はし お
箸置き
젓가락 받침

はし
箸 젓가락

ぜん　　 いちにんまえ　　　　　　 しょっき　　　　　　 た　もの
膳은 一人前 한 사람분의 食器 식기와 食べ物 음식을

담는 쟁반을 말한다. 일반적인 '쟁반'을 말할때는

「トレイ」 또는 「おぼん」 이라고 한다.

말도 안 돼~.

이렇게 먹고
간에 기별도 안 가겠다.

말 나온 김에 조금만 더 알아볼까?

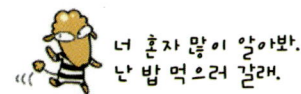
너 혼자 많이 알아봐.
난 밥 먹으러 갈래.

밥 종류

ご飯_{はん}밥의 종류에는 기본적으로
お粥_{かゆ}죽, チャーハン볶음밥, 豆ご飯_{まめ　はん}콩밥, 赤飯_{せきはん}팥밥 등이 있다.

豆_{まめ}は大嫌_{だいきら}い。 ⑪ 5-❶
콩은 너무 싫어.

콩은 나도 싫다고.

그리고 「炊_たき込_こみご飯_{はん}」이라는 것이 있는데, 이것은 그냥 '밥'이라고 하기보다,
米_{こめ}쌀로 만든 料理_{りょうり}요리의 하나로 밥을 지을 때, 특별한 재료를 함께 넣고 지은 밥이다.
여기 들어가는 재료로는 계절에 따라 栗_{くり}밤, 竹_{たけ}の子_こ죽순, 松茸_{まつたけ}송이버섯, さつま芋_{いも}고구마 등이
있다.

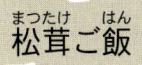
松茸_{まつたけ}ご飯_{はん}

おいしそう。 5-❷ ⑫
맛있겠다.

같은 뜻의 말로…
うまそう。 ⑬ 5-❸
맛있겠다.

Tip

'맛있다'는 「おいしい」 또는 「うまい」라고 하는데, 「おいしい」는 여성들이,
「うまい」는 남성들이 주로 사용한다. 최근에는 두 표현 모두 남녀 구별없이 사용되고 있다.

豆(まめ) 콩   大嫌(だいきら)いだ 아주 싫다   おいしい 맛있다   ～そうだ ～일 것 같다   うまい 맛있다

汁^{시루}국은 보통 みそ^{된장}으로 국물은 낸 みそしる^{미소시루(된장국)}을 주로 먹는데, 그 안에는 わかめ^{미역}, ねぎ^파, 豆腐^{とうふ}^{두부} 등을 조금씩 넣어 끓인다.

みそしる

豚肉^{ぶたにく}^{돼지고기}와 こんにゃく^{곤약} 그리고 野菜^{やさい}^{야채}를 듬뿍 넣어 끓인 된장국은 とん汁^{じる}^{돈지루}.

とん汁^{じる}

けんちん^{켄칭}을 넣어 끓인 된장국은 けんちん汁^{じる}^{켄칭지루}라고 한다.

けんちん汁^{じる}

けんちん이란?
ごぼう^{우엉}・にんじん^{당근}・しいたけ^{표고버섯}・だいこん^무 등을 채쳐, 으깬 とうふ^{두부}와 함께 기름에 볶아 조미한 음식을 말한다.

이름만 다르지 결국 다 된장국이잖아.

그러게~

일본에서는 식사를 할 때 スプーン^{숟가락}을 사용하지 않기 때문에, 국을 먹을 때는 국그릇을 들고 마신다.
그래서 「みそしるを食^たべる。된장국을 먹는다.」가 아닌
「みそしるを飲^のむ。된장국을 마신다.」라고 표현한다.

TIP   국을 먹을 때는
「食^たべる^{먹다}」가 아닌 「飲^のむ^{마시다}」라는 동사를 사용한다는 것에 주의하자.

味噌^{みそ}^{된장}이 가라앉았을 경우에는 箸^{はし}^{젓가락}으로 두 번 정도 돌려, 섞어준 다음에 마신다.

일본에서는 **おかず**^{반찬}을 많이 놓고 먹지 않고,
메인이 될 수 있는 반찬 한 가지에 **お漬物**^{つけもの}^{절인 야채}
정도를 각자 놓고 먹는 것이 일반적이다.

テレビアニメで見^みたことがある。

TV애니메이션에서 본 적이 있다.

간혹 모두가 함께 먹는 **なべ料理**^{りょうり}^{냄비요리}를 먹을 경우에는 **お玉**^{たま}^{국자}와 **取り皿**^と^{ざら}^{앞접시}를 놓고
각자 조금씩 덜어 먹는다.
일본인들이 주로 먹는 **なべ料理**^{りょうり}^{냄비요리}에는
すき焼き^や^{스키야키}, **キムチ鍋**^{なべ}^{기무치나베}, **しゃぶしゃぶ**^{샤브샤브}, **ちゃんこ鍋**^{なべ}^{창코나베} 등이 있다.

すみません。

저기요.

お玉^{たま}ください。 **5-5**

국자 주세요.

음식점에서 식사와 관련하여 알아야 할 용어는 …
割り箸^わ^{ばし}^{나무젓가락}, **おしぼり**^{물수건}, **ナプキン**^{냅킨}과 물컵
정도일 텐데, 일본에서는 컵의 종류에 따라 명칭이 다르다.
일반적인 '유리컵'은 **グラス** 또는 **コップ**,
머그잔처럼 '손잡이가 달린 컵'은 **カップ**,
차를 마실 때의 '찻잔'은 **ゆのみ**,
손잡이가 달린 '맥주잔'은 **ジョッキ**,
작은 '술잔'은 **おちょこ** 또는 **さかずき**라고 한다.

ゆのみ

ジョッキ

テレビ 텔레비전　アニメ (= アニメーション) 애니메이션　見(み)る 보다　〜たことがある 〜한 적이 있다
お玉(たま) 국자　ください 주세요

규동이란?

 간편하고 저렴하면서 맛있는 음식에 뭐가 있을까?

일본에서 간편하고 저렴하면서도 맛있게 먹을 수 있는
음식을 꼽는다면, 단연 牛丼^{ぎゅうどん}규동을 꼽을 수 있겠다.

ぎゅうどん
牛丼

牛丼^{ぎゅうどん}규동은 한마디로 '소고기 덮밥'이다.
ご飯^{はん}밥 위에, 醤油^{しょうゆ}간장 양념으로 볶은 牛肉^{ぎゅうにく}소고기와 玉ねぎ^{たま}양파를 올린 게 전부지만,
나름 맛있다.

한때 미국산 牛^{うし}소의 狂牛病^{きょうぎゅうびょう}광우병으로 인해, 소고기의 수입이 금지되어,
탄생한 메뉴가 있는데, 그것이 바로 豚丼^{ぶたどん}부타동.
'돼지고기 덮밥'이다.
규동과 다른 건 牛肉^{ぎゅうにく}소고기가 豚肉^{ぶたにく}돼지고기로 바뀐 정도랄까?!

ぶたどん
豚丼

 규동이나 부타동을 먹을 때도 젓가락만을 사용하기 때문에
이렇게 들고 먹는다.

 腕^{うで}、痛^{いた}そう。 5-⑥
팔 아프겠다.

腕(うで) 팔　痛(いた)い 아프다　〜そうだ 〜일 것 같다

108

어느 쪽이 맛있냐고?
요시노야는 규동!
마츠야는 부타동!
이라고들 하는데,
맛에 대한 평가는
각자 해보면 어떨까?

吉野家 ^{요시노야}와 松屋 ^{마츠야}는 대표적인 규동전문 チェーン店 ^{체인점}으로, 어디서나 쉽게 볼 수 있을 정도로 체인점의 수가 엄청나게 많다.

규동과 부타동 외에도

ご飯 ^밥과 味噌汁 ^{된장국}, 그리고 간단한 おかず ^{반찬}이 나오는 定食メニュー ^{정식메뉴}와

カレーメニュー ^{카레메뉴}도 있다.

朝定食 ^{아침 정식}은 주로 아침 5시부터 10시정도까지 제공되는 아침식사 메뉴다.

아침 정식 중 추천 메뉴!!!

焼魚定食 구운 생선 정식

のり 김

焼き魚 구운 생선
(さけ 연어)

漬物 절인 야채

ご飯 밥

味噌汁 된장국

여기에 일본인들은 納豆 ^{낫토}를 추가하여 먹기도 한다.

私(わたし)に 任(まか)せて。
나한테 맡겨.

주문할 수 있어?

吉野家(よしのや) 요시노야에 들어가면 店員(てんいん) 점원이 큰 소리로 반겨준다.

いらっしゃいませ～。⑧
어서 오세요.

대부분 カウンター席(せき) 카운터 좌석으로 되어 있으므로, 적당한 곳에 앉자.
테이블 가운데 점원이 다닐 수 있는 통로가 있어 주문을 받고, 음식을 나르고, 계산하기
편하게 되어 있다.

私(わたし) 나　～に ～에게, ～한테　任(まか)せる 맡기다

110

자리에 앉으면 점원이 주문을 받으러 온다.

ご<ruby>注文<rt>ちゅうもん</rt></ruby>は？
주문은?

요시노야에 왔으면, 우선 규동을 먹어보자.
자연스럽게 점원을 향해 이렇게 주문하자.

ナナ：<ruby>牛丼<rt>ぎゅうどん</rt></ruby>、なみ、ひとつ。 규동, 보통, 하나.

<ruby>店員<rt>てんいん</rt></ruby>：かしこまりました。 알겠습니다.

여기서 「なみ」란, 음식의 양을 표현하는 말로 '보통'이라는 뜻이다.

정확한 표현은

★ 보통　　なみもり (並盛)

★ 곱빼기　おおもり (大盛)

★ 특곱빼기　とくもり (特盛)

여기서 「もり 모리」는 '음식을 그릇에 담음' 또는 '그 담은 정도'라는 뜻이다.
'보통'의 경우는 줄여서 「なみ」라고 말하지만, '곱빼기'나 '특곱빼기'의
경우에는 그대로 「おおもり」「とくもり」라고 말한다.

그럼 점원은 주방을 향해 이렇게 외친다.

<ruby>店員<rt>てんいん</rt></ruby>：<ruby>牛丼<rt>ぎゅうどん</rt></ruby>、なみ、<ruby>一丁<rt>いっちょう</rt></ruby>。
규동 보통 하나.

그럼 주방에서도

<ruby>店員<rt>てんいん</rt></ruby>：<ruby>牛丼<rt>ぎゅうどん</rt></ruby>、なみ、<ruby>一丁<rt>いっちょう</rt></ruby>。
규동 보통 하나.

注文(ちゅうもん) 주문　牛丼(ぎゅうどん) 규동　なみ 보통　ひとつ 하나, 한 개

「一丁」는 '한 개'라는 뜻으로 주로 음식점 같은 곳의 점원들끼리 하는 말이다.
'두 개'부터는 「二つ」「三つ」…로 그냥 평범하게 말한다.

 여기서 잠깐!
하나부터 열까지만 확인하고 가자. ⑫

하나	둘	셋	넷	다섯
ひとつ	ふたつ	みっつ	よっつ	いつつ
여섯	일곱	여덟	아홉	열
むっつ	ななつ	やっつ	ここのつ	とお

밥을 다 먹었으면, レジ계산대로 가서 계산을 하자. ⑬ 5-⑫

ナナ : いくらですか。①
나나　: 얼마입니까?

店員 : 390円になります。②
점원　: 390엔입니다.

400엔을 낸다.

店員 : 400円いただきました。③
400엔 받았습니다.

10円のおかえしです。④
거스름돈 10엔입니다.

ありがとうございました。
감사합니다.

いくら 얼마　～ですか ～입니까?　円(えん) 엔　～になる ～이/가 되다　いただく 「もらう 받다」의 겸양어
おかえし 거스름돈

「牛丼(ぎゅうどん)」에서의 「丼」은 「どんぶり」라고 하는데,
「どんぶり」는 '사발'을 말하기도 하고, 그 사발에 담아내는 '덮밥'을
총칭해서 말하기도 한다.

돔부리 음식에는
뭐가 있는데?

그럼, 여기서 丼(どんぶり) 돔부리의 종류를
알아보자.

天丼(てんどん) 텐동은 '튀김덮밥'이다. 天(てん)ぷら 튀김의 재료에는

海老(えび) 새우 · いか 오징어 · きす 보리멸 · かぼちゃ 단호박 · いんげん 까치콩 ·

じゃがいも 감자 · れんこん 연근 · なす 가지 · きのこ 버섯 등이 있다.

ご飯(はん) 밥 위에 여러 종류의 튀김을 올린 후,

그 위에 甘辛(あまから)い 달짝지근하고 짭짤한 丼(どん)つゆ 돔부리소스를 뿌린 그 맛!

天丼(てんどん)

おいしい〜。
맛있다.

鰻丼(うなどん) 우나동은 '장어 덮밥'이다. '장어'는 「鰻(うなぎ)」라고 한다.

鰻丼(うなどん)

14
5-13
高(たか)くて食(た)べられない。
비싸서 못 먹어.

돔부리치고 비싼 편이다.

おいしい 맛있다　　高(たか)い (값이)비싸다　　食(た)べる 먹다

親子丼_{오야코동}은 鳥肉_{닭고기}와 卵_{달걀}을 올린 '닭고기 계란 덮밥'이라

할 수 있고, カツ丼_{카츠동}은 '돈가스 덮밥'이다.

親子丼_{오야코동}

カツ丼_동

カツ丼_{카츠동} 나온 김에

豚カツ_{돈가스} 종류도 알고 가자.

돈가스는 豚肉_{돼지고기}의 부위에 따라 등심을 이용한 「ロスカツ」, 안심을 이용한 「ヒレカツ」

로 크게 나눌 수 있고, 肉_{고기}의 종류에 따라 牛肉_{소고기}를 이용한 「ビフカツ」와 鳥肉_{닭고기}를

이용한 「チキンカツ」가 있다.

돈가스의 모양에 따라서는

한입 크기로 만든 一口カツ_{히토쿠치카츠}

一口カツ

작게 자른 돈가스를 야채와 함께

꼬치에 꽂은 串カツ_{쿠시카츠}

串カツ

돈가스를 이용하여 サンドイッチ_{샌드위치}를 만든

カツサンド_{카츠산도} 가 있고,

カツサンド

カレー_{카레}와 함께 먹는

カツカレー_{카츠카레}도 있다.

カツカレー

일본은 **カレー** 카레를 이용한 요리가 정말 많다.

카레 요리에 대해서도 조금 알아보고 가자.

나 속이 안 좋아서 설사했어...

지금 카레 설명하는데 그러기야?!!

카레 전문점이 아니더라도, 규동집이나 돈가스집, 소바집 등과 같은 음식점에서도 카레를 이용한 음식 하나 정도는 쉽게 볼 수 있다.

 카레를 이용한 메뉴

기본적인 **カレーライス** 카레라이스 외에
밥 대신, 소바면을 이용한 **カレーそば** 카레소바
우동면을 이용한 **カレーうどん** 카레우동

빵에 카레를 넣고, 튀긴 **カレーパン** 카레빵
카레 호빵이라 할 수 있는 **カレーまん** 카레망

カレー南蛮 카레남방은?
なんばん

카레소바와 카레우동을 말한다.

카레남방을 주문할 경우에는 소바면인지 우동면인지를 따로 정해야 하는데, 면을 따로 정하지 않는 곳이라면, 주로 소바면 이라고 보면 된다.

カレーうどん

カレーパン

カレーまん

밥 위에 카레와 **チーズ** 치즈 등을 올린 후 **オーブン** 오븐에 구운 **焼きカレー** 야키카레
스프로 먹는 **スープカレー** 스프카레
그 외에도 **カレースパゲッティ** 카레스파게티
　　　　　カレーコロッケ 카레고로케
　　　　　カレーラーメン 카레라면
　　　　　カレーオムレツ 카레오믈렛 등 그 종류가 매우 많다.

주문부터 계산까지

음식점 선정에서부터 계산하고 나올 때까지의 기본 표현을 알아보자.

음식점에 대한 정보가 없을 경우에는,
店の前_{가게 앞}에 음식 모형이나 사진이 있는
곳으로 간다.
음식을 결정했으면, 음식점 안으로 들어가자.

 안내 받기 ⑮ 5-⑭

店員 : いらっしゃいませ。何名様ですか。 ①
점원 : 어서 오세요. 몇 분이십니까?

ナナ : 一人です。 ②
나나 : 한 명입니다.

店員 : 奥の方へ、どうぞ。 ③
안쪽으로 들어오세요.

> 2층으로 안내를 받을 때는…
> **二階の方へ、どうぞ。** ④
> 2층으로 올라가세요.

何名(なんめい) 몇 명 ~様(さま) ~분 一人(ひとり) 한 명 奥(おく) 안, 속 方(ほう) 쪽
どうぞ 자(~하십시오) 二階(にかい) 2층

店員：ご注文がお決まりでしたら、
　　　お呼びください。
　　　주문이 정해지시면, 불러 주세요.

ナナ：はい。
　　　예.

주문 하기

ナナ：すみません。
　　　여기요.

店員：はい、お決まりになりましたか。①
　　　예, 정하셨습니까?

ナナ：はい、レディースセットください。②
　　　예, 레이디스세트로 주세요.

店員：レディースセットですか。③
　　　레이디스세트입니까?

　　　かしこまりました。
　　　알겠습니다.

　　　少々お待ちください。
　　　잠시만 기다려 주십시오.

注文(ちゅうもん) 주문　決(き)まる 정해지다, 결정되다　呼(よ)ぶ 부르다　少々(しょうしょう) 잠시, 잠깐
待(ま)つ 기다리다

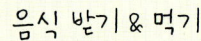 음식 받기 & 먹기

店員: お待たせ致しました。①
오래 기다리셨습니다.

ご注文のレディースセットです。②
주문하신 레이디스세트입니다.

ごゆっくり召し上がってください。③
천천히 드세요.

いただきます。④
잘 먹겠습니다.

너무 배가 고픈 나머지 무작정 들어간 음식점!!!
물론 가게 앞에 음식 모형도 없었고, 메뉴판에는 글씨밖에 없어, 무엇을 시켜야 할지
막막할 때에는 주위를 둘러보고, 이렇게 시키자.

あの人が食べているのください。
저 사람이 먹고 있는 것 주세요.

먹고 있는 거
뺏어 달라고?

待(ま)つ 기다리다　注文(ちゅうもん) 주문　ゆっくり 천천히, 느긋하게
召(め)し上(あ)がる 「食(た)べる 먹다」의 존경어, 드시다　あの 저　人(ひと) 사람　食(た)べる 먹다

118

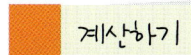 계산하기

ナナ : お勘定（かんじょう）は？ [1]
계산은?

店員（てんいん） : あちらのレジでお願（ねが）いします。 [2]
저쪽 계산대에서 부탁드립니다.

ナナ : いくらですか。 [3]
얼마입니까?

店員（てんいん） : レディースセット、ひとつ、780円（えん）になります。 [4]
레이디스세트, 하나, 780엔입니다.

> 800엔을 낸다.

店員（てんいん） : 800円（えん）、いただきました。 [5]
800엔 받았습니다.

20円（えん）のおつりです。
거스름돈 20엔입니다.

ありがとうございました。
감사합니다.

ナナ : ごちそうさまでした。
잘 먹었습니다.

> 「ごちそうさまでした」는 줄여서
> 「ごちそうさま」라고 할 수 있다.
> 여기서는 「どうも 감사합니다」라고 해도 된다.

勘定(かんじょう) 계산　あちら 저쪽　レジ (= レジスター) 계산대　願(ねが)う 부탁하다　いくら 얼마
～になる ～이/가 되다　いただく 「もらう 받다」의 겸양어　おつり 거스름돈

라면을 먹자!

일본라면 먹기

일본에서 꼭! 먹어야 할 음식 중 하나인 ラーメン 라면!!!

일본라면은 インスタント 인스턴트 라면이 아니고, 직접 끓인 국물에 삶은 면을 내주는 음식이다.

일본라면 만드는 법 ⑳ 5-19

生麺をゆでる。 1
생면을 삶는다.

水をきる。 2
물기를 뺀다.

スープを注ぐ。 3
스프를 붓는다.

麺をもる。 4
면을 담는다.

具をのせる。 5
건더기를 올린다.

生麺(なまめん) 생면   ゆでる 삶다   水(みず) 물   きる (물기를)빼다, 털다   スープ 스프   注(そそ)ぐ 붓다
麺(めん) 면   もる 담다   具(ぐ) 건더기   のせる 올리다

라면의 종류

일본라면은 국물의 맛으로 라면의 종류를 나눈다.

塩ラーメン _{しお} 시오라멘 소금으로 맛을 낸 맑은 국물

味噌ラーメン _{みそ} 미소라멘 된장으로 맛을 낸 국물

醤油ラーメン _{しょうゆ} 쇼유라멘 간장으로 맛을 낸 국물

豚骨ラーメン _{とんこつ} 돈코츠라멘 돼지 뼈를 진하게 끓여 낸 국물

국물과 면을 담은 후에 마지막으로 具 _く 건더기를 올리는데, 이 건더기 역시 라면의 맛을 좌우하는 주요 요인이라 할 수 있다.

주로 올라가는 具 _く 건더기로는 돼지고기를 삶은 チャーシュー 차슈와 卵 _{たまご} 달걀, 달걀은 ゆで卵 _{たまご} 삶은 달걀, 특히 半熟卵 _{はんじゅくたまご} 반숙 달걀을 주로 올린다. ねぎ 파와 もやし 숙주나물, キャベツ 양배추, にんじん 당근과 같은 野菜 _{やさい} 야채를 올리고, 마지막에 のり 김을 얹는다.

특별히 チャーシュー 차슈가 많이 올라간
チャーシュー麺 _{めん}

スープ 스프(국물)을 따로 찍어 먹는
つけ麺 _{めん}

일본에서 식권기 사용은 필수!!!

라면집이나 규동집과 같이 간편하게 먹을 수 있는 음식점에서 주로 볼 수 있는 것이 바로 食券販売機_{식권판매기}다.

음식점에서 식권판매기를 이용하는 이유로는 注文_{주문}과 勘定_{계산}의 時間_{시간}을 節約_{절약}해 주고, 음식을 만들거나 옮기는 사람이 직접 お金_돈을 만지지 않기 때문에 淸潔_{청결}을 維持_{유지}할 수 있기 때문이다. 하지만, 人間味_{인간미}가 조금 떨어진다는 感じ_{느낌}이 들기도 한다.

食券販売機_{식권판매기} 使用法_{사용법} 21 5-20

お金を入れる。 1
돈을 넣는다.

メニューのボタンを押す。 2
메뉴의 버튼을 누른다.

食券が出る。 3
식권이 나온다.

おつりがあれば、出る。 4
거스름돈이 있으면 나온다.

お金(かね) 돈　入(い)れる 넣다　メニュー 메뉴　ボタン 버튼　押(お)す 누르다　食券(しょっけん) 식권
出(で)る 나오다　おつり 거스름돈　ある 있다

しょっけん てんいん わた
食券を店員に渡す。 5

식권을 점원에게 건넨다.

りょう り で ま
料理が出るのを待つ。 6

요리가 나오기를 기다린다.

りょう り で
料理が出る。 7

요리가 나온다.

た
おいしく食べる。 8

맛있게 먹는다.

ほんとう こと ば い
本当に言葉が要らない。 5-21 ㉒

정말로 말이 필요 없다.

わる
これって、いいのか悪いのか、よくわからないね。 5-22 ㉓

이런 게 좋은 건지 나쁜 건지 잘 모르겠네.

店員(てんいん) 점원　渡(わた)す 건네다　料理(りょうり) 요리　待(ま)つ 기다리다　おいしい 맛있다
食(た)べる 먹다　本当(ほんとう) 정말　言葉(ことば) 말　要(い)る 필요하다　これ 이것　〜って 〜라는 것
いい 좋다　悪(わる)い 나쁘다　よく 잘　わかる 알다, 이해하다

회전초밥 먹기

일본에서 寿司(すし)초밥 안 먹으면 섭섭하지.

초밥이 먹고 싶다면, 回転寿司(かいてんずし)회전초밥을 추천한다.
회전초밥집이라면 일본어를 잘하지 못해도,
골라 먹기만 하면 되기 때문이다.

회전초밥집도 주로 カウンター席(せき)카운터 좌석으로 되어 있는데, 테이블을 보면 …

ゆのみ 찻잔
녹차를 마시는 컵

紅(べに)しょうが
생강 절임

醤油(しょうゆ)
간장

割(わ)り箸(ばし)
나무젓가락

緑茶(りょくちゃ)ティーバッグ
녹차 티백

ボタンを押(お)すとお湯(ゆ)が出(で)る。 5-23 24
버튼을 누르면 뜨거운 물이 나온다.

ボタン 버튼   押(お)す 누르다   お湯(ゆ) 뜨거운 물   出(で)る 나오다

お湯に緑茶ティーバッグを入れる。
뜨거운 물에 녹차 티백을 넣는다.

가게에 따라 抹茶녹차가루가 준비되어 있는 곳도 있다.

간혹 점원이

お飲み物は、お茶でよろしいですか? 마실 것은 차로 되겠습니까?

라고 물어올 수도 있는데, 그것은 녹차 외에 メニュー메뉴로 味噌汁된장국 등과 같은 국이 있어, 국을 따로 주문하여 먹을 수 있기 때문이다.

본격적으로 寿司초밥를 먹기 전에 …
おしぼり물수건으로 손을 닦자.

手をふく。
손을 닦다.

초밥을 먹을 때에는 손으로 직접 집어 먹어도 되고, 나무젓가락으로 먹어도 된다.
어느 쪽이든 예의에 어긋나는 행동은 아니다.

すしをとる。
초밥을 집다.

緑茶(りょくちゃ) 녹차　ティーバッグ 티백　入(い)れる 넣다　飲(の)み物(もの) 음료　茶(ちゃ) 차
よろしい 「いい 좋다」의 공손한 표현

초밥의 종류 ²⁹

회전초밥을 먹을 때, 간혹 먹고 싶은 초밥을 앞 사람들이 먼저 골라 내 차례까지 오지 않을 때가 있다. 그럴 때는 테이블 건너편에 있는 **寿司屋さん**_{초밥집에서 초밥을 만드는 사람}에게 직접 주문해서 먹을 수 있으므로, 기본적인 메뉴는 알아 두는 것이 좋다. 직접 주문해서 먹으면 더 신선한 초밥을 먹을 수 있다.

あじ
전갱이

赤貝 (あかがい)
피조개

甘海老 (あまえび)
단새우(생 것)

海老 (えび)
새우(삶은 것)

穴子 (あなご)
붕장어(아나고)

うなぎ
장어

あわび
전복

ほたて
가리비

ひらめ 광어	いか 오징어	たこ 문어	たまご 달걀
いくら 연어알	数の子 청어알	かんぱち 잿방어	こはだ 전어
まぐろ 참치	サーモン = 鮭 연어	かに 게	うに 성게

직접 만들어 먹는 오코노미야키

직접 부쳐 먹으라고???

그건 좀 오바다.

일본의 お好み焼き^{오코노미야키} 専門店^{전문점}에서는
재료만 주문하고, 각자가 테이블에서 직접 만들어 먹는다.

30
5-28

テーブルの上に鉄板がある。
테이블 위에 철판이 있다.

주문을 하면
小麦粉^{밀가루} 반죽과 キャベツ^{양배추}를 섞은 기본 재료에
メニュー^{메뉴}에 따라 豚肉^{돼지고기}, 牛肉^{소고기}, いか^{오징어}, えび^{새우}, かき^굴 등에 卵^{달걀}이
올려 나온다.
거기에 여러가지 トッピング^{토핑}을 追加^{추가}하여 먹을 수 있다.

テーブル 테이블   上(うえ) 위   鉄板(てっぱん) 철판

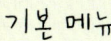

いか玉 이카타마
오징어와 달걀을
올린 것

牛肉玉 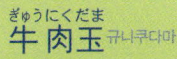 규니쿠다마
소고기와 달걀을
올린 것

豚玉 부타타마
돼지고기와
달걀을 올린 것

牛すじ玉 규스지다마
소고기 연골과 달걀을
올린 것

えび玉 에비타마
새우와 달걀을
올린 것

かき玉 카키타마
굴과 달걀을
올린 것

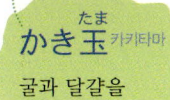

 토핑의 종류 ③

토핑은 가게에 따라 다를 수 있는데,
주로 ねぎ_파, もち_떡, キムチ_{김치}, チーズ_{치즈}, そば麺_{소바면} 등이 있다.

ねぎ混ぜ
섞어 먹는 파

ねぎかけ
뿌려 먹는 파

もち

キムチ

そば麺

チーズ

오코노미야키 맛있게 만드는 법

1 달궈진 鉄板 철판에 油 기름을 敷く 두른다.
てっぱん　あぶら　し

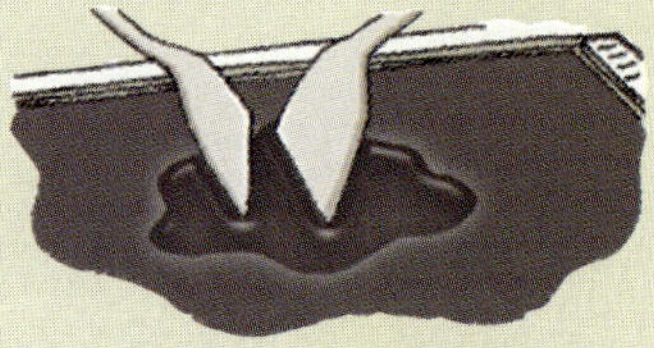

2 주문한 具 재료를 잘 混ぜる 섞는다.
く　ま

3 スプーン 숟가락으로 재료를 철판에 かきだす 붓는다.

4 コテ 오코노미야키용 도구로 둥글게 만든다.

5 두 개의 コテ를 이용하여 裏返す^{うらがえ} 뒤집는다.

6 お好みソース^{この} 오코노미소스를
たっぷり^{듬뿍} 塗る^ぬ 바른다.

7 マヨネーズ 마요네즈를 橫^{よこ}가로・縱^{たて}세로로 かける 뿌린다.

8 마지막으로 かつおぶし 카츠오부시와
ねぎ 파를 뿌리면

完成^{かんせい} 완성

가장 간단히 먹을 수 있는 햄버거

여행 중 가장 빠르고 간편하게 먹을 수 있는 음식이라 하면, ハンバーガー햄버거가 아닐 수 없다.

아, 말로만 듣던 모스버거다.

モスバーガー모스버거는 일본 고유의 브랜드로 최근에 많은 인기를 누리고 있는 ファーストフード패스트푸드 브랜드다.

우리나라에서도 흔하게 볼 수 있는 패스트푸드점이 일본에도 있기는 한데, 우리 발음과 조금 차이가 있다.

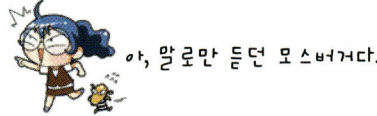 '맥도날드'는 マクドナルド마쿠도나르도.

'KFC'는 ケンタッキーフライドチキン켄탁키 후라이도치킨, 줄여서 ケンタッキー켄탁키 라고 많이 한다.

'롯데리아'는 우리말 발음과 같이 ロッテリア롯데리아.

'버거킹'은 バーガーキング바가킹구라고 한다.

ファーストフード店^{てん}패스트푸드점에 들어가면 期間限定^{き かんげんてい}기간한정 商品^{しょうひん}상품이라는 메뉴를 볼 수 있는데, 이 상품은 季節^{き せつ}계절 등에 따라 정해진 기간에만 販売^{はんばい}판매하는 상품이다.

5-29 ㉝

今^{いま}じゃないと、食^たべられないんだって。
지금이 아니면, 먹을 수 없대.

맛있겠다.

메뉴를 주문할 경우에는 기본적으로 カタカナ^{가타카나}만 또박또박 잘 읽으면 된다.

バーガー 버거 ㉞

★ '버거'는 「バーガー」 / '햄버거'는 「ハンバーガー」
★ '더블 버거'는 「ダブルバーガー」
★ '치즈 버거'는 「チーズバーガー」
★ '새우 버거'는 「えびバーガー」
★ '치킨 버거'는 「チキンバーガー」

サイドメニュー 사이드메뉴 ㉟

★ '감자튀김'은 「ポテト」 또는 「フレンチフライ」
★ '어니언링'은 「オニオンリング」
★ '치킨너겟'은 「チキンナゲット」
★ '애플파이'는 「アップルパイ」

ドリンク 음료 ㊱

★ '콜라'는 コーラ / 칼로리 제로를 시키고 싶을 때는 ノンカロリー
★ '환타'는 ファンタ
★ '진저엘'은 ジンジャーエール
★ '미닛메이드'는 ミニッツメイド

今(いま) 지금   ～じゃない ~이/가 아니다   ～と ~면   食(た)べる 먹다

店員：お決まりですか。ご注文、どうぞ。 1

점원 : 정하셨습니까? 주문해 주세요.

ナナ：エビバーガーとコーラください。 2

나나 : 새우버거와 콜라 주세요.

店員：コーラのサイズは？ 3

콜라의 사이즈는?

ナナ：エムで。 4

M으로.

'S'는 「エス」, 'L'은 「エル」라고 한다.

店員：エビバーガーとコーラエムサイズで、よろしいですか。 5

새우버거와 콜라 M사이즈면 되시겠습니까?

ナナ：はい。

예.

決(き)まる 정해지다, 결정되다 **注文(ちゅうもん)** 주문 **海老(えび)** 새우 **サイズ** 사이즈

店員 : こちらで召し上がりますか。 6

여기서 드십니까?

ナナ : はい。

예.

포장이면

いいえ、お持ち帰りで。 7

아니요, 포장으로.

店員 : 全部で520円になります。 8

전부해서 520엔입니다.

ナナ : はい。

예.

1000엔을 낸다.

店員 : 1000円、預かりました。 9

1000엔 받았습니다.

480円のおつりです。少々お待ちください。

거스름돈 480엔입니다. 잠시만 기다려 주십시오.

こちら 이쪽　召(め)し上(あ)がる 「食(た)べる 먹다」의 존경어, 드시다　全部(ぜんぶ) 전부
預(あず)かる 맡다, 보관하다　少々(しょうしょう) 조금, 잠시　待(ま)つ 기다리다

커피를 마시자!

커피 한잔 마시고 갈까?

여기도 온통 カタカナ가타카나···
천천히 읽자.

긴장 풀고~

먼저, メニューを選^{えら}ぶ。 ③⑧ 5-③①
메뉴를 고른다.

本日^{ほんじつ}のコーヒー 오늘의 커피 (ホット핫 / アイス아이스)

엄선된 향이 좋은 커피를 매일 내리는 ドリップコーヒー드립 커피.

エスプレッソ 에스프레소

향기롭고 진한 맛과 향을 농축시킨 コーヒーのエッセンス 커피 에센스.

136

カフェアメリカーノ 카페 아메리카노 (ホット핫 / アイス아이스)

エスプレッソ에스프레소에 특별히 여과한 ウォーター워터를 더했다.

カプチーノ 카푸치노 (ホット핫)

따뜻한 ミルク우유를 넣은 エスプレッソ에스프레소에 충분히 거품을 낸 우유를 올린다.

カフェモカ 카페모카 (ホット핫 / アイス아이스)

エスプレッソ에스프레소에 チョコレートシロップ초콜렛 시럽과 ミルク우유, ホット핫에는 ホイップクリーム휘핑 크림을 올린다.

キャラメルマキアート 카라멜 마키아토 (ホット핫 / アイス아이스)

フォームミルク우유거품를 충분히 올린 バニラ바닐라 맛의 라테에 キャラメル캐러멜을 トッピング토핑한다.

다음엔, サイズを選ぶ。 5-32 39
사이즈를 고른다.

ショート숏　トール톨　グランチ그란데　ベンティ벤티

店員 : ドリンクはお決まりですか。 음료는 정하셨습니까? ①

ナナ : はい。カフェモカで。 예. 카페모카로. ②

店員 : サイズは？ 사이즈는? ③

ナナ : トールで。 톨로. ④

店員 : ご注文の確認を致します。 주문을 확인하겠습니다. ⑤

　　　 カフェモカ、トールサイズですね。 카페모카, 톨사이즈죠?

ナナ : はい。 예.

店員 : こちらで召し上がりますか。 이쪽에서 드시겠습니까? ⑥

ナナ : はい。 예.

테이크아웃일 경우에는.

いいえ、テイクアウトで。 ⑦
아니요, 테이크아웃으로.

店員 : ありがとうございます。 감사합니다. ⑧

　　　 あちらで少々お待ちください。 저쪽에서 잠시만 기다려 주십시오.

ドリンク 음료　決(き)まる 정해지다, 결정되다　注文(ちゅうもん) 주문　確認(かくにん) 확인
致(いた)す 「する 하다」의 겸양어　こちら 이쪽　～で ～에서
召(め)し上(あ)がる 「食(た)べる 먹다・飲(の)む 마시다」의 존경어　あちら 저쪽　少々(しょうしょう) 잠시
待(ま)つ 기다리다

コーヒークリーム

ハチミツ

ガムシロップ

バニラ　ココアパウダー　シナモン

本日のコーヒー ^{ほんじつ} 오늘의 커피나 **カフェアメリカーノ** 카페 아메리카노에

コーヒークリーム 커피크림 등을 추가하여 그날의 기분에 맞는 커피를 만들 수 있고,

カプチーノ 카푸치노나 **カフェモカ** 카페모카에 **シナモン** 시나몬, **バニラ** 바닐라,

ココアパウダー 코코아 파우더를 추가할 수 있다.

그리고 **ハチミツ** 꿀, **ガムシロップ** 설탕시럽을 추가하여 달콤함을 더할 수도 있다.

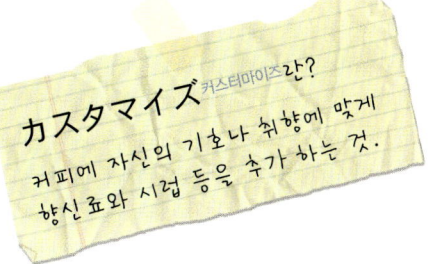

カスタマイズ ^{커스터마이즈}란?
커피에 자신의 기호나 취향에 맞게
향신료와 시럽 등을 추가하는 것.

돈은 앞에서도 많이
냈으니까, 냈다 치자고~.

그런데, 돈은 안 내?

크레페 들고 거리 활보하기

東京_{도쿄} 특히 原宿_{하라주쿠}에는 맛있다고
소문난 クレープ屋_{크레페가게}가 많아서
그런지 들고 다니면서 먹는 사람들은
쉽게 볼 수 있다.

クレープ_{크레페}는

얇게 부친 クレープ皮_{크레페피}에

生クリーム_{생크림}과 각종 果物_{과일}, 그리고

アイスクリーム_{아이스크림}을 올린 후, 마지막으로 シロップ_{시럽}을 뿌리고

말은 것이다.

크레페 종류 ㊷

크레페 종류는 크게 5가지로 나눌 수 있는데, 이것은 하라주쿠에 있는 유명한
***クレープ屋^や ***크레페가게에서 나눈 것으로, 가게에 따라 다를 수 있다.

* ホットクレープ	바로 구워 따뜻할 때 먹는 クレープ
* スナッククレープ	달지 않은 재료를 사용한 クレープ (가벼운 식사대용으로도 먹을 수 있다.)
* コールドクレープ	바로 구운 크레페피를 조금 식힌 후, 生^{なま}クリーム^{생크림}을 얹은 クレープ
* アイスクレープ	生^{なま}クリーム 대신 アイスクリーム^{아이스크림}을 올린 깔끔한 맛의 クレープ
* スペシャルクレープ	生^{なま}クリーム와 アイスクリーム를 함께 올린 볼륨감 있는 クレープ

크레페 주문 시 기본적으로 알아야 할 단어 ㊸

★ バナナ 바나나　　★ イチゴ 딸기　　★ アップル (= りんご) 사과

★ ストロベリー 스트로베리　　★ ブルーベリー 블루베리

★ シナモン 시나몬　　★ アーモンド 아몬드　　★ マロン (= くり) 밤

★ あずき 팥　　★ 生^{なま}クリーム 생크림

★ チョコレート (= チョコ) 초코　　★ バター 버터　　★ ジャム 잼

★ クリームチーズ 크림치즈　　★ カスタード 카스타드

★ ピザ 피자　　★ ツナ (= まぐろ) 참치　　★ カレー 카레

형용사 표현 알고 가기 - な형용사

な형용사의 활용어미는 「だ」로 끝나지만, 사전에는 어미 「だ」를 뺀 기본형의 어간 부분만 실려 있다.
그럼, 여기서는 な형용사에는 어떤 것들이 있나 알아보자.

好_すきだ 좋아하다

大好_{だいす}きだ 아주 좋아하다

嫌_{きら}いだ 싫어하다

大嫌_{だいきら}いだ 아주 싫어하다

嫌_{いや}だ 싫다

親切_{しんせつ}だ 친절하다

静_{しず}かだ 조용하다

簡単_{かんたん}だ 간단하다

複雑_{ふくざつ}だ 복잡하다

元気_{げんき}だ 건강하다

大丈夫_{だいじょうぶ}だ 괜찮다

142

<ruby>安全<rt>あんぜん</rt></ruby>だ 안전하다

<ruby>危険<rt>き けん</rt></ruby>だ 위험하다

<ruby>残念<rt>ざんねん</rt></ruby>だ 유감스럽다

<ruby>失礼<rt>しつれい</rt></ruby>だ 실례다

<ruby>便利<rt>べん り</rt></ruby>だ 편리하다

<ruby>必要<rt>ひつよう</rt></ruby>だ 필요하다

<ruby>心配<rt>しんぱい</rt></ruby>だ 걱정이다

<ruby>平気<rt>へい き</rt></ruby>だ 태연하다, 끄떡없다

<ruby>幸<rt>しあわ</rt></ruby>せだ 행복하다

<ruby>大切<rt>たいせつ</rt></ruby>だ 소중하다

<ruby>上手<rt>じょう ず</rt></ruby>だ 능숙하다

<ruby>下手<rt>へ た</rt></ruby>だ 서툴다

だめだ 소용없다, 안 된다

<ruby>大変<rt>たいへん</rt></ruby>だ 큰일이다, 힘들다

 にぎやかだ 번화하다

 有名だ 유명하다

 貧乏だ 가난하다

 けちだ 구두쇠다

 気楽だ 편하다

 楽だ 쉽다

 変だ 이상하다

 まじめだ 성실하다

 緊急だ 긴급하다

 退屈だ 지루하다

 無理だ 무리다

 立派だ 훌륭하다

 楽しみだ 기대하다

 滑らかだ 매끈하다

chapter**6**

ショッピングは楽しい。

쇼핑은 즐거워.

여행 시 ショッピング・ノウハウ 쇼핑 노하우!
여행객은 시간이 많지 않으므로,
쇼핑을 할 때는 살 것에 따라 갈 곳을 미리 정해
시간과 노력을 최소로 하자.

しぶ や
渋谷 시부야에
웬만한 쇼핑몰은 다 있네~.
쇼핑은 시부야로 정했다.

여차하면 하라주쿠까지
걸어 갈 수도 있다.

시부야 ➡ 하라주쿠

ある　　　 ぶん　　　　 01
歩いて20分ぐらい。 6-❶
걸어서 20분 정도.

난 말이야~.
여행 전에 미리 ネット 인터넷으로 다 조사했다고.

또 시작이다. 잘난 척!

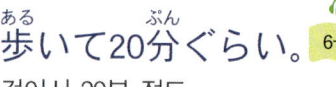

歩(ある)く 걷다　　20分(にじゅっぷん) 20분　　〜ぐらい 〜정도　　ネット = インターネット 인터넷

ショッピングモールで
ショッピングをする。①
쇼핑몰에서 쇼핑을 한다.

マツモトキヨシで化粧品と
美容用品を買う。②
마츠모토키요시에서 화장품과 미용용품을 산다.

キャラクターショップで
友だちのお土産を買う。③
캐릭터 숍에서 친구들 선물을 산다.

書店にも行ってみよう。④
서점에도 가 보자.

ショッピングモール 쇼핑몰　ショッピングをする 쇼핑을 하다　化粧品(けしょうひん) 화장품
美容用品(びようようひん) 미용용품　買(か)う 사다　キャラクターショップ 캐릭터 숍
友(とも)だち 친구(들)　お土産(みやげ) 선물　書店(しょてん) 서점　行(い)く 가다

쇼핑의 기본 패턴

쇼핑에 무슨 패턴이
있다는 거야?
그냥 가자.

본격적으로 쇼핑에 들어가기 전에 쇼핑의 기본 패턴에
대해 알아보고 가자.

마음에 드는 물건을 발견한다.

これ、かわいい。 ⁽⁰³⁾ 6-❸

이거, 예쁜데.

가격을 확인한다.

で、いくら？ ⁽⁰⁴⁾ 6-❹

그래서, 얼마?

Tip

가격을 확인할 때의 주의점!
일본에서는 물건을 구매할 때 소비세 5%를 따로 계산한다.
물건 가격에 税込み^{ぜい こ} ^{세금포함}이라고 적혀 있으면 그 가격을 그대로 내면 되고,
「税込み」라는 말이 없으면, 5%의 소비세가 따로 부과된다.

これ 이거　かわいい 귀엽다, 예쁘다　で 그래서　いくら 얼마

살 것인가 말 것인가 고민한다.

買_かおうかな、どうしようかな。 6-❺
살까? 어떻게 할까?

안 산다.

やめよう。 6-❻
말자.

韓国_{かんこく}の方_{ほう}がもっとやすいかも…。
한국 쪽이 더 쌀지도….

為替_{かわせ}レート ^{환율}을 잘 따져서 알뜰한 쇼핑을 하자!

사기로 한다.

買_かおう。 6-❼
사자.

사기로 결정했으면, レジ ^{계산대}로 향하자.

買(か)う 사다　やめる 그만두다　韓国(かんこく) 한국　方(ほう) 쪽　もっと 더, 좀더　やすい 값이 싸다

❻ 쇼핑은 즐거워 149

물건을 계산대 위에 올려놓으면,
대부분 점원들은

6-**8** ⑧

ポイントカードはお持ちですか。

포인트 카드는 가지고 계십니까?

いいえ。
아니요.

라고 묻는다.

TIP

여기서 잠깐!!!
ポイントカード 포인트 카드는 보통 물건 값의 5~10%를 積立て 적립해 주는 적립카드인데,
다음 물품 구매 시 쌓인 積立金 적립금만큼 割引 할인을 해 주므로, 경우에 따라서는 알뜰 쇼
핑의 한 방법이 될 수도 있다. 그런데 카드 작성 시 일본 거주 住所 주소 및 電話番号 전화번호
를 적어야 하기 때문에, 여행자에게는 絵に描いた餅 그림의 떡일 경우가 대부분이다.
일본에 거주하게 된다면 만들어서 알뜰쇼핑을 하도록 하자.

ポイントカード、つくりたいです。 6-**9** ⑨

포인트 카드, 만들고 싶습니다.

この申込書を
書いてください。 6-**10** ⑩
이 신청서를 써 주세요.

ポイントカード 포인트 카드   持(も)つ 들다, 가지다   つくる 만들다   申込書(もうしこみしょ) 신청서
書(か)く 쓰다

店員<small>てんいん</small> : **2700円**<small>えん</small>**になります。** ①
점원 : 2700엔입니다.

2700엔을 낸다.

店員<small>てんいん</small> : **ちょうどお預**<small>あず</small>**かり致**<small>いた</small>**しました。** ②
정확하게 받았습니다.

こちらはレシートです。 ③
이것은 영수증입니다.

袋<small>ふくろ</small>**に入**<small>い</small>**れますか。**
봉투에 넣을까요?

ナナ : **はい。**
예.

일본에서는 봉투 값을 따로 받지 않는다.
더욱이 **キャラクターショップ** 캐릭터 숍과 같은 곳에서는

お土産用<small>みやげ よう</small>**の袋**<small>ふくろ</small>**、入**<small>い</small>**れましょうか。** ④
선물용 봉투 넣어 드릴까요?

라며, 봉투를 더 넣어 주기도 한다.

~になる ~이/가 되다   ちょうど 딱, 정확하게   預(あず)かる 맡다, 보관하다   こちら 이쪽
レシート 영수증   袋(ふくろ) 봉투   入(い)れる 넣다   お土産(みやげ) 선물   ~用(よう) ~용

쇼핑몰에서 쇼핑하기

우선 フロアガイド 층별안내를 먼저 보자.

屋上 옥상	ペットショップ 애견숍
七階 7층	レストラン 레스토랑
六階 6층	スポーツウェア 스포츠웨어
五階 5층	紳士服 신사복
四階 4층	雑貨 잡화 靴 구두
三階 3층	レディースウェア 레이디스웨어
二階 2층	婦人服 여성복
一階 1층	化粧品 화장품
地下一階 지하1층	食品 식품
地下二階 지하2층	駐車場 주차장
地下三階 지하3층	駐車場 주차장

フロアガイド 층별안내의 주요 アイコン 아이콘

- トイレ 화장실
- 公衆電話 공중전화
- 案内所 안내소
- エスカレーター 에스컬레이터
- エレベーター 엘리베이터
- レストラン 레스토랑
- 喫茶店 커피숍
- 喫煙室 흡연실
- 休憩所 휴게소
- 免税カウンター 면세카운터

일본에 온 만큼 **にっぽんスタイル**^{일본스타일} 옷을 사 볼까!

いらっしゃいませ。 6-⑫ ⑫
어서 오세요.

**ごゆっくりご覧^{らん}になって
くださいませ。**
천천히 보세요.

옷을 사려면 최소한
옷의 종류에 대해 알아야 하지 않을까?

服^옷에 관련된 가장 기본적인 상식!!!

일본어에서는 '상의를 입다' 라는 할 때는 「着る」,
'하의를 입다' 라고 할 때는 「はく」라고 동사를 구별하여
사용하기 때문에 주의가 필요하다.
'상의' 는 上着^{うわぎ}라고 하는데, 여기에는 허리 위쪽의 옷을 말하
는 '상의' 라는 뜻과 함께, 겉에 입는 '겉옷' 이라는 의미도 있
다. 그러므로 下着^{したぎ}는 '속옷' 을 의미한다.
'하의' 를 총칭하는 단어는 없어 '바지' 일 경우에는 **ズボン**
또는 **パンツ**, 스커트일 경우에는 **スカート**라고 한다.
靴下^{くつした}양말, 靴^{くつ}구두를 '신다' 라고 할 때도 **はく**를 사용한다.

着る입다

はく입다

ゆっくり 천천히, 느긋하게 **ご覧(らん)になる** 보시다 **～ませ** ～하십시오

はんそで
半袖 반소매

ながそで
長袖 긴소매

ノースリーブ 민소매

タンクトップ 탱크탑

ティーシャツ T셔츠

シャツ 셔츠

ブラウス 블라우스

セーター 스웨터
ニット 니트

カーディガン 카디건

ボレロ 볼레로

キャミソール 캐미솔

154

チョッキ(= ベスト)조끼　ジャケット 재킷　コート 코트

ワンピース 원피스　スカート 스커트　ミニスカート 미니스커트

ズボン
(= パンツ)바지　半ズボン
(= ハーフパンツ)반바지　ジーンズ(= ジーパン)청바지

청바지는 데님 소재이므로
デニム라고도 한다.

値段(ねだん)は？ 税込(ぜいこ)みで2390円(えん)。 6-13 ⑭

가격은? 세금 포함해서 2390엔.

まあ、いいね。で、サイズは？

뭐, 괜찮네. 그래서, 사이즈는?

ナナ : すみません。 여기요. 1 6-14 ⑮

このシャツのサイズは
何(なん)ですか。

이 셔츠, 사이즈는 무엇입니까?

店員(てんいん) : このシャツは、フリーサイズです。 2

이 셔츠는 프리사이즈입니다.

ナナ : 着(き)てみてもいいですか。 3

입어 봐도 됩니까?

値段(ねだん) 가격　税込(ぜいこ)み 세금 포함　サイズ 사이즈　この 이　シャツ 셔츠　着(き)る (옷을)입다

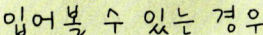

입어볼 수 있는 경우

はい、こちらの試着室で、どうぞ。 **4**
예, 이쪽 탈의실에서, 갈아입으세요.

입어보고 만족했다면…

6-**15** ⑯

ぴったりですね。 **1**
딱 맞네요.

よくお似合いですよ。
잘 어울려요.

そうですか。 **2**
그래요?

これにします。
이것으로 하겠습니다.

입어보고 만족하지 않았다면…

後で、また、来ます。 **3**
다음에 다시 오겠습니다.

こちら 이쪽　試着室(しちゃくしつ) 탈의실　ぴったり 잘 맞는 모양, 딱, 꼭　よく 잘
似合(にあ)う 어울리다, 잘 맞다　後(あと)で 다음에　また 또, 다시　来(く)る 오다

もう わけ
申し訳ございませんが、
シャツはちょっとできません。 ①

죄송합니다만, 셔츠는 좀 불가능합니다.

そうですか。 그래요? ②
あ
合わなかったら、どうしよう。

맞지 않으면, 어쩌지?

きゃくさま
お客様にぴったりだと
おも
思いますよ。 ③

손님께 딱 맞을 거라고 생각해요.

そうですか。 그래요? ④
じゃ、ください。 그럼, 주세요.

か あ
お買い上げ、
ありがとうございます。 ⑤

구입해 주셔서, 감사합니다.

ちょっと 조금, 약간　できる 가능하다, 할 수 있다　合(あ)う 맞다　お客(きゃく) 손님
思(おも)う 생각하다　買(か)い上(あ)げ 구매

구두 사기 6-⑰ ⑱

신발은 靴구두, 또는 シューズ슈즈라고도 한다.

運動靴운동화

スニーカー스니커즈

ブーツ부츠

ハイヒール하이힐

サンダル샌들

フラットシューズ
플랫슈즈

スリッパ슬리퍼

ぺたんこ靴납작한구두라고도 한다.

どうぞ、はいてみてもいいですよ。①
자, 신어봐 주세요.

あ、そうですか。②
아, 그래요?

24下さい。
24 주세요.

신발의 경우
단위를 センチメートル
센티미터(cm)로 쓰므로,
235(mm) → 23.5(cm)
240(mm) → 24(cm)
로 말해야 한다.

はく (하의를)입다. 신다   〜てもいい 〜해도 좋다、〜해도 된다

ちょっと、大<small>おお</small>きいですね。①

좀 크네요.

一<small>ひと</small>つ、下<small>した</small>のサイズありますか。

하나, 아래 사이즈 있습니까?

ちょっと、小<small>ちい</small>さいですね。②

좀 작네요.

一<small>ひと</small>つ、上<small>うえ</small>のサイズありますか。

하나, 위 사이즈 있습니까?

구두가 작을 경우에는

보통 발끝이 꼭 끼는 경우이므로,

爪先<small>つまさき</small>がちょっときついです。③

발끝이 좀 꼭 끼네요.

라고도 한다.

ちょっと 좀, 조금   大(おお)きい 크다   一(ひと)つ 한 개   下(した) 아래   ある 있다
小(ちい)さい 작다   上(うえ) 위   爪先(つまさき) 발끝, 발가락 끝   きつい 꼭 끼다

맞는 사이즈의 신발이 없을 때　6-**19**　㉑

<ruby>申<rt>もう</rt></ruby>し<ruby>訳<rt>わけ</rt></ruby>ございません。[1]
죄송합니다.

ただ<ruby>今<rt>いま</rt></ruby>、<ruby>在庫<rt>ざいこ</rt></ruby>がございません。
지금, 재고가 없습니다.

<ruby>残念<rt>ざんねん</rt></ruby>ですね。[2]
아쉽네요.

맞는 사이즈의 신발이 있을 때　6-**20**　㉑

どうぞ、はいてみてください。[1]
자, 신어봐 주세요.

ぴったりです。[2]
딱 맞습니다.

これにします。
이것으로 하겠습니다.

ただ今(いま) 지금, 현재　在庫(ざいこ) 재고　残念(ざんねん) 유감스러움, 아쉬움　はく (하의를)입다, 신다
ぴったり 딱 맞음　これ 이거

ポーチ 파우치

ショルダーバッグ 숄더백

トートバッグ 토트백

かごバッグ 바구니백

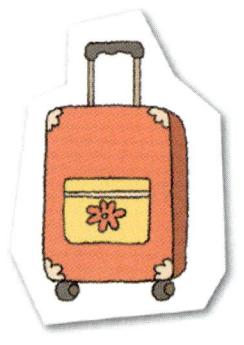

リュック 배낭

ボストンバッグ 보스턴백

スーツケース 슈트케이스

サイフ

財布(さいふ)지갑의 종류에는 長財布(なかさいふ)장지갑과 折り財布(お さいふ)접는 지갑이 있는데, 접는 지갑에는 二つ折り財布(ふた お さいふ)반지갑과 三つ折り財布(みっ お さいふ)3단 지갑이 있다. '동전지갑'은 小銭入れ(こぜにい), '명함지갑'은 名刺入れ(めいしい), '키케이스'는 キーケース 라고 한다.

소품 매장에서

ネックレス 목걸이

リング・指輪_{ゆびわ} 반지

ブレスレット 팔찌

ブローチ 브로치

イヤリング 귀걸이

金_{きん}(= ゴールド) 금	銀_{ぎん}(= シルバー) 은
ホワイトゴールド 백금	ダイヤモンド 다이아몬드
真珠_{しんじゅ}(= パール) 진주	ルビー 루비
キュービック 큐빅	アクセサリー 액세서리

サングラス 선글라스

帽子_{ぼうし} 모자

ベルト 벨트

6 쇼핑은 즐거워 163

쇼핑할 때 필요한 기본 표현 6-21 24

**かぶってみても
いいですか。** 1
써 봐도 됩니까?

着<ruby>き</ruby>てみてもいいですか。 2
입어 봐도 됩니까?

**はいてみても
いいですか。** 3
입어 봐도 됩니까?

**はいてみても
いいですか。**
신어 봐도 됩니까?

つけてみても
いいですか。 ④
껴 봐도 됩니까?

かけてみても
いいですか。 ⑤
걸어 봐도 됩니까?

はめてみても
いいですか。 ⑥
껴 봐도 됩니까?

かけてみてもいいですか。
메 봐도 됩니까?

はめてみても
いいですか。
껴 봐도 됩니까?

마음에 드는 물건을 골랐는데, 색깔이 마음에 들지 않을 경우

ほかの色はありませんか。

다른 색은 없습니까?

赤(= レッド)_{빨강}

青(= ブルー)_{파랑}

黄色(= イエロー)_{노랑}

黒(= ブラック)_{검정}

白(= ホワイト)_흰

グレー _{회색}

肌色 _{살구색}

ベージュ _{베이지}

オレンジ _{오렌지}

緑(= グリーン)_{녹색}

紫(= パープル)_{보라}

ピンク _{핑크}

無地はありませんか。

무늬가 없는 것은 없습니까?

無地 무늬가 없음

ストライプ 스트라이프, 줄무늬

横 가로

縦 세로

ボーダー柄 보더무늬

花柄 꽃무늬

チェック 체크

Vネック V넥

クルーネック 라운드넥

タートルネック 터틀넥

セーラー カラー
세일러 칼라

チャイナ カラー
차이나 칼라

スタンド カラー
스탠드 칼라

큰 사이즈를 원할때

もっと大_{おお}きいの、ありませんか。

좀 더 큰 것 없습니까?

작은 사이즈를 원할때

ちょっと小_{ちい}さいの、ありませんか。

조금 작은 것 없습니까?

사이즈는 보통

S エス　→　スモールサイズ

M エム　→　ミドルサイズ

L エル　→　ラージサイズ

フリーサイズ _{프리사이즈}

로 나눈다.

もっと 더, 좀 더　大(おお)きい 크다　ある 있다　ちょっと 조금　小(ちい)さい 작다

진열되어 있는 물건 사고 싶지 않을 때!!!

これ、新(あたら)しいのがほしいんですけど。 6-㉖ ㉙
이거, 새 것 주세요.

있을 때

はい、ございます。 예, 있습니다. 1

少々(しょうしょう)お待(ま)ちください。 잠시만 기다려 주세요.

すぐ、お持(も)ちします。 바로 가져오겠습니다. 2

없을 때

申(もう)し訳(わけ)ございません。今(いま)、それしか残(のこ)っておりません。 3
죄송합니다. 지금 그것밖에 남아 있지 않습니다.

あ、そうですか。 아, 그래요?
仕方(しかた)ありませんね。これ、ください。 4
어쩔 수 없군요. 이거, 주세요.

사지 않을 경우에는
それじゃ、いいです。 그럼, 됐습니다. 5

新(あたら)しい 새롭다, 새것이다   ほしい 갖고 싶다   ございます 「あります 있습니다」의 겸양어
少々(しょうしょう) 잠시   待(ま)つ 기다리다   すぐ 곧, 즉시   持(も)つ 들다, 가지다   今(いま) 지금
それ 그거   しか ～밖에   残(のこ)る 남다   仕方(しかた) 하는 방법, 수단   それじゃ 그럼

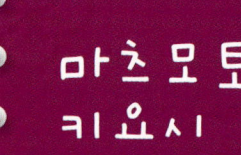

마츠모토
키요시

マツモトキヨシ^{마츠모토키요시}는 化粧品^{けしょうひん}^{화장품}과 각종 미용용품, 그리고 医薬品^{いやくひん}^{의약품} 등을 파는 곳으로 支店^{してん}^{지점}이 많아 어느 지역에서나 쉽게 볼 수 있다.

③⓪
6-㉗
商品^{しょうひん}があふれている。
상품이 넘쳐난다.

또 엄청 사겠네.

우린 그럴 여유가 없다고.

支店^{してん}によって、同^{おな}じ商品^{しょうひん}でも、 ㉛
値段^{ねだん}の差^さがある場合^{ばあい}もある。 6-㉘
지점에 따라 같은 상품이라도 가격의 차가 있을 경우도 있다.

�32
買^かう前^{まえ}に値段^{ねだん}の比較^{ひかく}をしよう。 6-㉙
사기 전에 가격 비교를 하자.

商品(しょうひん) 상품　あふれる 넘쳐나다　支店(してん) 지점　同(おな)じ 같음　値段(ねだん) 가격
差(さ) 차이　場合(ばあい) 경우　買(か)う 사다　~前(まえ)に ~전에　比較(ひかく) 비교

スキンケア 스킨케어 제품 ⟨33⟩

基礎化粧品(きそけしょうひん)^{기초화장품}이라고도 불리는 スキンケア^{스킨케어}는
洗顔料(せんがんりょう)^{세안제}, メイク落(お)とし(= クレンジング)^{클렌징}, 化粧水(けしょうすい)^{화장수},
美容液(びようえき)^{미용액}, 乳液(にゅうえき)^{유액}, クリーム^{크림} 등으로 肌(はだ)^{피부} 자체의 관리를 목표로 하는 化粧品(けしょうひん)^{화장품}
을 말한다.

洗顔料(せんがんりょう)^{세안제} & メイク落(お)とし(= クレンジング)^{클렌징}

洗顔料(せんがんりょう)는 化粧(けしょう)^{화장}을 하지 않은 素顔(すがお)^{맨얼굴}을 닦는 세안제품이고,
メイク落(お)とし는 화장한 얼굴을 닦는 세안제품이다.
세안제 중에는 화장을 지우는 メイク落(お)とし의 기능을 겸한 제품도
있다.

구입 할 때 알아야 할 표현 ⟨34⟩

- ★ ウォッシング・フォーム 워싱 폼
- ★ オイル・クレンジング 오일 클렌징
- ★ たっぷりの泡(あわ) 풍부한 거품
- ★ ミルク状(じょう) 밀크타입
- ★ 皮脂(ひし) 피지
- ★ 汚(よご)れ 오염
- ★ 洗(あら)う 씻다, 닦다
- ★ 落(お)とす (화장 등을)지우다, 씻다

化粧水^{화장수}

洗顔^{세안} 후 皮膚^{피부}에 水分^{수분}을 補給^{보급}하는 化粧品^{화장품}으로 スキンローション^{스킨로션}, トナー^{토너}, トニック^{토닉} 등으로 불리기도 한다.

美容液^{미용액}

保湿成分^{보습성분}이나 美白成分^{미백성분}인 美容成分^{미용성분}이 濃縮^{농축}되어 配合^{배합}되어 있다. 화장수를 바른 후, 유분성분이 있는 화장품을 바르기 전에 바르는 것이 좋다.

乳液^{유액}

화장수로 보충 받지 못한 水分^{수분}, 또는 화장품으로는 보충 받지 못하는 油分^{유분}, 栄養^{영양} 등을 보충하고, 화장수로 얻은 수분의 蒸発^{증발}을 防ぐ^{방지한다}.

クリーム^{크림}

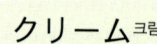

ミネラルオイル^{미네랄오일}, ワセリン^{바셀린}, オリーブ油^{올리브오일} 등의 油分^{유분}과 水分^{수분}, 그리고 乳化剤^{유화제}, 保湿剤^{보습제}, 防腐剤^{방부제}, 香料^{향료}가 基本的^{기본적}인 成分^{성분}이다.

クレーム, スキンフード라고도 부른다.

유액을 바른 뒤에 바른다.

肌 피부

* 素肌 (화장하지 않은)맨살, 맨얼굴
* オイリー肌 지성 피부
* ノンオイリー 오일프리
* かさつく (각질 등으로 인해 피부가)까칠까칠하다
* べたつく 끈적거리다
* テカリ 번들거림
* ハリ 땅김
* 角質層 각질층
* すみずみ 구석구석
* 毛穴 모공
* きめ 피부결
* しみ 검버섯
* しわ 주름
* 小じわ 잔주름
* たるみ 늘어짐
* 肌あれ 거친 피부
* にきび 여드름
* むくみ 부종
* クマ 다크서클
* くすみ 거무칙칙함, 기미
* さっぱり 기분이 개운한 모양, 산뜻이, 시원히
* すっきり 산뜻이
* みずみずしい 윤기가 있고 싱싱하다
* すべすべ 반들반들
* つるつる 매끈매끈, 반들반들
* しっとり 촉촉하게
* うるおい 촉촉
* セラミド 세라미드
* はたらき 작용
* 無香料 무향료
* 無着色 무착색

* 混合肌 복합성 피부
* ドライ肌 건성 피부
* かさかさ 까칠까칠, 꺼칠꺼칠

肌あれにくすみまで…。 6-㉚
거친 피부에 칙칙함까지….

누구세요???

メイクアップ 메이크업 제품

ベース 메이크업베이스

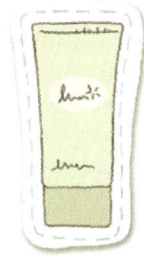

ファンデーション 파운데이션

パウダー 파우더

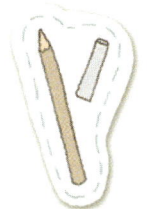

コンシーラー 컨실러

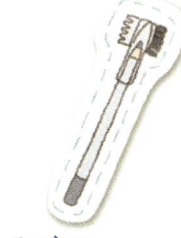

アイブロー 아이브로우

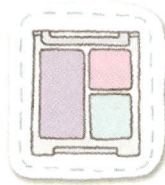

アイシャドー 아이섀도

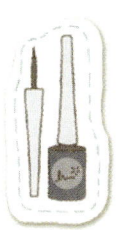

アイライン 아이라인

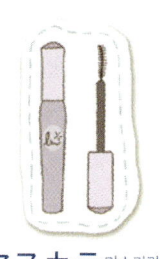

マスカラ 마스카라

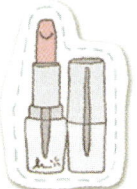

くちべに
口紅(= リップスティック) 립스틱

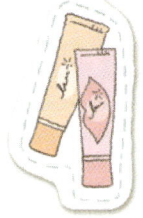

リップグロス 립글로즈

제품에 따라

リキッドタイプ ^{리퀴드타입}

クリームタイプ ^{크림타입}

ペンシル ^{펜슬}

スティックタイプ ^{스틱타입}

チューブタイプ ^{튜브타입}

등이 있어요.

日焼け止め ^{썬 크림}

シートマスク ^{시트마스크}

あぶらとり紙 ^{기름종이}

ものによっては、日本の方が
もっとやすいね。 6-31

물건에 따라서는 일본 쪽이 훨씬 싸네.

이걸 다 어떻게 가져가려고?

もの 물건   ～によって ～에 따라서   日本(にほん) 일본   方(ほう) 쪽   もっと 더, 좀더   やすい 값이 싸다

袋<ruby>ふくろ</ruby>がこんなに多<ruby>おお</ruby>くなっちゃった。
봉투가 이렇게 많아졌다.

どうしよう。 6-㉜ ㊴
어쩌지?

デパート(=百貨店<ruby>ひゃっかてん</ruby>)백화점이나 ショッピングモール쇼핑몰 등에는(주로 1층에)
紙袋<ruby>かみぶくろ</ruby>の自販機<ruby>じはんき</ruby>쇼핑백 자판기가 있으므로, 쇼핑백이 필요할 경우에 이용해 보자.

こんなのがあるんだ。 6-㉝ ㊵
이런 게 있구나.

袋(ふくろ) 봉투   こんなに 이렇게   多(おお)い 많다   こんな 이런   ある 있다

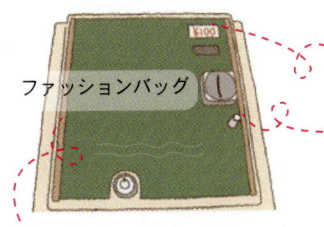

ファッションバッグ

100円硬貨専用 _{えんこうかせんよう} 100엔 동전 전용

もどしボタン 반환버튼

ファッションバッグ 패션백

バッグの取り方 _{とかた} 백 빼는 법

投入金額 _{とうにゅうきんがく} 투입금액 을 확인하고 お金を入れる _{かねい} 돈을 넣는다.

バッグのヒモを両手で上に引上げる。 _{りょうて うえ ひきあ}
백의 끈을 두 손으로 위로 끌어 올린다.

⁴¹ 6-34

끝!!

次は、どこに行こうかな〜。 _{つぎ い}
다음은 어디로 갈까?

⁴² 6-35

아!

バッグ 백   ヒモ 끈   両手(りょうて) 양손   上(うえ) 위   引上(ひきあ)げる 끌어올리다   次(つぎ) 다음
どこ 어디   行(い)く 가다

6 쇼핑은 즐거워 177

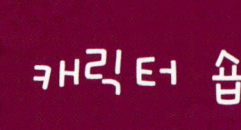

캐릭터 숍

キャラクターショップ _{캐릭터 숍}에서 友だち _{친구들}의 お土産 _{선물}사기.

와~ キデイランド _{키디랜드}다.

どれもかわいい。 6-③
전부 귀여워.

このぬいぐるみ、ほしい。
이 봉제인형 갖고 싶다.

Tip

'인형'은 「人形」_{にんぎょう}라고 하는데, 이것은 사람의 모양을 하고 있는 인형을 말한다.
「ぬいぐるみ」는 천으로 만들어져 안에 솜 같은 것을 넣은 '봉제인형'을 말한다.

どれ 어느 것　かわいい 귀엽다, 예쁘다　この 이　ぬいぐるみ 봉제인형　ほしい 갖고 싶다, 탐나다

この折畳み傘、かわいい。 6-③⑦ ㊹

이 접는 우산 귀여워.

これは、買わなきゃ…。

이건 사야 해.

'우산'은「傘」, '접는 우산'은「折畳み傘」라고 한다.

친구들에게 줄 お土産선물 주는…

キーホルダー열쇠고리와 ケータイストラップ휴대폰줄 그리고
ハンドタオル(= タオルハンカチ)핸드타월을 사자.

どれもかわいいから、迷っちゃうね。 6-③⑧ ㊺

전부 귀여워서, 망설여지네.

Tip

여기서 잠깐!!!

일본어로 '휴대폰'은 携帯電話휴대전화인데, 줄여서「けいたい」라고 한다.
이것이 하나의 단어의 형태로「ケータイ」라고 쓰이고 있다.

折畳(おりたた)み傘(かさ) 접는 우산   迷(まよ)う 망설이다

서점에서

紀伊国屋^{키노쿠니야}와 ブックオフ^{북오프}에서 책도 좀 보자.

키노쿠니야는 일본의 대표적인 大手書店^{대형 서점}이고, 북오프는 중고서적을 취급하는 古本屋^{헌책방}인데, 전국적으로 체인점이 있을 정도로 그 규모가 매우 크다.

おまえ、読めるのか。　6-39 ④⑥
너, 읽을 수 있어?

漫画^{만화}, 雑誌^{잡지}, 写真集^{사진집}은 일본어를 몰라도 상관없다고….

写真と絵だけ見てもいいんじゃない。　6-40 ④⑦
사진이랑 그림만 봐도 좋잖아.

おまえ 너　読(よ)む 읽다　写真(しゃしん) 사진　絵(え) 그림　見(み)る 보다　いい 좋다

서점에 들어가면, 먼저 **フロアガイド**층별안내를 보자. ㊽

8	<ruby>学習参考書<rt>がくしゅうさんこうしょ</rt></ruby>학습참고서 <ruby>絵本<rt>えほん</rt></ruby>그림책 <ruby>児童書<rt>じどうしょ</rt></ruby>아동서
7	<ruby>地図<rt>ちず</rt></ruby>지도 <ruby>地形図<rt>ちけいず</rt></ruby>지형도 <ruby>旅行<rt>りょこう</rt></ruby>ガイド 여행가이드 <ruby>語学<rt>ごがく</rt></ruby>어학 <ruby>辞書<rt>じしょ</rt></ruby>사전 <ruby>洋書<rt>ようしょ</rt></ruby>양서 <ruby>電子辞書<rt>でんしじしょ</rt></ruby>전자사전
6	<ruby>芸術<rt>げいじゅつ</rt></ruby>예술 <ruby>写真集<rt>しゃしんしゅう</rt></ruby>사진집 <ruby>楽譜<rt>がくふ</rt></ruby>악보 <ruby>演劇<rt>えんげき</rt></ruby>연극 <ruby>趣味<rt>しゅみ</rt></ruby>취미 スポーツ 스포츠 <ruby>料理<rt>りょうり</rt></ruby>요리 <ruby>実用書<rt>じつようしょ</rt></ruby>실용서
5	<ruby>教育<rt>きょういく</rt></ruby>교육 <ruby>心理<rt>しんり</rt></ruby>심리 <ruby>哲学<rt>てつがく</rt></ruby>철학 <ruby>宗教<rt>しゅうきょう</rt></ruby>종교 <ruby>歴史<rt>れきし</rt></ruby>역사 <ruby>文芸評論<rt>ぶんげいひょうろん</rt></ruby>문예평론 <ruby>詩<rt>し</rt></ruby>시 <ruby>俳句<rt>はいく</rt></ruby>하이쿠
4	<ruby>医学<rt>いがく</rt></ruby>의학 <ruby>看護<rt>かんご</rt></ruby>간호 <ruby>理学<rt>りがく</rt></ruby>이학 <ruby>工学<rt>こうがく</rt></ruby>공학 <ruby>建築<rt>けんちく</rt></ruby>건축 <ruby>土木<rt>どぼく</rt></ruby>토목
3	ビジネス 비즈니스 <ruby>就職<rt>しゅうしょく</rt></ruby>취업 <ruby>経済<rt>けいざい</rt></ruby>경제 <ruby>社会<rt>しゃかい</rt></ruby>사회 <ruby>法律<rt>ほうりつ</rt></ruby>법률 <ruby>政治<rt>せいじ</rt></ruby>정치 コンピューター 컴퓨터
2	<ruby>雑誌<rt>ざっし</rt></ruby>잡지 <ruby>文庫<rt>ぶんこ</rt></ruby>문고 <ruby>親書<rt>しんしょ</rt></ruby>신간(서적) <ruby>催事場<rt>さいじじょう</rt></ruby>특별 행사장
1	<ruby>新刊<rt>しんかん</rt></ruby>신간(잡지) <ruby>文学<rt>ぶんがく</rt></ruby>문학 <ruby>化石<rt>かせき</rt></ruby>화석 <ruby>鉱物標本<rt>こうぶつひょうほん</rt></ruby>광물표본

㊾ 6-㊶
<ruby>一階<rt>いっかい</rt></ruby>、<ruby>二階<rt>にかい</rt></ruby>、<ruby>六階<rt>ろっかい</rt></ruby>だけ<ruby>行<rt>い</rt></ruby>こう。

1층, 2층, 6층만 가자.

一階(いっかい) 1층　二階(にかい) 2층　六階(ろっかい) 6층　行(い)く 가다

漫画^{まんが}만화

読^よめるかどうかわからないけど
一冊^{いっさつ}だけ買^かおう。 6-42 50

읽을 수 있을지 없을지 모르겠지만, 한 권만 사자.

서점에서 만화나 잡지류는 ビニール^{비닐}에 싸여 있어서, 内容^{ないよう}내용을 확인할 수는 없다. 表紙^{ひょうし}표지만 보고 살 수 밖에….

雑誌^{ざっし}잡지에는 週刊誌^{しゅうかんし}주간지와 月刊誌^{げっかんし}월간지가 있다.

やっぱり、ここでもなかは見^みられないね。 51 6-43

역시 여기서도 안은 볼 수 없군.

写真集^{しゃしんしゅう}사진집도 사기 전에는 안을 볼 수 없는 건 마찬가지….

読(よ)む 읽다　一冊(いっさつ) 한 권　～だけ ～만　買(か)う 사다　やっぱり 역시　なか 안, 속
見(み)る 보다

이제 물건 계산은 문제없다고 생각했는데…
서점에서는 뭐라고 물어봐서 순간 당황했다.

ブックカバーをつけますか。①

북 커버 씌워 드릴까요?

YES의 경우

はい、つけてください。②

예, 씌워 주세요.

NO의 경우

いいえ、結構(けっこう)です。③

아니요, 됐습니다.

간혹 친절한 서점 직원은…

しおりはこちらに挟(はさ)んでおきますね。④

책갈피는 여기다 끼워 두겠습니다.

라며, 책갈피를 책 사이에 끼워준다.
그럼,

はい、どうも。 예, 감사합니다. ⑤

라고 하면 된다.

ブックカバー 책 커버   つける 씌우다   結構(けっこう) 만족스러움, 이제 됐음(사양)   しおり 책갈피
挟(はさ)む 끼우다

쇼핑 후 피로 풀기

足、痛い。다리 아파. 6-45

もう、歩けない。더 이상 못 걸어.

マツモトキヨシ마츠모토키요시와 같이 미용용품 등을 파는 곳에서 입욕제와 다리용 습포제를 사서 피로를 풀자.

入浴剤입욕제

足用シップ다리용 습포제

입욕제 구입 할 때 알아야 할 표현 54

★ 疲れ 피로

★ ほっそり 홀쭉한 모양, 호리호리

★ ホッと 긴장이 풀려 마음을 놓는 모양

★ 温泉水 온천수

★ 爽快 상쾌

★ ラベンダー 라벤더

★ ライム 라임

★ 樹木 수목

★ フローラル 후로랄

★ だるさ 나른함

★ ぐったり 녹초가 됨, 축 늘어짐

★ リラックス 릴랙스

★ 汗かいてスッキリ 땀 흘린 후 상쾌해지다

★ しっとり 촉촉하게

★ ローズマリー 로즈마리

★ レモン 레몬

★ ローズ(= バラ) 장미

★ なめらか 매끄러움

★ オレンジ 오렌지

★ ゆず 유자

★ ハーブ 허브

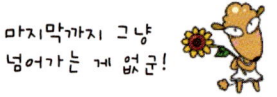
마지막까지 그냥 넘어가는 게 없군!

입욕제를 푼 **お風呂** 욕조 에서

お風呂に入る。 목욕을 한다. 6-46

무슨 파스가
접착력이 이렇게 강하지?

足にシップを貼る。 다리에 습포제를 붙인다. 6-47

シップ 습포제 는 한자로 **湿布** 로
'찜질', 또는 '찜질을 하는 헝겊'을
말한다.
우리나라의 '파스'와 같다고
생각하면 된다.

寝る。 잔다.

翌日 다음날

すっきり。 개운해.

앗! 파스 뗐더니…

비행기 시간 늦겠다.
빨리 가자.

우리 또
오는 거지?

6 쇼핑은 즐거워 **185**

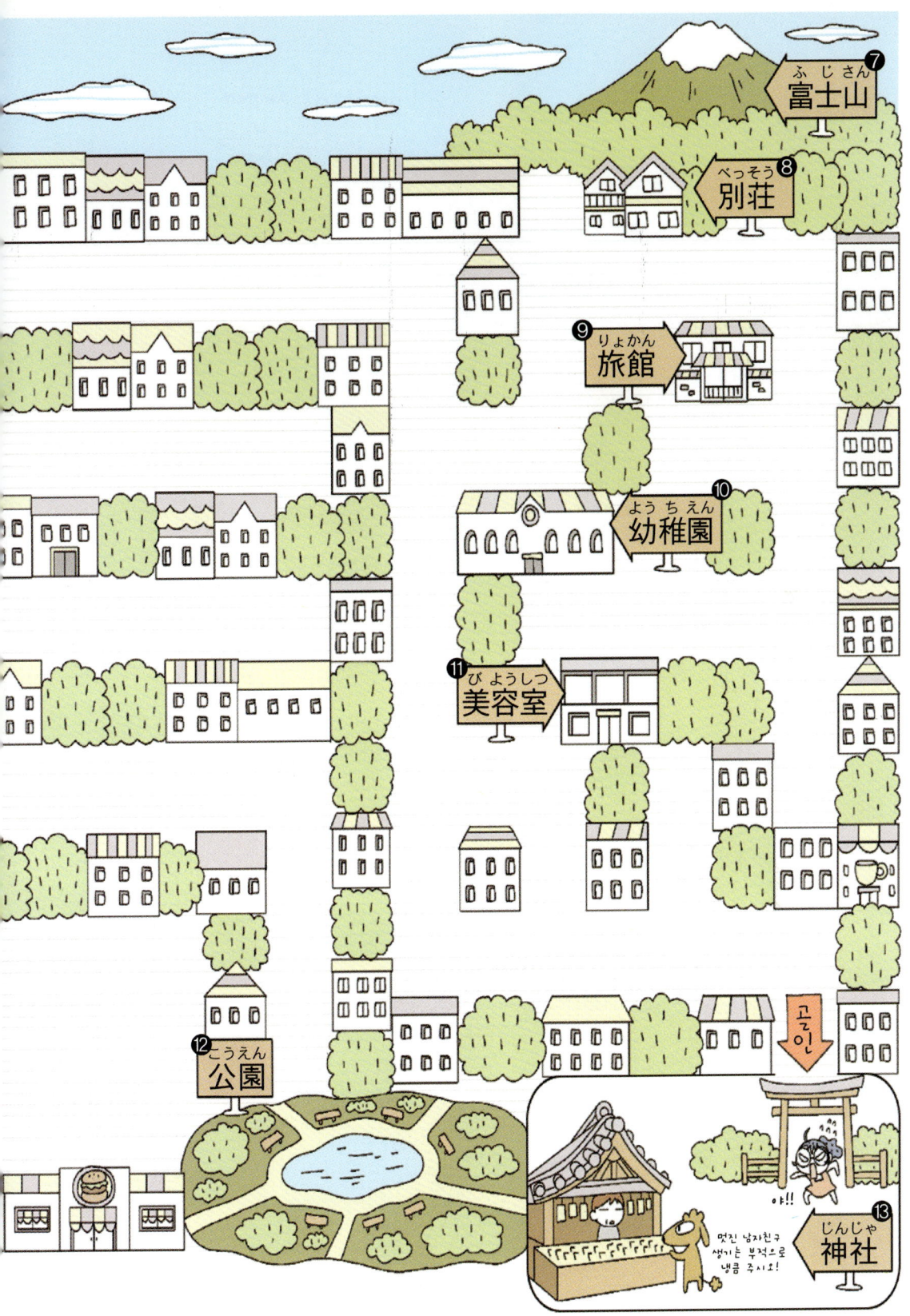

⑦ ふじさん 富士山

⑧ べっそう 別荘

⑨ りょかん 旅館

⑩ ようちえん 幼稚園

⑪ びようしつ 美容室

곧인

⑫ こうえん 公園

야!!

멋진 남자친구 생기는 부적으로 냉큼 주시오!

⑬ じんじゃ 神社

정답

숨은 그림 찾기 정답

▶26페이지

えんぴつ 연필　ボタン 단추
くつ 구두
よつばのクローバー 네잎 클로버
さんかくじょうぎ 삼각자

▶50페이지

さかな 생선　つえ 지팡이
ハート 하트　ちょう 나비
きのこ 버섯

▶102페이지

ねずみ 쥐　かびん 꽃병
ほね 뼈　せんす 부채
かも 오리

뽀꼬 찾기 정답

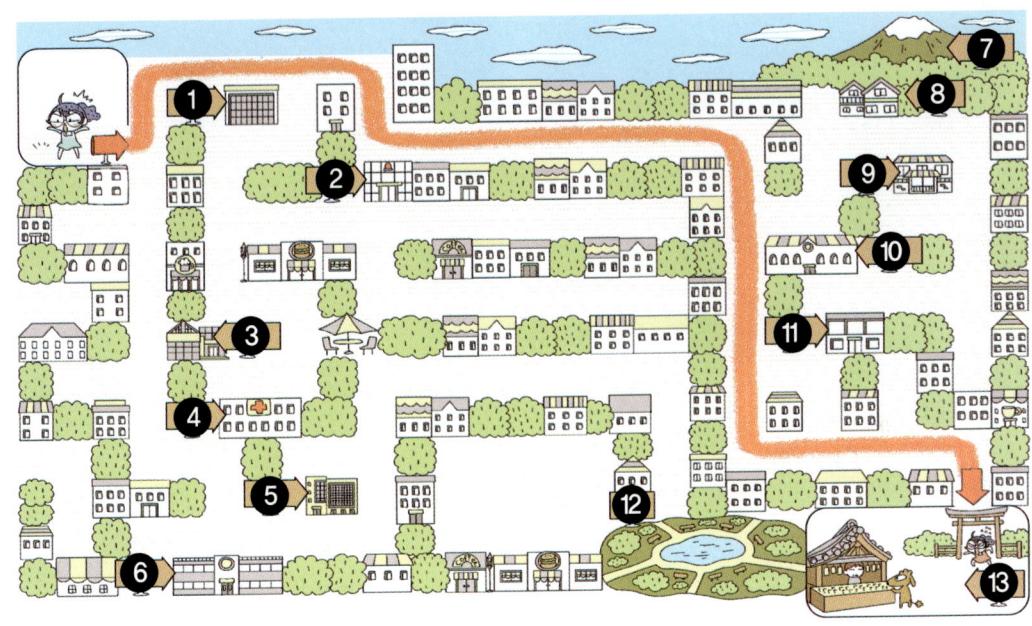

❶ ぎんこう **銀行** 은행

❷ こうばん **交番** 파출소

❸ ゆうびんきょく **郵便局** 우체국

❹ びょういん **病院** 병원

❺ **デパート** 백화점

❻ がっこう **学校** 학교

❼ ふじさん **富士山** 후지산

❽ べっそう **別荘** 별장

❾ りょかん **旅館** 료칸(일본식 온천 여관)

❿ ようちえん **幼稚園** 유치원

⓫ びようしつ **美容室** 미용실

⓬ こうえん **公園** 공원

⓭ じんじゃ **神社** 신사

일미리 일본어 첫걸음

저자 | 커뮤니케이션 일본어연구회
초판 1쇄 인쇄 | 2008년 7월 30일
초판 2쇄 발행 | 2009년 1월 19일

발행인 | 박효상
편집 | 김진아, 신제찬
영업 | 이종선, 이태호
그림 | 오이랑
표지 디자인 | 장선숙
본문 디자인 | 북心
출판등록 | 제10-1835호
발행처 | 사람in
주소 | 121-839 서울시 마포구 서교동 379-10
전화 | 02) 338-3555(代)
팩스 | 02) 338-3545
E-mail | saramin@netsgo.com
Homepage | www.saramin.com

* 책값은 뒤표지에 있습니다.
* 파본은 바꿔 드립니다.

ISBN 978-89-6049-082-6

일본어
문법
첫걸음

커뮤니케이션 일본어 연구회 지음·오이랑 그림

사람in

CONTENTS

일본어 문법 첫걸음

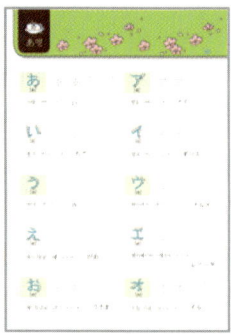

★ Part1 일본어 펜맨십

- ★ 일본어 문자 「ひらがな」 「カタカナ」를 정확하게 쓸 수 있는 일본어 펜맨십을 수록하였습니다.
- ★ 일본인 선생님의 정확한 발음을 들을 수 있으며, 각각의 음에 해당하는 단어를 함께 소개하였습니다.
- ★ 각각의 음과 음에 해당하는 단어, 그리고 단어의 뜻까지 녹음되어 있어, 듣는 것만으로도 단어를 외울 수 있습니다.
- ★ 일본어 단어의 한국어 발음표기는 일본어와 가장 가까운 발음으로 표기하였습니다.

★ Part2 일본어 기초 문법 정리

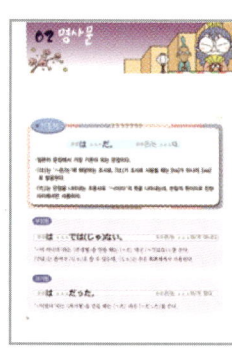

- ★ 초급과정에서 알아야 할 일본어 문법을 체계적으로 정리하여 수록하였습니다.
- ★ 일본인 선생님과 일본어 선생님의 강의를 들으며, 일본어 기초 문법을 확실하게 학습할 수 있습니다.
- ★ 반복하여 듣는 것만으로, 일본어 기초 문법을 쉽게 마스터할 수 있습니다.

★ Part3 일미리 첫걸음 상세 해설

- ★ [일미리 일본어 첫걸음]에서 재밌게 읽었던 내용을 학습적으로 접근하였으며, 일본어 선생님의 자세한 설명을 덧붙여, 이해를 쉽게 하였습니다.
- ★ 본문의 내용을 떠올리며 듣는 것만으로도 반복학습이 가능한 오디오 강의를 들을 수 있습니다.

여기서 한 가지 더!

MP3 CD 활용법

- [일본어 문법 첫걸음]의 내용은 CD를 듣는 것만으로도 일본어 발음에서 문법까지 마스터할 수 있게 구성되어 있습니다. Part1에서는 일본어 발음과 기본 단어 학습, Part2에서는 일본어 기초 문법 학습을 할 수 있고, Part3에서는 [일미리 일본어 첫걸음]의 내용을 다시 한 번 들으면서 문장의 뜻과 문법적 설명까지 함께 들을 수 있습니다.
- CD에 담겨 있는 내용은 사람in 홈페이지(www.saramin.com)에서 다운로드 받을 수 있습니다.

Part 1

일본어 펜맨십

五十音図 오십음도

ひらがな히라가나

あ a 아	**い** i 이	**う** u 우	**え** e 에	**お** o 오
か ka 카	**き** ki 키	**く** ku 쿠	**け** ke 케	**こ** ko 코
さ sa 사	**し** si 시	**す** su 스	**せ** se 세	**そ** so 소
た ta 타	**ち** chi 치	**つ** tsu 츠	**て** te 테	**と** to 토
な na 나	**に** ni 니	**ぬ** nu 누	**ね** ne 네	**の** no 노
は ha 하	**ひ** hi 히	**ふ** hu 후	**へ** he 헤	**ほ** ho 호
ま ma 마	**み** mi 미	**む** mu 무	**め** me 메	**も** mo 모
や ya 야		**ゆ** yu 유		**よ** yo 요
ら ra 라	**り** ri 리	**る** ru 루	**れ** re 레	**ろ** ro 로
わ wa 와				**を** o 오
ん m,n,ŋ 응				

カタカナ 가타카나

ア	イ	ウ	エ	オ
a 아	i 이	u 우	e 에	o 오
カ	キ	ク	ケ	コ
ka 카	ki 키	ku 쿠	ke 케	ko 코
サ	シ	ス	セ	ソ
sa 사	si 시	su 스	se 세	so 소
タ	チ	ツ	テ	ト
ta 타	chi 치	tsu 츠	te 테	to 토
ナ	ニ	ヌ	ネ	ノ
na 나	ni 니	nu 누	ne 네	no 노
ハ	ヒ	フ	ヘ	ホ
ha 하	hi 히	hu 후	he 헤	ho 호
マ	ミ	ム	メ	モ
ma 마	mi 미	mu 무	me 메	mo 모
ヤ		ユ		ヨ
ya 야		yu 유		yo 요
ラ	リ	ル	レ	ロ
ra 라	ri 리	ru 루	re 레	ro 로
ワ				ヲ
wa 와				o 오
ン				
m,n,ŋ 응				

あ [a]　あ　あ　あ　あ　あ

※ 사랑 : [아이] → ☐ い

ア [a]　ア　ア　ア　ア　ア

※ 얼음 : [아이스] → ☐ イス

い [i]　い　い　い　い　い

※ 딸기 : [이치고] → ☐ ちご

イ [i]　イ　イ　イ　イ　イ

※ 영국 : [이기리스] → ☐ ギリス

う [u]　う　う　う　う　う

※ 바다 : [우미] → ☐ み

ウ [u]　ウ　ウ　ウ　ウ　ウ

※ 바이러스 : [우이루스] → ☐ イルス

え [e]　え　え　え　え　え

※ 웃는 얼굴 : [에가오] → ☐ がお

エ [e]　エ　エ　エ　エ　エ

※ 엘리베이터 : [에레베-타-] →

☐ レベーター

お [o]　お　お　お　お　お

※ 왕, 임금님 : [오우사마] → ☐ うさま

オ [o]　オ　オ　オ　オ　オ

※ 오일, 기름 : [오이루] → ☐ イル

 **か** [ka]　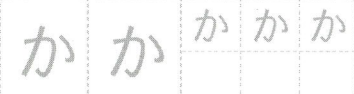

* 우산 : [카사] → ☐ さ

 **カ** [ka]　カ　カ　カ　カ　カ

* 카메라 : [카메라] → ☐ メラ

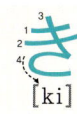 **き** [ki]　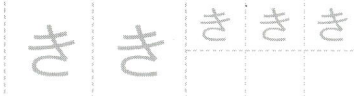

* 버섯 : [키노코] → ☐ のこ

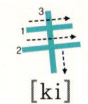 **キ** [ki]　キ　キ　キ　キ　キ

* 키스 : [키스] → ☐ ス

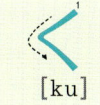 **く** [ku]　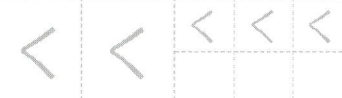

* 구름 : [쿠모] → ☐ も

ク [ku]　ク　ク　ク　ク　ク

* 크리스마스 : [쿠리스마스] → ☐ リスマス

 **け** [ke]　

* 경치 : [케시키] → ☐ しき

 ケ [ke]　ケ　ケ　ケ　ケ　ケ

* 케이크 : [케-키] → ☐ ーキ

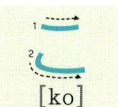 **こ** [ko]　

* 아이 : [코도모] → ☐ ども

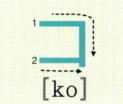 **コ** [ko]　コ　コ　コ　コ　コ

* 커피 : [코-히-] → ☐ ーヒー

さ [sa]　さ　さ　さ　さ　さ

＊ 접시 : [사라] → ☐ ら

サ [sa]　サ　サ　サ　サ　サ

＊ 서비스 : [사―비스] → ☐ ―ビス

し [si]　し　し　し　し　し

＊ 시합 : [시아이] → ☐ あい

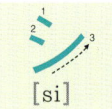
シ [si]　シ　シ　シ　シ　シ

＊ 해산물 : [시―후―도] → ☐ ―フード

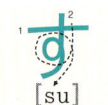
す [su]　す　す　す　す　す

＊ 초밥 : [스시] → ☐ し

ス [su]　ス　ス　ス　ス　ス

＊ 슈퍼 : [스―파―] → ☐ ―パー

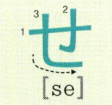
せ [se]　せ　せ　せ　せ　せ

＊ 세계 : [세카이] → ☐ かい

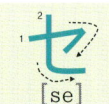
セ [se]　セ　セ　セ　セ　セ

＊ 세일 : [세―루] → ☐ ―ル

そ [so]　そ　そ　そ　そ　そ

＊ 청소 : [소우지] → ☐ うじ

ソ [so]　ソ　ソ　ソ　ソ　ソ

＊ 소시지 : [소―세―지] → ☐ ―セージ

た행

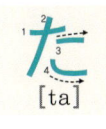 た [ta]　た　た　た　た　た

* 보물 : [타카라] → ▢ から

 タ [ta]　タ　タ　タ　タ　タ

* 담배 : [타바코] → ▢ バコ

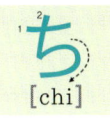 ち [chi]　ち　ち　ち　ち　ち

* 먼지, 티끌 : [치리] → ▢ り

 チ [chi]　チ　チ　チ　チ　チ

* 치킨 : [치킨] → ▢ キン

つ [tsu]　つ　つ　つ　つ　つ

* 책상 : [츠쿠에] → ▢ くえ

 ツ [tsu]　ツ　ツ　ツ　ツ　ツ

* 트윈 룸 : [츠인루-무] → ▢ インルーム

 て [te]　て　て　て　て　て

* 편지 : [테가미] → ▢ がみ

 テ [te]　テ　テ　テ　テ　テ

* 테이블 : [테-부루] → ▢ ーブル

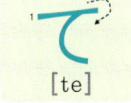 と [to]　と　と　と　と　と

* 친구 : [토모다치] → ▢ もだち

ト [to]　ト　ト　ト　ト　ト

* 화장실 : [토이레] → ▢ イレ

な행

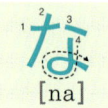 な な な な な
[na]

※ 여름 : [나츠] → ☐ つ

 ナ ナ ナ ナ ナ ナ
[na]

※ 냅킨 : [나프킨] → ☐ プキン

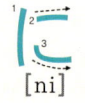 に に に に に
[ni]

※ 짐 : [니모츠] → ☐ もつ

二 二 二 二 二 二
[ni]

※ 애니메이션 : [아니메] → ア ☐ メ

 ぬ ぬ ぬ ぬ ぬ
[nu]

※ (옷을)벗다 : [누구] → ☐ ぐ

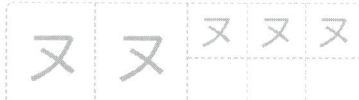 ヌ ヌ ヌ ヌ ヌ ヌ
[nu]

※ 누드 : [누-도] → ☐ ード

 ね ね ね ね ね
[ne]

※ 열, 열기 : [네츠] → ☐ つ

 ネ ネ ネ ネ ネ ネ
[ne]

※ 넥타이 : [네쿠타이] → ☐ クタイ

 の の の の の の
[no]

※ 마시다 : [노무] → ☐ む

 ノ ノ ノ ノ ノ ノ
[no]

※ 노트 : [노-토] → ☐ ート

は행

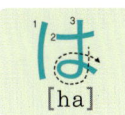
[ha]
は は

* 꽃 : [하나] → ☐ な

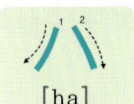
[ha]
ハ ハ

* 하트 : [하-토] → ☐ ート

[hi]
ひ ひ

* 빛, 불빛 : [히카리] → ☐ かり

[hi]
ヒ ヒ

* 히터 : [히-타-] → ☐ ーター

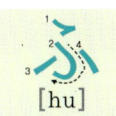
[hu]
ふ ふ

* 필통 : [후데바코] → ☐ でばこ

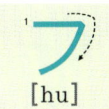
[hu]
フ フ

* 과일 : [후루-츠] → ☐ ルーツ

[he]
へ へ

* 방 : [헤야] → ☐ や

[he]
へ へ

* 헤어, 머리 : [헤아] → ☐ ア

[ho]
ほ ほ

* 뺨, 볼 : [호오] → ☐ お

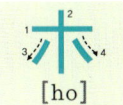
[ho]
ホ ホ

* 호텔 : [호테루] → ☐ テル

ま [ma]　ま　ま　| ま ま ま

＊창문 : [마도] → ☐ ど

マ [ma]　マ　マ　| マ マ マ

＊마트 : [마ー토] → ☐ ート

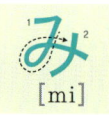
み [mi]　み　み　| み み み

＊물 : [미즈] → ☐ ず

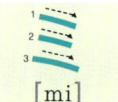
ミ [mi]　ミ　ミ　| ミ ミ ミ

＊미트소스 : [미ー토소ー스] →
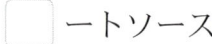
☐ ートソース

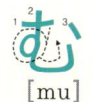
む [mu]　む　む　| む む む

＊맞은편, 건너편 : [무코우] → ☐ こう

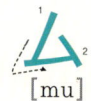
ム [mu]　ム　ム　| ム ム ム

＊무드 : [무ー도] → ☐ ード

め [me]　め　め　| め め め

＊안약 : [메구수리] → ☐ ぐすり

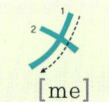
メ [me]　メ　メ　| メ メ メ

＊메이커 : [메ー카ー] → ☐ ーカー

も [mo]　も　も　| も も も

＊복숭아 : [모모] → ☐ ☐

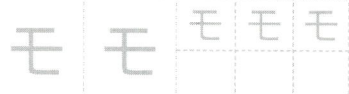
モ [mo]　モ　モ　| モ モ モ

＊모델 : [모데루] → ☐ デル

や행

や [ya] や や や や や

* 산 : [야마] → ☐ま

ヤ [ya] ヤ ヤ ヤ ヤ ヤ

* 이어폰 : [이야혼] → イ ☐ ホン

ゆ [yu] ゆ ゆ ゆ ゆ ゆ

* 꿈 : [유메] → ☐ め

ユ [yu] ユ ユ ユ ユ ユ

* 유스호스텔 : [유-스호스테루] →

☐ ースホステル

よ [yo] よ よ よ よ よ

* 읽다 : [요무] → ☐ む

ヨ [yo] ヨ ヨ ヨ ヨ ヨ

* 요구르트 : [요-구루토] → ☐ ーグルト

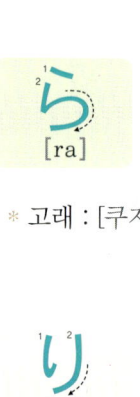 [ra]　

* 고래 : [쿠지라] → くじ☐

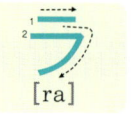 [ra]　

* 라면 : [라-멩] → ☐ーメン

 [ri]　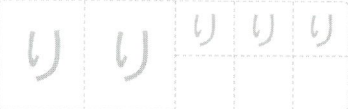

* 개미 : [아리] → あ☐

 [ri]　

* 리서치 : [리사-치] → ☐サーチ

 [ru]　

* 부재중 : [루스] → ☐す

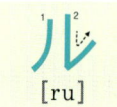 [ru]　

* 룸서비스 : [루-무사-비스] →
　　　　　　　　　☐ームサービス

 [re]　

* 냉장고 : [레이조우코] → ☐いぞうこ

 [re]　

* 레시피 : [레시피] → ☐シピ

 [ro]　

* 노천탕 : [로템부로] → ☐てんぶろ

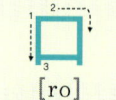 [ro]　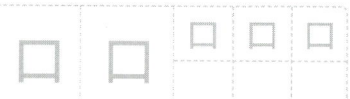

* 로즈 : [로-즈] → ☐ーズ

わ [wa]　わ　わ　わ わ わ

* 나 : [와타시] → □ たし

ワ [wa]　ワ　ワ　ワ ワ ワ

* 와이프 : [와이후] → □ イフ

を [o]　を　を　を を を

* 목적격 조사인 '~을/를'의 의미로만 쓰임.

ヲ [o]　ヲ　ヲ　ヲ ヲ ヲ

ん [n]　ん　ん　ん ん ん

* 가방 : [카방] → かば □

* 일본어 받침 역할을 함.

ン [n]　ン　ン　ン ン ン

* 빵 : [팡] → パ □

が [ga]

* 화면 : [가멩] → ☐ めん

ガ [ga]

ガ ガ ガ ガ ガ

* 가이드 : [가이도] → ☐ イド

ぎ [gi]

ぎ ぎ ぎ ぎ ぎ

* 주먹밥 : [오니기리] → おに ☐ り

ギ [gi]

ギ ギ ギ ギ ギ

* 기타 : [기타-] → ☐ ター

ぐ [gu]

ぐ ぐ ぐ ぐ ぐ

* 헤엄치다 : [오요구] → およ ☐

グ [gu]

グ グ グ グ グ

* 글라스, 유리컵 : [구라스] → ☐ ラス

げ [ge]

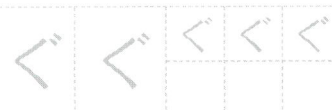

* 선물 : [오미야게] → おみや ☐

ゲ [ge]

ゲ ゲ ゲ ゲ ゲ

* 게임 : [게-무] → ☐ ーム

ご [go]

ご ご ご ご ご

* 합격 : [고우카쿠] → ☐ うかく

ゴ [go]

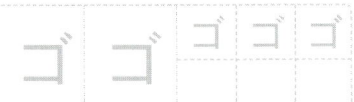

* 고무 : [고무] → ☐ ム

ざ [za]

＊ 소쿠리 : [자루] → ☐ る

ザ [za]

 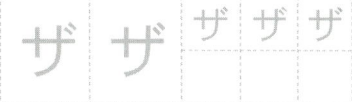

＊ 비자 : [비자] → ビ ☐

じ [zi]

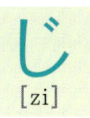 

＊ 사전 : [지쇼] → ☐ しょ

ジ [zi]

＊ 오렌지 : [오렌지] → オレン ☐

ず [zu]

 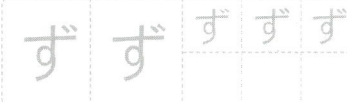

＊ 살구 : [안즈] → あん ☐

ズ [zu]

 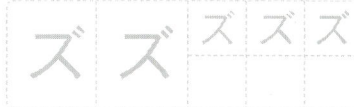

＊ 바지 : [즈봉] → ☐ ボン

ぜ [ze]

＊ 사치 : [제이타쿠] → ☐ いたく

ゼ [ze]

＊ 제우스 : [제우스] → ☐ ウス

ぞ [zo]

＊ 코끼리 : [조우] → ☐ う

ゾ [zo]

＊ 리조트 : [리조-토] → リ ☐ ート

だ [da]

だ だ だ だ だ

✳ 몸 : [카라다] → から ☐

ダ [da]

ダ ダ ダ ダ ダ

✳ 다이아몬드 : [다이야몬도] → ☐ イヤモンド

ぢ [zi]

ぢ ぢ ぢ ぢ ぢ

✳ 코피 : [하나지] → はな ☐

ヂ [zi]

ヂ ヂ ヂ ヂ ヂ

づ [zu]

づ づ づ づ づ

✳ 수제, 손으로 만듦 : [테즈쿠리] → て ☐ くり

ヅ [zu]

ヅ ヅ ヅ ヅ ヅ

で [de]

で で で で で

✳ 팔 : [우데] → う ☐

デ [de]

デ デ デ デ デ

✳ 데이트 : [데-토] → ☐ ート

ど [do]

ど ど ど ど ど

✳ 어디 : [도코] → ☐ こ

ド [do]

ド ド ド ド ド

✳ 도어, 문 : [도아] → ☐ ア

ば [ba]

＊ 장미 : [바라] → ☐ ら

バ [ba]

＊ 아르바이트 : [바이토] → ☐ イト

び [bi]

＊ 새우 : [에비] → え ☐

ビ [bi]

＊ 맥주 : [비-루] → ☐ ール

ぶ [bu]

＊ 돼지 : [부타] → ☐ た

ブ [bu]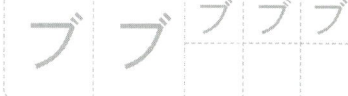

＊ 클럽 : [쿠라부] → クラ ☐

べ [be]

＊ 벽 : [카베] → か ☐

ベ [be]

＊ 벨 : [베루] → ☐ ル

ぼ [bo]

＊ 모자 : [보우시] → ☐ うし

ボ [bo]

＊ 단추, 버튼 : [보탕] → ☐ タン

は゜
ぱ ぱ ぱ ぱ ぱ
[pa]

* 잎사귀 : [합파] → はっ□

パ
パ パ パ パ パ
[pa]

* 아파트 : [아파-토] → ア□ート

ぴ
ぴ ぴ ぴ ぴ ぴ
[pi]

* 신비 : [신피] → しん□

ピ
ピ ピ ピ ピ ピ
[pi]

* 피자 : [피자] → □ザ

ぷ
ぷ ぷ ぷ ぷ ぷ
[pu]

* 포동포동 : [푸리푸리] → □リ□リ

プ
プ プ プ プ プ
[pu]

* 선물 : [푸레젠토] → □レゼント

ぺ
ぺ ぺ ぺ ぺ ぺ
[pe]

* 날름 : [페로리] → □ろり

ペ
ペ ペ ペ ペ ペ
[pe]

* 페인트 : [페인토] → □イント

ぽ
ぽ ぽ ぽ ぽ ぽ
[po]

* 촘촘 : [포치포치] → □ち□ち

ポ
ポ ポ ポ ポ ポ
[po]

* 우체통 : [포스토] → □スト

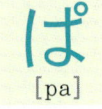
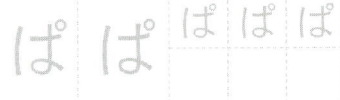

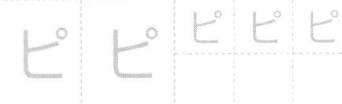
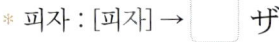
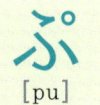

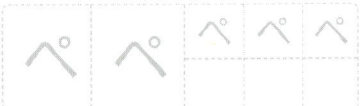
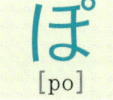
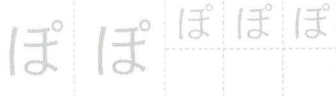
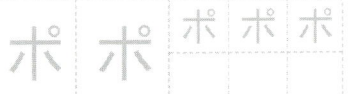

はんだくおん
半濁音반탁음

㉑

拗音요음
ようおん

㉓

きゃ [kya]	きゃ	きゃ	きゃ きゃ きゃ

キャ [kya]	キャ	キャ	キャ キャ キャ

きゅ [kyu]	きゅ	きゅ	きゅ きゅ きゅ

キュ [kyu]	キュ	キュ	キュ キュ キュ

きょ [kyo]	きょ	きょ	きょ きょ きょ

キョ [kyo]	キョ	キョ	キョ キョ キョ

ぎゃ [gya]	ぎゃ	ぎゃ	ぎゃ ぎゃ ぎゃ

ギャ [gya]	ギャ	ギャ	ギャ ギャ ギャ

ぎゅ [gyu]	ぎゅ	ぎゅ	ぎゅ ぎゅ ぎゅ

ギュ [gyu]	ギュ	ギュ	ギュ ギュ ギュ

ぎょ [gyo]	ぎょ	ぎょ	ぎょ ぎょ ぎょ

ギョ [gyo]	ギョ	ギョ	ギョ ギョ ギョ

しゃ [sya]	しゃ	しゃ	しゃ	しゃ	しゃ

シヤ [sya]	シヤ	シヤ	シヤ	シヤ	シヤ

しゅ [syu]	しゅ	しゅ	しゅ	しゅ	しゅ

シュ [syu]	シュ	シュ	シュ	シュ	シュ

しょ [syo]	しょ	しょ	しょ	しょ	しょ

ショ [syo]	ショ	ショ	ショ	ショ	ショ

じゃ [zya]	じゃ	じゃ	じゃ	じゃ	じゃ

ジャ [zya]	ジャ	ジャ	ジャ	ジャ	ジャ

じゅ [zyu]	じゅ	じゅ	じゅ	じゅ	じゅ

ジュ [zyu]	ジュ	ジュ	ジュ	ジュ	ジュ

じょ [zyo]	じょ	じょ	じょ	じょ	じょ

ジョ [zyo]	ジョ	ジョ	ジョ	ジョ	ジョ

ちゃ [cha]	ちゃ	ちゃ	ちゃ ちゃ ちゃ			チャ [cha]	チャ	チャ	チャ チャ チャ		
ちゅ [chu]	ちゅ	ちゅ	ちゅ ちゅ ちゅ			チュ [chu]	チュ	チュ	チュ チュ チュ		
ちょ [cho]	ちょ	ちょ	ちょ ちょ ちょ			チョ [cho]	チョ	チョ	チョ チョ チョ		
にゃ [nya]	にゃ	にゃ	にゃ にゃ にゃ			ニャ [nya]	ニャ	ニャ	ニャ ニャ ニャ		
にゅ [nyu]	にゅ	にゅ	にゅ にゅ にゅ			ニュ [nyu]	ニュ	ニュ	ニュ ニュ ニュ		
にょ [nyo]	にょ	にょ	にょ にょ にょ			ニョ [nyo]	ニョ	ニョ	ニョ ニョ ニョ		

ひゃ
[hya]

ひゃ ひゃ ひゃひゃひゃ

ヒャ
[hya]

ヒャ ヒャ ヒャヒャヒャ

ひゅ
[hyu]

ひゅ ひゅ ひゅひゅひゅ

ヒュ
[hyu]

ヒュ ヒュ ヒュヒュヒュ

ひょ
[hyo]

ひょ ひょ ひょひょひょ

ヒョ
[hyo]

ヒョ ヒョ ヒョヒョヒョ

びゃ
[bya]

びゃ びゃ びゃびゃびゃ

ビャ
[bya]

ビャ ビャ ビャビャビャ

びゅ
[byu]

びゅ びゅ びゅびゅびゅ

ビュ
[byu]

ビュ ビュ ビュビュビュ

びょ
[byo]

びょ びょ びょびょびょ

ビョ
[byo]

ビョ ビョ ビョビョビョ

| ぴゃ [pya] | ぴゃ | ぴゃ | ぴゃ | ぴゃ | ぴゃ |
| ピャ [pya] | ピャ | ピャ | ピャ | ピャ | ピャ |

| ぴゅ [pyu] | ぴゅ | ぴゅ | ぴゅ | ぴゅ | ぴゅ |
| ピュ [pyu] | ピュ | ピュ | ピュ | ピュ | ピュ |

| ぴょ [pyo] | ぴょ | ぴょ | ぴょ | ぴょ | ぴょ |
| ピョ [pyo] | ピョ | ピョ | ピョ | ピョ | ピョ |

みゃ [mya]	みゃ	みゃ	みゃ みゃ みゃ

ミャ [mya]	ミャ	ミャ	ミャ ミャ ミャ

みゅ [myu]	みゅ	みゅ	みゅ みゅ みゅ

ミュ [myu]	ミュ	ミュ	ミュ ミュ ミュ

みょ [myo]	みょ	みょ	みょ みょ みょ

ミョ [myo]	ミョ	ミョ	ミョ ミョ ミョ

りゃ [rya]	りゃ	りゃ	りゃ りゃ りゃ

リャ [rya]	リャ	リャ	リャ リャ リャ

りゅ [ryu]	りゅ	りゅ	りゅ りゅ りゅ

リュ [ryu]	リュ	リュ	リュ リュ リュ

りょ [ryo]	りょ	りょ	りょ りょ りょ

リョ [ryo]	リョ	リョ	リョ リョ リョ

Part 2
일본어 기초 문법 정리

01 인사표현

02

만났을 때 하는 인사표현

❋ **おはようございます。** 안녕하세요. (아침인사)

❋ **こんにちは。** 안녕하세요. (점심인사)

❋ **こんばんは。** 안녕하세요. (저녁인사)

＊일본어는 아침, 점심, 저녁에 따라 인사표현이 달라진다.

＊아침인사인「おはようございます」는 친한 사이에서나 아랫사람에게 줄여서「おはよう」라고도 한다.

＊「こんにちは」와「こんばんは」의「は」는 [ha]가 아닌, [wa]로 발음한다.

おはよう。
안녕.

おはよう。
안녕.

03

자기 전의 인사표현

❋ **お休みなさい。** 안녕히 주무세요.

＊「お休みなさい」보다 편하게 말할 때는 줄여서「お休み」라고 한다.

● 헤어질 때 하는 인사표현

❋ さよ(う)なら。	안녕히 계십시오(가십시오).
❋ では、また。	그럼, 또.
❋ また。	또.
❋ じゃ。	그럼.
❋ じゃね。	그럼.
❋ バイバイ。	바이 바이.

＊헤어질 때 하는 인사말로 가장 많이 알려져 있는 표현은 「さよ(う)なら」이나, 실질적으로 많이
 사용하는 표현은 「では、また」「では」「また」「じゃ」이다.

＊친한 사이에서는 「じゃね」 또는 「バイバイ」가 주로 사용된다.

＊참고로 「さよ(う)なら」는 다시 만나게 되는 시점이 아주 먼 훗날의 경우에 주로 사용된다.

ホテル

우리 언제
또 올지 몰라요.

さよなら。
안녕히 계세요.

감사와 사죄의 표현

✹ ありがとうございます。	감사합니다.
✹ どうも、ありがとうございます。	대단히 감사합니다.
✹ すみません。	죄송합니다. / 실례합니다. / 감사합니다.
✹ どうも、すみません。	대단히 죄송합니다.
✹ ごめんなさい。	미안합니다.
✹ ごめん。	미안.

＊「ありがとうございます」는 친한 사이에서나 아랫사람에게 줄여서 「ありがとう」라고도 한다.

＊「どうも」는 감사와 사죄의 표현 앞에 붙어 '대단히, 정말로'라는 뜻을 나타내는데, 단독으로 '감사합니다', '죄송합니다'라는 뜻을 갖기도 한다.

＊「すみません」은 '죄송합니다'라는 뜻으로 알려져 있으나, 이 외에도 '감사합니다', '실례합니다', '저기요' 등의 뜻도 가지고 있다.

＊「ごめんなさい」는 친한 사이에서는 줄여서 「ごめん 미안」 또는 반복해서 「ごめん ごめん 미안 미안」이라고도 한다.

ありがとうございます。
고맙습니다.

이건 おまけ 덤
이에요.

● 남의 집에 방문했을 때, 손님을 맞이할 때 인사표현

<ruby>失<rt>しつれい</rt></ruby>礼します。	실례합니다.
お<ruby>邪魔<rt>じゃま</rt></ruby>します。	실례합니다.
ごめんください。	실례합니다.
いらっしゃい。	어서 오십시오.
どうぞ、お<ruby>上<rt>あ</rt></ruby>がりください。	자, 어서 들어오세요.

*「失礼します」「お邪魔します」는 남의 집에 들어가면서 주인에게 직접 하는 인사말이다.

*「ごめんください」는 '누구 안 계십니까?'라는 의미로, 집안에 있는 주인을 부를 때 사용하는 말이다. 「すみません 失礼します」라고도 한다.

*「いらっしゃい」는 자신의 집을 방문한 손님에게 하는 인사말이고, 「いらっしゃいませ」는 상업적으로 손님을 맞이할 때 하는 인사말이다.

택배라니까.
이것만 주고 갈 거야.

いらっしゃい。
어서 오세요.

どうぞ、お<ruby>上<rt>あ</rt></ruby>がりください。
자, 어서 들어오세요.

● 처음 만났을 때 하는 인사표현

A はじめまして。私は 金です。

처음 뵙겠습니다. 저는 김이라고 합니다.

B はじめまして。田中です。

처음 뵙겠습니다. 다나카입니다.

どうぞ、よろしくお願いします。

잘 부탁드립니다.

A こちらこそ、よろしくお願いします。

저야말로, 잘 부탁드립니다.

＊처음 만나는 사람과 하는 가장 기본적인 인사 패턴이다. 그대로 외워 두자.

＊「どうぞ、よろしくお願いします」는 「よろしくお願いします」라고도 할 수 있으며, 비슷한 또래
나 아랫사람에게는 「よろしく」라고만 해도 된다.

야!

はじめまして。
처음 뵙겠습니다.

초면에 실례인 줄 알지만,
첫눈에 반했어요.

● 식사할 때의 인사표현

❋ **いただきます。** 　　잘 먹겠습니다.

❋ **ごちそうさまでした。** 　잘 먹었습니다.

*밥을 먹기 전에는 「いただきます」, 먹은 후에는 「ごちそうさまでした」로 정해져 있다.

*「ごちそうさまでした」는 「ごちそうさま」로 줄여 말할 수 있다.

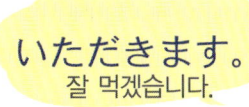

いただきます。
잘 먹겠습니다.

● 외출할 때의 인사표현

❋ **行ってきます。** 　　다녀오겠습니다.

❋ **行ってらっしゃい。** 　다녀오세요.

*「行ってきます」보다 정중하게 말해야 할 경우에는 「行って参ります」라고 하고, 편하게 말할 때는 「行ってくる」라고 한다.

● 외출에서 돌아왔을 때의 인사표현

❋ **ただいま。** 　　　다녀왔습니다.

❋ **おかえりなさい。** 　잘 다녀오셨어요?

*「おかえりなさい」보다 편하게 말할 때는 줄여서 「おかえり」라고 한다.

02 명사문

⑫

● 기본형

●●は ▲▲▲だ。　　●●은/는 ▲▲▲다.

＊일본어 문장에서 가장 기본이 되는 문형이다.

＊「は」는 '～은/는'에 해당하는 조사로, 「は」가 조사로 사용될 때는 [ha]가 아니라, [wa]로 발음된다.

＊「だ」는 단정을 나타내는 조동사로 '～(이)다'의 뜻을 나타내는데, 반말의 뜻이므로 친한 사이에서만 사용하자.

부정형

●●は ▲▲▲では(じゃ)ない。　　●●은/는 ▲▲▲이/가 아니다.

'～이 아니다'라는 〈부정형〉을 만들 때는 「～だ」 대신 「～ではない」를 쓴다.

「では」는 줄여서 「じゃ」로 쓸 수 있는데, 「じゃ」는 주로 회화체에서 사용된다.

과거형

●●は ▲▲▲だった。　　●●은/는 ▲▲▲이었다.

'～이었다'라는 〈과거형〉을 만들 때는 「～だ」 대신 「～だった」를 쓴다.

36

과거부정형

●●は ▲▲▲では(じゃ)なかった。　　●●은/는 ▲▲▲이/가 아니었다.

'~이 아니었다'라는 〈과거부정형〉을 만들 때는 「~だ」 대신 「~ではなかった」를 쓴다.
여기서도 「では」는 줄여서 「じゃ」로 쓸 수 있다.

정중형

●●は ▲▲▲です。　　●●은/는 ▲▲▲입니다.

＊앞에서 배운 「●●は ▲▲▲だ。 ●●は ▲▲▲だ.」의 정중한 표현이다.
＊'~입니다'라는 정중형을 만들 때는 「~だ」 대신 「~です」를 쓴다.

정중형의 부정형

●●は ▲▲▲では(じゃ)ありません。
●●は ▲▲▲では(じゃ)ないです。

●●은/는 ▲▲▲이/가 아닙니다.

'~이 아닙니다'라는 〈정중형의 부정형〉을 만들 때는 「~です」 대신 「~ではありません」
또는 「~ではないです」를 쓴다. 회화체에서는 「~じゃないです」가 주로 사용된다.

정중형의 과거형

●●は ▲▲▲でした。　　●●은/는 ▲▲▲이었습니다.

'~이었습니다'라는 〈정중형의 과거형〉을 만들 때는 「~です」 대신 「~でした」를 쓴다.

정중형의 과거부정형

●●は ▲▲▲では(じゃ)ありませんでした。
●●は ▲▲▲では(じゃ)なかったです。

●●은/는 ▲▲▲이/가
아니었습니다.

'~이 아니었습니다'라는 〈정중형의 과거부정형〉을 만들 때는 「~です」 대신 「~ではあり
ませんでした」 또는 「~ではなかったです」를 쓴다. 회화체에서는 「~じゃなかったです」
가 주로 사용된다.

● **명사의 종류**

명사는 보통 사물의 이름을 지칭하는 말로, 종류로는 대명사, 고유명사, 보통명사,
수사, 복합명사 등이 있다.
여기서는 대명사와 고유명사, 수사에 대해 알아보자.

(1) 대명사 ⑮

인칭 대명사

● **1인칭**

<ruby>私<rt>わたし</rt></ruby> 나 <ruby>私<rt>わたくし</rt></ruby> 저 <ruby>私<rt>あたし</rt></ruby> 나(보통 여성들이 귀엽게 보이기 위해 씀)

<ruby>僕<rt>ぼく</rt></ruby> 나(남자들이 또래나 아랫사람에게 허물없이 쓰는 말)

<ruby>俺<rt>おれ</rt></ruby> 나(남자들이 또래나 아랫사람에게 약간 거칠게 쓰는 말)

● **2인칭**

あなた 너, 당신 <ruby>君<rt>きみ</rt></ruby> 자네

おまえ 너(주로 남자들이 또래나 아랫사람에게 약간 거칠게 쓰는 말)

● **3인칭**

<ruby>彼<rt>かれ</rt></ruby> 그, 그 남자 <ruby>彼女<rt>かのじょ</rt></ruby> 그녀, 그 여자

38

'너, 당신' 이라는 뜻의 「あなた」는 윗사람이나 상대방의 이름을 알고 있는 경우에는 사용하지 않는다. 일본에서는 상대방을 직접 부를 때, 이름에 「~さん ~씨」 등을 붙여 부르거나, 직책 또는 호칭을 부르는 것이 일반적이다.

지시 대명사

	근칭		중칭		원칭		부정칭	
사물	これ	이것	それ	그것	あれ	저것	どれ	어느 것
장소	ここ	여기	そこ	거기	あそこ	저기	どこ	어디
방향	こちら	이쪽	そちら	그쪽	あちら	저쪽	どちら	어느 쪽

(2) 고유명사 ⑯

국가명이나 인명, 지명 등을 나타낸다.

かんこく
韓国 한국 にほん
日本 일본 ソウル 서울 とうきょう
東京 도쿄

キム
金 김(한국인의 성) たなか
田中 다나카(일본인의 성) …

(3) 수사 ⑰

1~10까지

1	2	3	4	5
いち	に	さん	よん/し/よ	ご
一	二	三	四	五
6	7	8	9	10
ろく	なな/しち	はち	きゅう/く	じゅう
六	七	八	九	十

하나~열까지 ⑱

하나	둘	셋	넷	다섯
ひと 一つ	ふた 二つ	みっ 三つ	よっ 四つ	いつ 五つ

여섯	일곱	여덟	아홉	열
むっ 六つ	なな 七つ	やっ 八つ	ここの 九つ	とお 十

알아야 할 수사 ⑲

	인원(~명)	층수(~층)	장수(~장)	가늘고 긴 것을 셀 때
1	ひとり 一人	いっかい 一階	いちまい 一枚	いっぽん 一本
2	ふたり 二人	に かい 二階	に まい 二枚	に ほん 二本
3	さんにん 三人	さんがい 三階	さんまい 三枚	さんぼん 三本
4	よ にん 四人	よんかい 四階	よんまい 四枚	よんほん 四本
5	ご にん 五人	ご かい 五階	ご まい 五枚	ご ほん 五本
6	ろくにん 六人	ろっかい 六階	ろくまい 六枚	ろっぽん 六本
7	ななにん 七人	ななかい 七階	ななまい 七枚	ななほん 七本
8	はちにん 八人	はちかい 八階	はちまい 八枚	はっぽん 八本
9	きゅうにん 九人	きゅうかい 九階	きゅうまい 九枚	きゅうほん 九本
10	じゅうにん 十人	じゅっかい 十階	じゅうまい 十枚	じゅっぽん 十本

월

1월	2월	3월
いちがつ 一月	に がつ 二月	さんがつ 三月

4월	5월	6월
し がつ 四月	ご がつ 五月	ろくがつ 六月

7월	8월	9월
しちがつ 七月	はちがつ 八月	く がつ 九月

10월	11월	12월
じゅうがつ 十月	じゅういちがつ 十一月	じゅう に がつ 十二月

1일	2일	3일
ついたち 一日	ふつか 二日	みっか 三日
4일	**5일**	**6일**
よっか 四日	いつか 五日	むいか 六日
7일	**8일**	**9일**
なのか 七日	ようか 八日	ここのか 九日
10일	**11일**	**12일**
とおか 十日	じゅういちにち 十一日	じゅう に にち 十二日
13일	**14일**	**15일**
じゅうさんにち 十三日	じゅう よっか 十四日	じゅう ご にち 十五日
16일	**17일**	**18일**
じゅうろくにち 十六日	じゅうしちにち 十七日	じゅうはちにち 十八日
19일	**20일**	**21일**
じゅう く にち 十九日	はつか 二十日	に じゅういちにち 二十一日
22일	**23일**	**24일**
に じゅう に にち 二十二日	に じゅうさんにち 二十三日	に じゅう よっか 二十四日
25일	**26일**	**27일**
に じゅう ご にち 二十五日	に じゅうろくにち 二十六日	に じゅうしちにち 二十七日
28일	**29일**	**30일**
に じゅうはちにち 二十八日	に じゅう く にち 二十九日	さんじゅうにち 三十日

요일 ㉒

월요일	화요일	수요일	목요일	금요일	토요일	일요일
げつよう び 月曜日	か よう び 火曜日	すいよう び 水曜日	もくよう び 木曜日	きんよう び 金曜日	ど よう び 土曜日	にちよう び 日曜日

시

1시	2시	3시	4시	5시	6시
いちじ	にじ	さんじ	よじ	ごじ	ろくじ
一時	二時	三時	四時	五時	六時

7시	8시	9시	10시	11시	12시
しちじ	はちじ	くじ	じゅうじ	じゅういちじ	じゅうにじ
七時	八時	九時	十時	十一時	十二時

분 ㉔

1분	2분	3분	4분	5분
いっぷん	にふん	さんぷん	よんぷん	ごふん
一分	二分	三分	四分	五分

6분	7분	8분	9분	10분
ろっぷん	ななふん	はっぷん	きゅうふん	じゅっぷん
六分	七分	八分	九分	十分

20분	にじゅっぷん 二十分	30분	さんじゅっぷん 三十分
40분	よんじゅっぷん 四十分	50분	ごじゅっぷん 五十分
60분	ろくじゅっぷん 六十分		

㉕

A 名前は 何ですか。 이름은 무엇입니까?

B 田中です。 다나카입니다.

＊「〜です ～입니다」에 의문형 조사 「か」가 접속하면 「〜ですか ～입니까?」라는 의문형이 된다.

㉖

A おいくつですか。 몇 살입니까?

B 二十歳です。 20살입니다.

＊「おいくつですか」는 나이를 물어보는 표현이다.

＊「二十歳 20살」은 [はたち]라고 읽는다. 읽는 법에 주의하자.

㉗

A それは なに? 그건 뭐야?

B これ? 新しい ケイタイ。 이거? 새 휴대폰이야.

＊일본어는 일반적으로 '?' 마크를 사용하지 않으나, 위의 예문에서는 회화체로 끝을 올려 읽는다는 의미에서 '?' 마크를 붙였다. 친구들끼리 말하는 보통형에서는 의문형 조사 「か」를 붙이지 않고, 문장의 끝을 올리는 것으로 의문의 뜻을 나타낸다.

㉘

A これは いくらですか。 이것은 얼마입니까?

B 2000円です。 2000엔입니다.

＊「いくらですか」는 가격을 물어보는 표현이다.

Ⓐ 「칫솔」は 日本語で 何ですか。 　　　'칫솔'은 일본어로 무엇입니까?

Ⓑ 「歯ブラシ」です。 　　　'하부라시'입니다.

* '칫솔'은 「歯ブラシ」, '치약'은 「歯磨き粉」라고 한다.

Ⓐ この人は 誰ですか。 　　　이 사람은 누구입니까?

Ⓑ 彼氏です。 　　　애인입니다.

*「誰」는 '누구'라는 뜻의 의문사이다.

*「誰ですか」를 보다 정중하게 말할 경우에는 「どなたですか」라고 한다.

*「彼氏」는 '애인(남자)'을 뜻하고, '(여자)애인'은 「彼女」라고 한다.

Ⓐ きのうは 何日でしたか。 　　　어제는 며칠이었습니까?

Ⓑ 二日でした。 　　　2일이었습니다.

*「です」의 과거형인 「でした」에 의문형 조사 「か」가 접속하여 「〜でしたか 〜었습니까?」가 되었다.

Ⓐ お誕生日は 何月何日ですか。 　　　생일은 몇 월 며칠입니까?

Ⓑ 七月二十日です。 　　　7월 20일입니다.

*「二十日 20일」은 [はつか], 「二十歳 20살」은 [はたち]라고 읽는다. 읽는 법에 주의하자.

03 조사

★ **~は** ~은, 는   「は」가 조사로 쓰일 때는 [wa]로 발음된다.

私<ruby>私<rt>わたし</rt></ruby>は 大<ruby>大学生<rt>だいがくせい</rt></ruby>生です。 나는 대학생입니다.

★ **~を** ~을, 를   ご飯<ruby>飯<rt>はん</rt></ruby>を 食<ruby>食<rt>た</rt></ruby>べます。 밥을 먹습니다.

★ **~が** ~이, 가   猫<ruby>猫<rt>ねこ</rt></ruby>が います。 고양이가 있습니다.

★ **~の** ~의   私<ruby>私<rt>わたし</rt></ruby>の カバン 나의 가방

★ **~も** ~도   あなたも ありますか。 당신도 있습니까?

★ **~に** ~에 (시간, 장소)   七時<ruby>時<rt>しちじ</rt></ruby>に 起<ruby>起<rt>お</rt></ruby>きました。 7시에 일어났습니다.
     ~에게 (사람)

★ **~へ** ~에 (방향)   「へ」가 조사로 쓰일 때는 [e]로 발음된다.

学校<ruby>学校<rt>がっこう</rt></ruby>へ 行<ruby>行<rt>い</rt></ruby>きます。 학교에 갑니다.

★ **~で** ~으로, ~에서   公園<ruby>公園<rt>こうえん</rt></ruby>で 会<ruby>会<rt>あ</rt></ruby>います。 공원에서 만납니다.

★ **~から** ~부터, ~에서   授業<ruby>授業<rt>じゅぎょう</rt></ruby>は 九時<ruby>時<rt>くじ</rt></ruby>からです。 수업은 9시부터입니다.

★ **~まで** ~까지   何時<ruby>時<rt>なんじ</rt></ruby>までですか。 몇 시까지입니까?

★ **~しか** (+ 부정형) ~밖에(없다)   これしか ない。 이것밖에 없다.

종조사

문장 끝에 접속하여 의문, 금지, 영탄, 감동 등의 뜻을 나타내는 조사를 말한다.

★ ～か ～까? (의문)

今、何時ですか。 지금 몇 시입니까?

★ ～な ～하지 마라 (금지)

話すな。 말하지 마.

★ ～な ～구나 (감탄)

これ、おいしいな。 이거, 맛있구나.

★ ～よ 상대에게 자신의 의지 등을 알릴 때

今、行くよ。 지금, 가요.

★ ～ね ～겠지(요) (동의)

いい天気ですね。 날씨가 좋네요.

Tip

종조사는 이 외에도 여러가지 뜻을 가지고 있으므로, 문맥에 맞게 그때 그때 확인해서 사용하도록 하자.

여기서 잠깐!

조사 「の」의 용법 알고 가기

① '명사'와 '명사' 사이에 쓰는 「の」
② 소유의 「の」 : ～의
③ ～의 것
④ 동격의 「の」 : ～인
⑤ 조사 「が」의 역할을 하는 「の」
⑥ 동사의 역할을 하는 「の」

04 형용사

① い형용사

일본어의 형용사에는 어미가 「い」로 끝나는 い형용사와 활용형 어미가 「な」인 な형용사가 있다.

● 기본형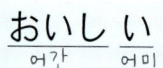

おいしい。 맛있다.
기본형은 어미가 모두 「い」로 끝난다.

おいし い
어간 어미

부정형

おいしくない。 맛이 없다.
어미 「い」를 「くない」로 바꾼다.

おいし い
↳くない

과거형

おいしかった。 맛있었다.
어미 「い」를 「かった」로 바꾼다.

おいし い
↳かった

과거부정형

おいしくなかった。 맛이 없었다.
어미 「い」를 「くなかった」로 바꾼다.

おいし い
↳くなかった

い형용사의 연결형

おいしくて 맛있어서, 맛있고
어미 「い」를 「くて」로 바꾼다.

おいし い
↳くて

● 정중형

おいしいです。 맛있습니다.
기본형에 「～です ～입니다」를 붙인다.

> おいしい ＋ です

정중형의 부정형

おいしくありません。
おいしくないです。 맛이 없습니다.

어미 「い」를 「くありません」 또는 「くないです」로 바꾼다.
「くないです」는 부정형인 「～くない」에 「～です ～입니다」를 붙인 형태이다.

おいし **い**
くありません
くないです

정중형의 과거형

おいしかったです。 맛있었습니다.

어미 「い」를 「かったです」로 바꾼다.

おいし **い**
かったです

정중형의 과거부정형

おいしくなかったです。 맛있지 않았습니다.

어미 「い」를 「くなかったです」로 바꾼다.

おいし **い**
くなかったです

명사 수식

おいしいパン 맛있는 빵

명사를 수식할 경우에는 기본형 뒤에 바로 명사를 접속시킨다.

> おいしい ＋ 명사

□ 高い (값이)비싸다
□ 安い (값이)싸다

□ 高い (높이가)높다
□ 低い (높이가)낮다

□ 深い 깊다
□ 浅い 얕다

□ 濃い (농도가)진하다
□ 薄い 연하다, (맛이)싱겁다

□ 暑い 덥다
□ 寒い 춥다

□ 熱い 뜨겁다
□ 冷たい 차갑다

□ 厚い 두껍다
□ 薄い 얇다

□ 暖かい 따뜻하다
□ 涼しい 시원하다

□ 広い 넓다
□ 狭い 좁다

□ 明るい 밝다
□ 暗い 어둡다

□ 新しい 새롭다, 새것이다
□ 古い 낡다, 오래되다

□ 大きい 크다
□ 小さい 작다

□ 多い 많다
□ 少ない 적다

□ 重い 무겁다
□ 軽い 가볍다

□ 強い 강하다
□ 弱い 약하다

□ 長い 길다
□ 短い 짧다

□ 太い 굵다
□ 細い 가늘다

□ 速い 빠르다
□ 遅い 느리다

□ 遠い 멀다
□ 近い 가깝다

□ いい 좋다
□ 悪い 나쁘다

□ おいしい 맛있다

□ まずい 맛없다

□ おもしろい 재미있다

□ つまらない 재미없다, 시시하다

□ 難しい 어렵다

□ 易しい 쉽다, 용이하다

□ 忙しい 바쁘다

□ 楽しい 즐겁다

□ 危ない 위험하다

□ 痛い 아프다

□ 美しい 아름답다

□ かわいい 귀엽다, 예쁘다

□ 厳しい 엄하다

□ 寂しい 외롭다, 쓸쓸하다

□ 詳しい 자세하다, 상세하다

□ うるさい 시끄럽다

□ 怖い 무섭다

□ かゆい 가렵다

□ おかしい 이상하다

□ きつい 꼭 끼다, 빽빽하다

□ うまい 맛있다, 훌륭하다

□ 嬉しい 기쁘다

□ 偉い 훌륭하다

□ 珍しい 신기하다

□ 眠い 졸리다

□ 丸い 둥글다

□ ひどい 심하다, 지독하다

□ 臭い 구리다, (역한)냄새가 나다

□ 甘い 달다

□ 苦い 쓰다

□ しょっぱい 짜다

□ 渋い 떫다

□ 辛い 맵다

□ 酸っぱい 시다

□ 赤い 빨갛다

□ 青い 파랗다

□ 黄色い 노랗다

□ 茶色い 갈색이다

□ 黒い 검다

□ 白い 하얗다

⑩

A 味は どうですか。   맛은 어떻습니까?

B おいしいです。   맛있습니다.

＊「おいしいです」는 「おいしい 맛있다」에 「です 입니다」가 접속한 정중형이다.

⑪

A そのまんが、おもしろい?   그 만화 재미있어?

B ううん、あまり おもしろくない。   아니, 그다지 재미있지 않아.

＊친구들끼리 말하는 보통형에서는 기본형의 끝을 올려, 의문형을 만들 수 있다.

＊「ううん」은 「いいえ 아니요」 보다 가벼운 표현으로 친한 사이에서 부정의 뜻을
  나타낸다.

＊「おもしろくない」는 「おもしろい 재미있다」의 어미 「い」를 「くない」로 바꾼 부정형
  이다.

⑫

A きょうは あついですね。   오늘은 덥네요.

B そうですね。   그러네요.

＊「あついです」는 「あつい 덥다」에 「です 입니다」가 접속한 정중형이다.

＊「ね」는 종조사로 문장의 끝에 붙어 '～네요, ～군요'의 뜻을 나타낸다.

⑬

A あの 赤い 靴 ください。   저 빨간 구두 주세요.

B はい。どうぞ。   예. 여기 있습니다.

＊い형용사의 기본형에 명사가 바로 접속하여 '～한 명사'의 형태가 되었다.

赤い 빨갛다 + 靴 구두 ⇒ 赤い靴 빨간 구두

A 昨日の映画、どうでしたか。　　　　　　어제 영화, 어땠습니까?

B おもしろかったです。　　　　　　　　　재미있었습니다.

*「おもしろかったです」는 「おもしろい 재미있다」의 어미 「い」를 「かったです」로 바꾼
정중형의 과거형이다.

A あの 丸くて 白いカバン、かわいい。　저, 둥글고 하얀 가방, 예쁘다.

B 本当だ。　　　　　　　　　　　　　정말이다.

*「丸い 둥글다」의 어미 「い」가 「くて」로 바뀌어, 연결의 의미인 '둥글고, 둥글어서'의
뜻이 되었다.

A きのうのテストは、難しかったですか。어제 시험은 어려웠습니까?

B いいえ、難しくなかったです。　　　아니요, 어렵지 않았습니다.

　　易しかったです。　　　　　　　　쉬웠습니다.

*「難しかったですか」는 「難しい 어렵다」의 정중형의 과거형인 「難しかったです」에
의문형 조사 「か」가 접속한 형태이다.
*「難しくなかったです」는 정중형의 과거부정형이다.
*「易しかったです」는 「易しい 쉽다」의 정중형의 과거형이다.

② な형용사

な형용사는 '~하다'라는 뜻의 활용어미 「だ」가 접속하는데, 사전에는 어미 「だ」를 뺀 어간 부분만 실려 있다. な형용사의 기본형은 어미가 「だ」인 형태를 말하며, 어미가 빠진 형태는 사전형이라고 한다. な형용사라고 말하는 이유는 명사와 접속시 어미 「だ」가 「な」의 형태로 바뀌기 때문이다. 그럼, な형용사의 활용과 종류에 대해 좀 더 자세히 알아보도록 하자.

●기본형
(48)

きれいだ。 예쁘다.

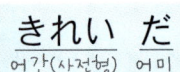

사전형은 「きれい 예쁨, 깨끗함」이다.
여기에 「~だ ~하다」가 접속하여, '예쁘다, 깨끗하다'라는 뜻을 나타낸다.

부정형

きれいでは(じゃ)ない。 예쁘지 않다.

きれい + ではない

어간(사전형)에 「ではない」를 접속시키면, '~(하)지 않다'라는
부정형이 된다. 「では」는 줄여서 「じゃ」로 쓸 수 있다.
な형용사는 명사와 성질이 비슷하여, 명사 활용과 같은 부분이 많다.

과거형

きれいだった。 예뻤다.

きれい + だった

어간에 「だった」를 접속시키면, '~이었다'라는 과거형이 된다.

과거부정형

きれいでは(じゃ)なかった。 예쁘지 않았다.

きれい + ではなかった

어간에 「ではなかった」를 접속시키면, '~하지 않았다'라는
과거부정형이 된다.

な형용사의 연결형

きれいで 예쁘고, 예뻐서

きれい + で

어간에 「で」를 접속시키면 '~하고, ~해서'라는 연결형이 된다.

● 정중형

きれいです。 예쁩니다.
어간에 「～です ～입니다」를 붙여 주면 정중형이 된다.

きれい + です

정중형의 부정형

きれいでは(じゃ)ありません。
きれいでは(じゃ)ないです。 예쁘지 않습니다.

きれい + ではありません
ではないです

어간에 「ではありません」 또는 「ではないです」를 붙여주면 정중형의 부정형이 된다.

정중형의 과거형

きれいでした。 예뻤습니다.

きれい + でした

어간에 「でした」를 접속시키면 정중형의 과거형이 된다.

정중형의 과거부정형

きれいでは(じゃ)ありませんでした。
きれいでは(じゃ)なかったです。

きれい + ではありませんでした
ではなかったです

예쁘지 않았습니다.
어간에 「ではありませんでした」 또는 「ではなかったです」를 접속시킨다.

명사 수식

きれいな花 예쁜 꽃

きれい だ
な + 명사

명사를 수식할 경우에는 활용어미 「だ」를 「な」로 바꾼
다음에 명사를 접속시킨다.

□ 静_{しず}かだ 조용하다   □ にぎやかだ 번화하다

□ きれいだ 예쁘다, 깨끗하다   □ ハンサムだ 잘생겼다

□ まじめだ 성실하다   □ 元気_{げんき}だ 건강하다, 잘 있다

□ 暇_{ひま}だ 한가하다   □ 穏_{おだ}やかだ 평온하다

□ 好_すきだ 좋아하다   □ 嫌_{きら}いだ 싫어하다

□ 大好_{だいす}きだ 매우 좋아하다   □ 大嫌_{だいきら}いだ 매우 싫어하다

□ 嫌_{いや}だ 싫다   □ 勝手_{かって}だ 제멋대로다

□ 上手_{じょうず}だ 잘한다   □ 下手_{へた}だ 못한다, 서툴다

□ 簡単_{かんたん}だ 간단하다   □ 複雑_{ふくざつ}だ 복잡하다

□ 大変_{たいへん}だ 큰일이다   □ 楽_{らく}だ 편안하다

□ 便利_{べんり}だ 편리하다   □ 不便_{ふべん}だ 불편하다

□ 親切_{しんせつ}だ 친절하다   □ 不親切_{ふしんせつ}だ 불친절하다

□ おしゃれだ 멋지다   □ 同_{おな}じだ 같다

□ 危険_{きけん}だ 위험하다   □ 急_{きゅう}だ 급하다

□ 残念_{ざんねん}だ 아쉽다   □ 幸_{しあわ}せだ 행복하다

□ 失礼_{しつれい}だ 무례하다   □ 気_きの毒_{どく}だ 불쌍하다

□ 自由_{じゆう}だ 자유다   □ 丈夫_{じょうぶ}だ 튼튼하다, 건강하다

□ 心配_{しんぱい}だ 걱정이다   □ 大丈夫_{だいじょうぶ}だ 괜찮다, 문제없다

□ 大切_{たいせつ}だ 소중하다   □ 確_{たし}かだ 틀림없다, 분명하다

□ だめだ 안 된다, 소용없다   □ 丁寧_{ていねい}だ 정중하다, 공손하다

□ 得意_{とくい}だ 잘한다   □ 苦手_{にがて}だ 못한다

□ 必要_{ひつよう}だ 필요하다   □ 貧乏_{びんぼう}だ 가난하다

□ 派手_{はで}だ 화려하다   □ 地味_{じみ}だ 수수하다

□ 有名_{ゆうめい}だ 유명하다   □ 立派_{りっぱ}だ 훌륭하다

□ 明_{あき}らかだ 분명하다, 명백하다

□ 鮮やかだ 선명하다

□ 新ただ 새롭다

□ 大げさだ 허풍을 떨다

□ かすかだ 희미하다

□ 気楽だ 편안하다

□ 偶然だ 우연하다

□ ケチだ 구두쇠다

□ 幸運だ 행운이다

□ 最悪だ 최악이다

□ 逆さまだ 거꾸로 되다

□ 様々だ 가지각색이다

□ 重大だ 중대하다

□ 純粋だ 순수하다

□ 上等だ 훌륭하다

□ 新鮮だ 신선하다

□ 真剣だ 진지하다

□ 素直だ 순수하다

□ そっくりだ 꼭 닮았다

□ 斜めだ 비스듬하다

□ 生意気だ 건방지다

□ 熱心だ 열심이다

□ のどかだ 한가롭다

□ 本気だ 진심이다

□ 見事だ 훌륭하다

□ 当たり前だ 당연하다

□ いい加減だ 엉터리이다

□ 臆病だ 겁이 많다

□ 貴重だ 귀중하다

□ 緊急だ 긴급하다

□ 軽快だ 경쾌하다

□ 強引だ 강제적이다

□ 公平だ 공평하다

□ 幸いだ 다행이다

□ 盛んだ 번성하다, 번창하다

□ 爽やかだ 상쾌하다

□ 十分だ 충분하다

□ 順調だ 순조롭다

□ 上品だ 품위있다, 고상하다

□ 深刻だ 심각하다

□ 慎重だ 신중하다

□ せっかちだ 성급하다

□ 手軽だ 손쉽다

□ 退屈だ 따분하다, 지루하다

□ 滑らかだ 매끈매끈하다, 순조롭다

□ のんきだ 편안하다

□ 華やかだ 화려하다

□ 前向きだ 적극적이다

□ 平気だ 개의치 않다

�51

A 新宿は にぎやかですね。   신주쿠는 번화하네요.

B そうですね。   그러네요.

＊「にぎやかです」는 어간 「にぎやか 번화함」에 「です 입니다」가 접속한 정중형이다.

�52

A 日本語が 上手ですか。   일본어를 잘합니까?

B いいえ、下手です。   아니요, 못합니다.

＊「上手だ 잘한다」「下手だ 못한다」「好きだ 좋아하다」「嫌いだ 싫어하다」 등의 몇 가지
な형용사는 '~을/를'에 해당하는 목적격 조사 「を」를 쓰지 않고, '~이/가'에
해당하는 조사 「が」를 사용한다.

�53

A 韓国料理、好き?   한국요리 좋아해?

B うん、大好き。   응, 아주 좋아해.

＊な형용사의 어간의 끝을 올려, 의문형의 형태를 만들었다.

�54

A 彼は どんな 人ですか。   그는 어떤 사람입니까?

B まじめで、親切な 人です。   성실하고, 친절한 사람입니다.

＊어간 「まじめ 성실함」에 「で」가 접속하여 연결형인 '성실하고, 성실해서'가 되었다.
＊な형용사에 명사를 붙일 경우에는 어간에 「な」를 접속한 후에 명사를 붙인다.

親切 친절함 ＋ な ＋ 人 사람 ⇒ 親切な 人 친철한 사람

Ⓐ きのうは 忙^{いそが}しかったですか。　어제는 바빴습니까?

Ⓑ いいえ、暇^{ひま}でした。　아니요, 한가했습니다.

＊「暇^{ひま}でした」는 어간 「暇 한가함」 뒤에 「でした」가 접속한 정중형의 과거형이다.

Ⓐ 昨日^{きのう}の テスト、どうだった?　어제 시험, 어땠어?

Ⓑ 簡単^{かんたん}だったよ。　간단했어.

＊「簡単^{かんたん}だった」는 어간 「簡単 간단」 뒤에 「だった」가 접속한 과거형이다.

Ⓐ 東京^{とうきょう}の 電車^{でんしゃ}は どうだった?　도쿄의 전철은 어땠어?

Ⓑ 複雑^{ふくざつ}だったが、便利^{べんり}だった。　복잡했지만, 편리했어.

＊「複雑^{ふくざつ}だった」는 어간 「複雑 복잡」 뒤에 「だった」가 접속한 과거형이다.

＊「～が」는 '～지만, 그러나'라는 역접의 뜻을 나타내는 접속조사이다.

＊「便利^{べんり}だった」는 어간 「便利 편리」 뒤에 「だった」가 접속한 과거형이다.

Ⓐ あの人^{ひと}は 日本^{にほん}で、有名^{ゆうめい}ですか。　저 사람은 일본에서 유명합니까?

Ⓑ はい、とても 有名^{ゆうめい}な 人^{ひと}です。　예, 매우 유명한 사람입니다.

＊「有名^{ゆうめい}ですか」는 「有名だ^{ゆうめい} 유명하다」의 정중형인 「有名^{ゆうめい}です」에 의문형 조사 「か」가 접속된 형태이다.

＊な형용사 뒤에 명사가 올 경우에는 어간에 「な」가 접속한다.

有名^{ゆうめい} 유명함 + な + 人^{ひと} 사람 ⇒ 有名^{ゆうめい}な 人^{ひと} 유명한 사람

05 동사

일본어의 동사는 어미가 항상 「う단」인 「う、く、ぐ、す、つ、ぬ、ぶ、む、る」로 끝난다.

어미의 모양에 따라 동사의 종류를 5단동사(1류 동사), 1단동사(2류 동사), 변격동사(3류 동사)로 나눌 수 있다.

일본어의 동사는 매우 중요한 만큼, 가장 어려운 부분이라 할 수 있다.

이제부터 좀 더 자세하게 알아보도록 하자.

● 동사의 종류

Ⅰ 5단동사(1류 동사)

어미가 「る」로 끝나지 않는 동사와 「る」로 끝나더라도 「る」 앞에 오는 음이 「あ단」, 「う단」, 「お단」인 동사를 말한다.

買う 사다　行く 가다　休む 쉬다　つくる 만들다 …

※ 예외 5단동사

5단동사의 형태가 아니지만, 5단동사 활용을 하는 동사로 모두 암기해야 한다.

入る 들어가다　帰る 돌아가다　知る 알다 …

Ⅱ 1단동사(2류 동사)

어미가 「る」로 끝나고, 앞의 음이 「い단」 「え단」인 동사를 말한다.

食べる 먹다　見る 보다　起きる 일어나다 …

Ⅲ 변격동사(3류 동사)

두 개 밖에 없다. 모든 활용이 불규칙으로 이루어지므로, 활용어가 나올 때마다 그때 그때 외우도록 하자.

来る 오다　する 하다

●ます형(정중형)

'~(ㅂ)니다'라는 정중의 뜻을 나타내는 〈정중형〉은 「ます」가 접속한다고 하여, 〈ます형〉이라고도 한다.

Ⅰ 5단동사(1류 동사)

어미를 「い단」으로 바꾼 후, 「ます」를 접속시킨다.

買う 사다　　買います 삽니다　　　買う…▸'う의 い단'인 い + ます → 買います

行く 가다　　行きます 갑니다　　　行く…▸'く의 い단'인 き + ます → 行きます

休む 쉬다　　休みます 쉽니다　　　休む…▸'む의 い단'인 み + ます → 休みます

入る 들어가다　入ります 들어갑니다　入る…▸'る의 い단'인 り + ます → 入ります

Ⅱ 1단동사(2류 동사)

어미 「る」를 없앤 후, 「ます」를 접속시킨다.

食べる 먹다　　食べます 먹습니다　　食べる + ます → 食べます

見る 보다　　見ます 봅니다　　　見る + ます → 見ます

起きる 일어나다　起きます 일어납니다　起きる + ます → 起きます

Ⅲ 변격동사(3류 동사)

来る 오다　　来ます 옵니다

する 하다　　します 합니다

● て형(연용형)

'~하고, ~해서' 라는 뜻인, 연결의 의미를 나타내어 〈연용형〉이라고도 하는데, 활용할 때 「て」가 접속하여, 주로 〈て형〉이라고 한다.

Ⅰ 5단동사(1류 동사)

① 어미가 「う」「つ」「る」로 끝나는 동사

어미 「う」「つ」「る」를 「っ」로 바꾼 후, 「て」를 접속시킨다.

買う 사다	買って 사고, 사서	買う→っ + て → 買って
待つ 기다리다	待って 기다리고, 기다려서	待つ→っ + て → 待って
入る 들어가다	入って 들어가고, 들어가서	入る→っ + て → 入って

② 어미가 「ぬ」「ぶ」「む」로 끝나는 동사

어미 「ぬ」「ぶ」「む」를 「んで」로 바꾼다.

死ぬ 죽다	死んで 죽고, 죽어서	死ぬ→んで → 死んで
呼ぶ 부르다	呼んで 부르고, 불러서	呼ぶ→んで → 呼んで
読む 읽다	読んで 읽고, 읽어서	読む→んで → 読んで

③ 어미가 「く」「ぐ」로 끝나는 동사

어미 「く」「ぐ」를 각각 「いて」「いで」로 바꾼다.

書く 쓰다	書いて 쓰고, 써서	書く→いて → 書いて
泳ぐ 헤엄치다	泳いで 헤엄치고, 헤엄쳐서	泳ぐ→いで → 泳いで

④ 어미가 「す」로 끝나는 동사

어미 「す」를 'す의 い단' 인 「し」로 바꾼 후, 「て」를 접속시킨다.

話す 이야기하다 　　話して 이야기하고, 이야기해서 　　話す…し + て → 話して

返す 돌려주다 　　返して 돌려주고, 돌려줘서 　　返す…し + て → 返して

예외

「行く 가다」는 어미가 「く」로 끝나지만, 「いて」가 아닌 「って」로 바뀐다.

行く 가다 　　行って 가고, 가서 　　行く…って → 行って

▌▌ 1단동사(2류 동사)

어미 「る」를 없애고, 「て」를 접속시킨다.

食べる 먹다 　　食べて 먹고, 먹어서 　　食べる + て → 食べて

見る 보다 　　見て 보고, 봐서 　　見る + て → 見て

起きる 일어나다 　　起きて 일어나고, 일어나서 　　起きる + て → 起きて

▌▌▌ 변격동사(3류 동사)

来る 오다 　　来て 오고, 와서
する 하다 　　して 하고, 해서

● た형(과거형)

'~(했)다'라는 뜻을 나타내는 〈과거형〉은 활용할 때 「た」가 접속하여 〈た형〉이라고도 한다. 〈た형〉활용은 〈て형〉활용과 같다. 「て」 대신 「た」, 「で」 대신 「だ」가 들어간다.

Ⅰ 5단동사(1류 동사)

① 買う 사다 　　　　買って 사고, 사서 　　　　買った 샀다
　 待つ 기다리다 　　 待って 기다리고, 기다려서 　待った 기다렸다
　 入る 들어가다 　　 入って 들어가고, 들어가서 　入った 들어갔다

② 死ぬ 죽다 　　　　死んで 죽고, 죽어서 　　　死んだ 죽었다
　 呼ぶ 부르다 　　　呼んで 부르고, 불러서 　　呼んだ 불렀다
　 読む 읽다 　　　　読んで 읽고, 읽어서 　　　読んだ 읽었다

③ 書く 쓰다 　　　　書いて 쓰고, 써서 　　　　書いた 썼다
　 泳ぐ 헤엄치다 　　 泳いで 헤엄치고, 헤엄쳐서 　泳いだ 헤엄쳤다

④ 話す 이야기하다 　 話して 이야기하고, 이야기해서 　話した 이야기했다
　 返す 돌려주다 　　 返して 돌려주고, 돌려줘서 　返した 돌려줬다

예외

　 行く 가다 　　　　行って 가고, 가서 　　　　行った 갔다

Ⅱ 1단동사(2류 동사)

食べる 먹다 　　　　食べて 먹고, 먹어서 　　　食べた 먹었다
見る 보다 　　　　　見て 보고, 봐서 　　　　　見た 봤다
起きる 일어나다 　　 起きて 일어나고, 일어나서 　起きた 일어났다

Ⅲ 변격동사(3류 동사)

来る 오다 　　　　　来て 오고, 와서 　　　　　来た 왔다
する 하다 　　　　　して 하고, 해서 　　　　　した 했다

● ます형(정중형)의 과거형

ます형의 「ます」 대신 「ました」를 접속시키면, 정중형의 과거형이 된다.

Ⅰ 5단동사(1류 동사)

買う 사다   買います 삽니다   買いました 샀습니다
行く 가다   行きます 갑니다   行きました 갔습니다
休む 쉬다   休みます 쉽니다   休みました 쉬었습니다
入る 들어가다   入ります 들어갑니다   入りました 들어갔습니다

Ⅱ 1단동사(2류 동사)

食べる 먹다   食べます 먹습니다   食べました 먹었습니다
見る 보다   見ます 봅니다   見ました 봤습니다
起きる 일어나다   起きます 일어납니다   起きました 일어났습니다

Ⅲ 변격동사(3류 동사)

来る 오다   来ます 옵니다   来ました 왔습니다
する 하다   します 합니다   しました 했습니다

● ない형(부정형)

'~(하)지 않다' 라는 부정의 뜻을 나타내는 〈부정형〉은 활용할 때 「ない」가 접속하여 〈ない형〉이라고도 한다.

Ⅰ 5단동사(1류 동사)

어미를 「あ단」으로 바꾼 후, 「ない」를 접속시킨다.

行^いく 가다	行^いかない 가지 않다	行**く** …→ 'く의 あ단' 인 **か** + ない → 行かない
待^まつ 기다리다	待^またない 기다리지 않다	待**つ** …→ 'つ의 あ단' 인 **た** + ない → 待たない
休^{やす}む 쉬다	休^{やす}まない 쉬지 않다	休**む** …→ 'む의 あ단' 인 **ま** + ない → 休まない
入^{はい}る 들어가다	入^{はい}らない 들어가지 않다	入**る** …→ 'る의 あ단' 인 **ら** + ない → 入らない

> **point**
> 어미가 「う」로 끝나는 동사는 「う」의 「あ단」인 「あ」가 아니고 「わ」로 바뀐다.
>
> 買^かう 사다　　　　買^かわない 사지 않다

Ⅱ 1단동사(2류 동사)

어미 「る」을 없애고, 「ない」를 접속시킨다.

食^たべる 먹다	食^たべない 먹지 않다	食べ**る** + ない → 食べない
見^みる 보다	見^みない 보지 않다	見**る** + ない → 見ない
起^おきる 일어나다	起^おきない 일어나지 않다	起き**る** + ない → 起きない

Ⅲ 변격동사(3류 동사)

来^くる 오다	来^こない 오지 않다
する 하다	しない 하지 않다

● 정중형의 부정형

'~하지 않습니다'라는 정중형의 부정형을 만들 때는 동사의 ます형(정중형)에서, 「ます」를 없앤 후, 「ません」을 접속시킨다.

I 5단동사(1류 동사)

買う 사다	買います 삽니다	買いません 사지 않습니다
行く 가다	行きます 갑니다	行きません 가지 않습니다
休む 쉬다	休みます 쉽니다	休みません 쉬지 않습니다
入る 들어가다	入ります 들어갑니다	入りません 들어가지 않습니다

II 1단동사(2류 동사)

食べる 먹다	食べます 먹습니다	食べません 먹지 않습니다
見る 보다	見ます 봅니다	見ません 보지 않습니다
起きる 일어나다	起きます 일어납니다	起きません 일어나지 않습니다

III 변격동사(3류 동사)

来る 오다	来ます 옵니다	来ません 오지 않습니다
する 하다	します 합니다	しません 하지 않습니다

● 정중형의 과거부정형

'~하지 않았습니다'라는 정중형의 과거부정형을 만들 때는, 정중형의 부정형에
「でした」를 접속시키거나, ない형의 과거형에 「です」를 접속시킨다.
ない형의 과거형은 ない형에서의 어미 「い」를 「かった」로 바꾸면 된다.

I 5단동사(1류 동사)

買いません 사지 않습니다 + でした　　買いませんでした　　　사지 않았습니다
買わなかった 사지 않았다 + です　　　買わなかったです

行きません 가지 않습니다 + でした　　行きませんでした　　　가지 않았습니다
行かなかった 가지 않았다 + です　　　行かなかったです

休みません 쉬지 않습니다 + でした　　休みませんでした　　　쉬지 않았습니다
休まなかった 쉬지 않았다 + です　　　休まなかったです

入りません 들어가지 않습니다 + でした　入りませんでした　　　들어가지 않았습니다
入らなかった 들어가지 않았다 + です　　入らなかったです

II 1단동사(2류 동사)

食べません 먹지 않습니다 + でした　　食べませんでした　　　먹지 않았습니다
食べなかった 먹지 않았다 + です　　　食べなかったです

見ません 보지 않습니다 + でした　　　見ませんでした　　　　보지 않았습니다
見なかった 보지 않았다 + です　　　　見なかったです

起きません 일어나지 않습니다 + でした　起きませんでした　　　일어나지 않았습니다
起きなかった 일어나지 않았다 + です　　起きなかったです

III 변격동사(3류 동사)

来ません 오지 않습니다 + でした　　来ませんでした　　　　오지 않았습니다
来なかった 오지 않았다 + です　　　来なかったです

しません 하지 않습니다 + でした　　しませんでした　　　　하지 않았습니다
しなかった 하지 않았다 + です　　　しなかったです

● 희망표현

동사의 ます형 어간에 「たい」가 접속하면 '~하고 싶다'라는 희망표현이 된다.
〈동사의 ます형 어간〉이란, 동사를 ます형으로 바꾼 후, 어미 「ます」를 제외한 앞부분을 말한다.

Ⅰ 5단동사(1류 동사)

買<ruby>う<rt>か</rt></ruby> 사다　　　　買<ruby>い<rt>か</rt></ruby> ます 삽니다　　　　買<ruby>いたい<rt>か</rt></ruby> 사고 싶다
　　　　　　　　　└→ ます형 어간 + たい

行<ruby>く<rt>い</rt></ruby> 가다　　　　行<ruby>き<rt>い</rt></ruby> ます 갑니다　　　　行<ruby>きたい<rt>い</rt></ruby> 가고 싶다
　　　　　　　　　└→ ます형 어간 + たい

休<ruby>む<rt>やす</rt></ruby> 쉬다　　　　休<ruby>み<rt>やす</rt></ruby> ます 쉽니다　　　　休<ruby>みたい<rt>やす</rt></ruby> 쉬고 싶다
　　　　　　　　　└→ ます형 어간 + たい

入<ruby>る<rt>はい</rt></ruby> 들어가다　　入<ruby>り<rt>はい</rt></ruby> ます 들어갑니다　　入<ruby>りたい<rt>はい</rt></ruby> 들어가고 싶다
　　　　　　　　　└→ ます형 어간 + たい

Ⅱ 1단동사(2류 동사)

食<ruby>べる<rt>た</rt></ruby> 먹다　　　　食<ruby>べ<rt>た</rt></ruby> ます 먹습니다　　　食<ruby>べたい<rt>た</rt></ruby> 먹고 싶다
　　　　　　　　　└→ ます형 어간 + たい

見<ruby>る<rt>み</rt></ruby> 보다　　　　見<ruby>み<rt>み</rt></ruby> ます 봅니다　　　　見<ruby>たい<rt>み</rt></ruby> 보고 싶다
　　　　　　　　　└→ ます형 어간 + たい

起<ruby>きる<rt>お</rt></ruby> 일어나다　　起<ruby>き<rt>お</rt></ruby> ます 일어납니다　　起<ruby>きたい<rt>お</rt></ruby> 일어나고 싶다
　　　　　　　　　└→ ます형 어간 + たい

Ⅲ 변격동사(3류 동사)

来<ruby>る<rt>く</rt></ruby> 오다　　　　来<ruby>ます<rt>き</rt></ruby> 옵니다　　　　来<ruby>たい<rt>き</rt></ruby> 오고 싶다
する 하다　　　　します 합니다　　　　したい 하고 싶다

● 가능형

'~할 수 있다'라는 가능의 뜻을 나타낸다.

Ⅰ 5단동사(1류 동사)

어미를 「え단」으로 바꾼 후, 「る」를 접속시킨다.

買う 사다　　　　　　買える 살 수 있다　　　　買う → 'う의 え단'인 え + る → 買える

行く 가다　　　　　　行ける 갈 수 있다　　　　行く → 'く의 え단'인 け + る → 行ける

休む 쉬다　　　　　　休める 쉴 수 있다　　　　休む → 'む의 え단'인 め + る → 休める

入る 들어가다　　　　入れる 들어갈 수 있다　　入る → 'る의 え단'인 れ + る → 入れる

Ⅱ 1단동사(2류 동사)

어미 「る」을 없앤 후, 「られる」를 접속시킨다.

食べる 먹다　　　　　食べられる 먹을 수 있다　　食べる + られる → 食べられる

見る 보다　　　　　　見られる 볼 수 있다　　　　見る + られる → 見られる

起きる 일어나다　　　起きられる 일어날 수 있다　起きる + られる → 起きられる

Ⅲ 변격동사(3류 동사)

来る 오다　　　　　　来られる 올 수 있다

する 하다　　　　　　できる 할 수 있다

● 의지 · 청유형

'~해야지' 또는 '~하자'라는 자신의 의지나 권유를 나타내는 표현이다.

Ⅰ 5단동사(1류 동사)

어미를 「お단」으로 바꾼 후, 「う」를 접속시킨다.

買う 사다	買おう 사자, 사야지	買う ⋯'う의 お단'인 お + う → 買おう
行く 가다	行こう 가자, 가야지	行く ⋯'く의 お단'인 こ + う → 行こう
休む 쉬다	休もう 쉬자, 쉬어야지	休む ⋯'む의 お단'인 も + う → 休もう
入る 들어가다	入ろう 들어가자, 들어가야지	入る ⋯'る의 お단'인 ろ + う → 入ろう

Ⅱ 1단동사(2류 동사)

어미 「る」을 없앤 후, 「よう」를 접속시킨다.

食べる 먹다	食べよう 먹자, 먹어야지	食べる + よう → 食べよう
見る 보다	見よう 보자, 봐야지	見る + よう → 見よう
起きる 일어나다	起きよう 일어나자, 일어나야지	起きる + よう → 起きよう

Ⅲ 변격동사(3류 동사)

来る 오다	来よう 오자, 와야지
する 하다	しよう 하자, 해야지

□ 会う 만나다	□ 合う 맞다
□ 開く 열리다	□ 開ける 열다
□ 遊ぶ 놀다	□ 洗う 씻다, 닦다
□ 歩く 걷다	□ 言う 말하다
□ 行く 가다	□ 来る 오다
□ 入る 들어가다	□ 入れる 넣다
□ 動く 움직이다	□ 歌う 노래하다
□ 踊る 춤추다	□ 選ぶ 고르다, 선택하다
□ 買う 사다	□ 売る 팔다
□ 置く 두다	□ 起きる 일어나다
□ 教える 가르치다	□ 習う 배우다
□ 驚く 놀라다	□ 覚える 기억하다
□ 思う 생각하다	□ 考える 생각하다
□ 泳ぐ 헤엄치다	□ 終わる 끝나다
□ 返す 돌려주다	□ 帰る 돌아오다
□ 書く 쓰다	□ 読む 읽다
□ 勝つ 이기다	□ 負ける 지다
□ 噛む 물다, 씹다	□ 切る 자르다
□ 聞く 듣다	□ 話す 말하다
□ 着る 입다	□ 脱ぐ 벗다
□ 探す 찾다	□ 咲く (꽃이)피다
□ 死ぬ 죽다	□ 沈む (물 속에)가라앉다
□ 知る 알다	□ 吸う (담배 등을)피우다
□ 過ぎる 지나가다	□ 進む 나아가다

□ 住む 살다
□ 座る 앉다
□ 食べる 먹다
□ 使う 사용하다
□ 疲れる 피곤하다
□ 働く 일하다
□ 続ける 계속하다
□ 飛ぶ 날다
□ 待つ 기다리다
□ 慣れる 익숙해지다
□ 逃げる 도망가다
□ 残る 남다
□ 乗る 타다
□ 走る 달리다
□ 話す 이야기하다
□ 見る 보다
□ 貼る 붙이다
□ 晴れる 날씨가 맑다
□ 太る 살찌다
□ 守る 지키다
□ 磨く 닦다
□ 呼ぶ 부르다
□ 忘れる 잊다

□ 寝る 자다
□ 立つ 서다
□ 飲む 마시다
□ 違う 다르다, 틀리다
□ 作る 만들다
□ 伝える 전하다
□ できる 할 수 있다
□ 泊る 숙박하다, 묵다
□ 持つ 들다, 가지다
□ 握る 쥐다
□ 濡れる 젖다
□ 登る 오르다
□ 降りる 내리다
□ 降る (비나 눈이)내리다
□ 払う 지불하다
□ はやる 유행하다
□ 光る 빛나다
□ 曇る 날씨가 흐리다
□ やせる 마르다
□ 迷う 길을 잃다, 헤매다
□ 迎える 맞이하다, 마중하다
□ わかる 알다, 이해하다
□ 笑う 웃다

起きる
일어나다

今朝は 七時に 起きました。오늘 아침은 7시에 일어났습니다. ⑦
→ 今朝、七時に 起きた。오늘 아침, 7시에 일어났다.

洗う
씻다, 닦다

顔を 洗いました。세수를 했습니다. ⑦
→ 顔を 洗った。세수를 했다.

磨く
닦다

歯を 磨きました。양치를 했습니다. ⑦
→ 歯を 磨いた。양치를 했다.

食べる 먹다
出る 나오다

朝ごはんを 食べて、家を 出ました。아침을 먹고, 집을 나섰습니다. ⑦
→ 朝ごはんを 食べて、家を 出た。아침을 먹고, 집을 나섰다.

勉強する
공부하다

学校で 勉強しました。학교에서 공부했습니다. ⑦
→ 学校で 勉強した。학교에서 공부했다.

話す
이야기하다

友だちと 話しました。친구와 이야기했습니다. ⑦
→ 友だちと 話した。친구와 이야기했다.

帰る
돌아가다/오다

家に 帰りました。 집에 돌아왔습니다.
→ 家に 帰った。 집에 돌아갔다.

⑦⑧

見る
보다

テレビを 見ました。 텔레비전을 봤습니다.
→ テレビを 見た。 텔레비전을 봤다.

⑦⑨

読む
읽다

本を 読みました。 책을 읽었습니다.
→ 本を 読んだ。 책을 읽었다.

⑧⓪

お風呂に 入る
목욕하다

お風呂に 入りました。 목욕을 했습니다.
→ お風呂に 入った。 목욕을 했다.

⑧①

寝る
자다

ベッドで 寝ました。 침대에서 잤습니다.
→ ベッドで 寝た。 침대에서 잤다.

⑧②

夢を見る
꿈을 꾸다

いい夢を 見ました。 좋은 꿈을 꿨습니다.
→ いい夢を 見た。 좋은 꿈을 꿨다.

⑧③

Part **3**

일미리 첫걸음 상세 해설

① # 日本へ 行こう。 일본에 가자.
にほん い

字幕 なんて 要らない。
じまく い
자막　같은 건　필요 없다

● 「なんて」는 '~따위, ~같은 건'이라는 뜻으로 〈경시〉의 뜻을 내포하고 있다.

● 「要らない」는 「要る 필요하다」의 부정형이다.
　〈「要る」의 부정형〉은 어미 「る」를 'る의 あ단'인 「ら」로 바꾼 후, 부정의 조동사 「ない」를 접속시킨다.

　要**る**…→ら + ない → 要らない
　い　　　　　　　　　 い

あなたなんて、要らない。
い
당신 따윈 필요 없어.

나 또한 그러하요~.

全然 わからない。
ぜんぜん
전혀　모른다

● 「わからない」는 「わかる 알다, 이해하다」의 부정형이다.
　〈「わかる」의 부정형〉은 어미 「る」를 'る의 あ단'인 「ら」로 바꾼 후, 부정의 조동사 「ない」를 접속시킨다.

　わか**る**…→ら + ない → わからない

あきらめよう か。
포기하자　~까?　→　포기할까?

● 「あきらめよう」는 「あきらめる 포기하다」의 의지형이다.
　〈「あきらめる」의 의지형〉은 어미 「る」를 없앤 후, 의지를 나타내는 조동사 「よう」를 접속시킨다.

　あきらめ**る**+ よう → あきらめよう

● 「か」는 〈의문형 조사〉로 문장의 마지막에 접속하여 의문형을 만든다.

1-④

これ は、時間 の 無駄 だ。
이것　은　　시간　　　낭비　다

● 사물을 가리키는 지시대명사

이것	그것	저것	어느 것
これ	それ	あれ	どれ

● 「は」는 '~은/는'이라는 뜻의 조사로, 「は」가 조사로 사용될 경우에는 [wa]로 발음한다.

● 일본어에서 명사와 명사가 접속할 경우에는 사이에 조사 「の」가 들어간다.
　문맥에 따라 '~의'로 해석할 수도 있고, 하지 않을 수도 있다.

　　명사 ＋ の ＋ 명사

● 「~だ」는 명사 또는 な형용사의 어간(사전형)에 접속하여 '~(이)다'라는 짧은 문장을 만든다.

　　명사
　　な형용사　＋ だ ＝ (명사)이다
　　　　　　　　　　　　(な형용사)이다

먹으려고 할 때 오는 전화는 정말 いやだ싫다.

오늘 점심은 ラーメンだ라면이다.

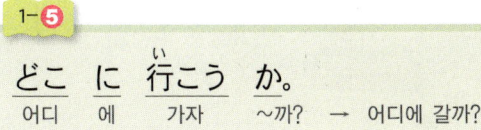

1-⑤

どこ に 行こう か。
어디　에　　가자　~까? → 어디에 갈까?

● 위치를 가리키는 지시대명사

여기	거기	저기	어디
ここ	そこ	あそこ	どこ

● 「行こう」는 「行く 가다」의 의지형이다.
　〈「行く」의 의지형〉은 어미 「く」를 'く의 お단'인 「こ」로 바꾼 후, 「う」를 접속시킨다.

　　行く → こ ＋ う → 行こう

● 「か」는 〈의문형 조사〉로 문장의 마지막에 접속하여 의문형을 만든다.

79

日本 は はじめてだから、東京 へ 行こう。
にほん　　　　　　　　　　　　　　　とうきょう　　い
일본　은　　처음이니까　　　　　도쿄　에　가자

● 「はじめてだから」는 「はじめてだ 처음이다, 최초다」에, 원인·이유를 나타내는 「〜から 〜(이)니까, 〜(이)므로」
가 접속된 형태이다.

から의 접속방법

● 명사와 な형용사에 접속할 경우에는 [명사, な형용사 + だ + から]의 형태로 접속한다.

学生 학생 + だ + から…。학생이니까 ….
がくせい
명사

● 동사와 い형용사에 접속할 경우에는 [동사, い형용사 + から]의 형태로 접속한다.

学校に 行く 학교에 가다 + から…。학교에 갈 테니까 ….
がっこう　い
동사

旅行会社、航空会社、行く必要 も ない。
りょこうがいしゃ　こうくうがいしゃ　い　ひつよう
여행사　　　　　항공사　　　　갈 필요　도　없다

● 「行く必要」는 동사의 기본형 「行く 가다」에, 명사 「必要 필요」가 접속하여 '갈 필요'라는 뜻을 나타낸다.
い　ひつよう
동사의 기본형에 명사가 접속하면 '〜할/을 명사'라는 뜻이 된다.

食べる 먹다 + もの 것 = 食べるもの 먹을 것
た　　　　　　　　　　　　た
する 하다 + こと 것 = すること 할 것

食べるもの 먹을 것은
た
野菜 야채뿐이네.
やさい

インターネット で 調べて、電話 で、OK。
しら　　でんわ
인터넷　　　으로　검색하고　전화　로　OK

● 「調べて」는 「調べる 조사하다」의 て형으로 '조사하고, 조사해서'라는 뜻이다.
しら　　しら
여기서는 앞에 '인터넷'이라는 주어가 왔으므로, '검색하다'라고 자연스럽게 해석하자.
〈「調べる」의 て형〉은 어미 「る」를 없앤 후, 「て」를 접속시킨다.

調べる + て → 調べて
しら　　　　　　しら

② 空港で 공항에서
くうこう

ここ は どこ?
여기 는 어디?

● 위치를 가리키는 지시대명사

여기	거기	저기	어디
ここ	そこ	あそこ	どこ

こちら に 貼って おきます ね。
이쪽 에 붙여 두겠습니다 [종조사]

● 위치를 가리키는 지시대명사(정중한 표현)

이쪽	그쪽	저쪽	어느 쪽
こちら	そちら	あちら	どちら

● 「貼って」는 「貼る 붙이다」의 て형으로 '붙이고, 붙여'라는 뜻이다.
〈「貼る」의 て형〉은 어미 「る」를 작은 「っ」로 바꾼 후, 「て」를 접속시킨다.

  貼る ····→ っ + て → 貼って

● 「おきます」는 「おく 놓다, 두다」의 정중형이다.
〈「おく」의 정중형〉은 어미 「く」를 'く의 い단'인 「き」로 바꾼 후, 「ます」를 접속시킨다.

  お く ····→ き + ます → おきます

● 동사의 て형에 「おく」가 접속하면 '~해 두다'라는 〈일시적인 조치〉나 〈나중을 위한 준비〉의 의미로 쓰인다.

우선 여기까지 しておく 해 두다.

말이 하면 머리 커져.
우선 여기까지
공부해두자~

나나 몰래 食べておく 먹어 두다.

나나 몰래
먹어두자~. 같이 먹으면
속도에서 밀리니까.

搭乗券 を 拝見します。
とうじょうけん　　　はいけん

탑승권　　を　　보겠습니다

● 「搭乗券」은 「ボーディングパス(boarding pass)」라고도 한다.
　とうじょうけん

● 「拝見します」는 「見ます 봅니다」의 겸양어다. 겸양어란 자신을 낮춰 말해 상대를 높이는 말이다.
　はいけん　　　　　　み

「見ます」는 「見る 보다」의 정중형이다.
　み　　　　　　み

〈「見る」의 정중형〉은 어미 「る」를 없앤 후, 「ます」를 접속시킨다.
　　み

　　　み　　　　　　　　　　み
　　見る + ます → 見ます

搭乗券 よろしいです か。
とうじょうけん

탑승권　　괜찮습니다　　～까?　→　탑승권 괜찮겠습니까?

● 「よろしい」는 「いい 좋다, 괜찮다」의 공손한 표현이다.

い형용사의 정중형은 기본형에 「～です ～입니다」를 접속시킨다.

いい + です → いいです 좋습니다, 괜찮습니다

よろしい + です → よろしいです 좋습니다, 괜찮습니다

いらっしゃいませ。
어서 오세요

● 「いらっしゃいませ」는 상업적으로 손님을 맞이할 때 쓰는 인사말이다.

자기 집에 방문한 손님을 맞이할 때에는 「いらっしゃい」라고 한다.

シートベルト を おしめください。
안전벨트　　를　　매 주십시오

● 「おしめください」는 「しめてください 매 주세요」의 존경표현이다.

「しめてください」는 「しめる 매다」의 て형에 「～ください ～해 주세요」가 접속되어 〈의뢰표현〉이
된 것이다. 〈「しめる」의 て형〉은 어미 「る」을 없앤 후, 「て」를 접속시킨다.

　しめる + て → しめて + ください → しめてください

2-**7**

1 どういう ご関係 ですか。
かんけい
어떤 　관계 　입니까?

- 「ご関係」는 「関係 관계」에 존경을 나타내는 접두사 「ご」가 접속된 형태이다.
かんけい　　　かんけい

- 「ですか」는 「です 입니다」에 의문을 나타내는 조사 「か」가 접속하여 '입니까?'라는 뜻을 나타낸다.

2 おば です。
이모 　입니다

- 「おば」는 '아줌마, 아주머니'라는 뜻과 '이모, 고모, 숙모, 외숙모'를 총칭해서 쓰인다.
  '아저씨'라는 뜻의 「おじ」 역시 '이모부, 고모부, 삼촌, 외삼촌'을 총칭해서 쓴다.
  다른 사람에게 내쪽 사람(가족이나 친척)을 말할 때는 「おば」「おじ」라고 하지만, 남의 친척을
  말하거나 본인과 직접 이야기할 경우에는 「おばさん」「おじさん」이라고 해야 한다.

2-**8**

1 どういう 友だち ですか。
とも
어떤 　친구 　입니까?

- 「友だち」는 단수로 '친구'라는 의미와 복수로 '친구들'이라는 의미를 함께 가지고 있다.
  とも
  '정말 친한 친구'를 말할 때는 「親友」 또는 「友人」이라고도 한다.
  しんゆう　　　ゆうじん

2 学生時代 の 友だち です。
がくせいじだい　　 とも
학창시절 　(의) 친구 　입니다

- 「学生時代」는 직역하면 '학생시대'이나, 어색한 표현이므로 자연스럽게 '학창시절'로 번역하자.
  がくせいじだい

2-**9**

すみません。
저기요

- 「すみません」은 사과의 의미인 '죄송합니다'로 주로 알고 있으나, 이 외에 '감사합니다'라는 뜻과
  함께, 가게 등에서 점원을 부를 때 '저기요', 모르는 사람에게 말을 걸 때나 남의 집에 방문할 때
  '실례합니다' 등의 의미로도 많이 쓰인다.

②
약흥에서

これ、もう 一枚_{いちまい}…。

이거,   한 장   더…   →   이거, 한 장 더….

● 사물을 가리키는 지시대명사

이거	그거	저거	어느 거
これ	それ	あれ	どれ

● 「枚_{まい}」는 '~장'이라는 뜻으로 얇고 평평한 것을 세는 단위이다.

紙_{かみ} 종이   切符_{きっぷ} 표   切手_{きって} 우표   Tシャツ T셔츠   皿_{さら} 접시 등을 셀 때 사용한다.

これ、もう 一枚_{いちまい} もらえますか。

이거,   더   한 장   받을 수 있습니까?   →   이거, 한 장 더 받을 수 있습니까?

● 「もらえますか」는 「もらえます 받을 수 있습니다」에 의문형 조사 「か」가 붙은 형태이다.
「もらえます」는 「もらう 받다」의 가능형인 「もらえる 받을 수 있다」의 정중형이다.
〈「もらう」의 가능형〉은 어미 「う」를 'う의 え단'인 「え」로 바꾼 후, 「る」를 접속시킨다.

もら**う**…え + る → もらえる

〈「もらえる」의 정중형〉은 어미 「る」를 없앤 후, 「ます」를 접속시킨다.

もらえ**る** + ます → もらえます

これ、もう 一枚_{いちまい} ください。

이거,   더   한 장   주세요   →   이거, 한 장 더 주세요.

● 「もう」는 부사로 '이미, 벌써, 이제'라는 뜻과 '더, 그 위에, 또'라는 뜻, 그리고 '곧, 머지않아'라는 뜻이 있다.

● 「ください」는 '주세요'라는 뜻으로 단독으로도 쓰인다.

お飲_のみ物_{もの} は いかがですか。

음료   는   어떻습니까?

● 「お飲_のみ物_{もの}」는 「飲_のみ物_{もの} 음료」 앞에 존경을 나타내는 접두사 「お」를 붙여 정중하게 표현한 것이다.

● 「いかがですか」는 「どうですか 어떻습니까?」의 정중한 표현이다.

何 が あります か。

<ruby>何<rt>なに</rt></ruby> が あります か。

무엇 이 있습니다 ~까? → 무엇이 있습니까?

● 「あります」는 존재 유무를 나타내는 동사 「ある 있다」의 정중형이다.

〈「ある」의 정중형〉은 어미 「る」를 '증의 い단'인 「り」로 바꾼 후, 「ます」를 접속시킨다.

あ**る** ┈→ り + ます → あります

● 일본어의 존재동사

일본어의 존재동사에는 「いる」와 「ある」가 있는데, 본인의 의지나 본능대로 움직일 수 있는 것은 「いる」, 움직일 수 없는 무생물이나 식물은 「ある」를 사용한다.

いる	ある
* 人 사람 (大人 어른 子供 아이 お年より 노인…) * 動物 동물 (犬 개 猫 고양이…) * 虫 벌레 (昆虫 곤충) * 魚 생선 …	* 植物 식물 (花 꽃 木 나무…) * 無生物 무생물 (テレビ 텔레비전 冷蔵庫 냉장고 つくえ 책상 いす 의자…) * 仕事 일 宿題 숙제 …

「ある」를 쓰는 것 중에 살아있는 건 너(식물)밖에 없구나.

味噌汁 ください。

<ruby>味噌汁<rt>みそしる</rt></ruby> ください。

된장국 주세요

● 「味噌汁」는 '일본식 된장'인 「味噌」를 맑게 끓인 '일본식 된장국'이다.

여기서 「汁」는 '국물'이라는 뜻으로 단독으로도 사용한다.

おさげします。
치우겠습니다

● 「おさげします」는 「さげます 치웁니다」의 겸양표현으로, 자신을 낮춰 말해, 상대를 높여주는 표현이다. 「さげます」는 「さげる (밥상 등을)물리다, 치우다」의 정중형이다.
〈「さげる」의 정중형〉은 어미 「る」를 없앤 후, 「ます」를 접속시킨다.

さげ る + ます → さげます

お飲み物 の コーヒー いかがですか。
　の　　もの
음료　　인　　커피　　어떠십니까?

● 「の」는 '~인, ~라는'이라는 뜻의 〈동격〉을 나타내는 말이다.
「の」는 뜻이 많은 조사이므로, 나올 때마다 어떤 뜻으로 사용되었는지 확인하자.

● 「いかがですか」는 「どうですか? 어떻습니까?」의 정중한 표현이다.

はい。
예

● 「はい」는 긍정의 대답이다.

いいえ。けっこうです。
아니요　　됐습니다

● 「いいえ」는 부정의 대답이다.

● 「けっこうです」는 사양을 나타내는 표현이다. 통째로 외우자.

免税品 を お持ちしております。
면세품 을 준비했습니다

- 「お持ちしております」는 「持っています 가지고 있습니다」의 매우 정중한 겸양표현으로, 손님에게 서비스를 행하는 사람들이 주로 사용하는 말이다.
  「持っています」는 「持つ 가지다」의 て형인 「持って 가지고」에, 상태의 뜻을 나타내는 「~います ~있습니다」가 접속되어 '가지고 있습니다'라는 상태의 뜻을 나타낸다.
  〈「持つ」의 て형〉은 어미 「つ」를 작은 「っ」로 바꾼 후, 「て」를 접속시킨다.

  持つ…っ + て → 持って

すみません。歯ブラシ、もらえますか。
저기요 칫솔 받을 수 있습니까?

- '치약'은 「歯磨き粉」 또는 「歯磨き」라고 한다. 여기서 「歯」는 '치아'이고, 「磨き」는 동사 「磨く 닦다」가 명사화된 것이고, 「粉」는 '분말, 가루'라는 뜻이다. 동사의 ます형 어간은 명사취급을 할 수 있다.

  歯 치아 + 磨き 닦음 + 粉 가루 = 歯磨き粉 이를 닦는 가루 → 치약

- 「もらえますか」는 「もらえます 받을 수 있습니다」에 의문형 조사 「か」가 붙은 형태이다.
  「もらえます」는 「もらう 받다」의 가능형인 「もらえる 받을 수 있다」의 정중형이다.
  〈「もらう」의 가능형〉은 어미 「う」를 '우의 え단'인 「え」로 바꾼 후, 「る」를 접속시킨다.

  もらう…え + る → もらえる

  〈「もらえる」의 정중형〉은 어미 「る」를 없앤 후, 「ます」를 접속시킨다.

  もらえる + ます → もらえます

歯ブラシ ですか。かしこまりました。
칫솔 말입니까? 알겠습니다

- 상대가 한 말을 「~ですか」라고 되묻는 것은 상대의 말을 확인하는 표현이다.
  직역하면 '~입니까?'가 되지만, 문맥에 맞게 '~말입니까?'라고 자연스럽게 번역하자.

- 「かしこまりました」는 「わかりました 알겠습니다」의 겸양어로, 자신을 낮춤으로 상대를 높이는 말이다.

2-23

トイレ は どこですか。
화장실　은　어디입니까?

● '화장실'은 「トイレ」 이외에 「お手洗い」라고도 한다.
「お手洗い」는 직역하면 '손 씻음'이라는 뜻으로, 여기서 「お手」는 「手 손」의 정중한 표현이고,
「洗い」는 동사 「洗う 씻다」가 명사화된 것이다. 동사의 ます형 어간은 명사취급을 할 수 있다.

　　お手 손 ＋ 洗い 씻음 ＝ お手洗い 손 씻는 곳 → 화장실

2-24

あちら　でございます。
저쪽　　　입니다

● 「～でございます」는 「～です ～입니다」의 정중한 표현이다. 우리말로는 그냥 '입니다'로 해석하면 된다.

2-25

ちょっと 寒いんで、毛布 を もらえますか。
조금　　　추운데　　담요　를　받을 수 있습니까?

● 「寒いんで」는 「寒いので 추우므로, 추운데」의 회화체 표현이다.
「ので ～이므로」는 줄여서 「んで」로 말할 수 있다.

2-26

飛行機 よい みたいですが、薬 ありますか。
비행기　멀미　같은데요　　　약　있습니까?

● 「よい」는 동사 「酔う 술에 취하다, 멀미하다」가 명사화된 것으로 '취함, 멀미'라는 뜻이다.
술 마신 다음날의 '숙취'는 「二日酔い」, '배'는 「船」이지만, '뱃멀미'는 「船酔い」라고 한다.

2-27

あ、少々 お待ちください。すぐ、お持ちします。
아　잠시　기다려 주세요　바로　가져 오겠습니다

● 「お待ちください」는 「待ってください 기다려 주세요」의 존경표현이다.
「待ってください」는 「待つ 기다리다」의 て형인 「待って 기다리고, 기다려서」에 「ください 주세요」가 접속된
형태이다.

〈「待つ」의 て형〉은 어미 「つ」를 작은 「っ」로 바꾼 후, 「て」를 접속시킨다.

待つ…っ + て → 待って

● 「お持ちします」는 「持ちます 가집니다」의 겸양표현이다.
「持ちます」는 「持つ 가지다」의 정중형이다.
〈「持つ」의 정중형〉은 어미 「つ」를 'つ의 い단'인 「ち」로 바꾼 후, 「ます」를 접속시킨다.

持つ…ち + ます → 持ちます

2-28

ボールペン を 貸してもらえますか。
볼펜　　　　을　　　빌릴 수 있습니까?

● 「貸してもらえますか」는 「貸す 빌려주다」의 て형인 「貸して 빌려주고, 빌려줘서」에 「もらえますか 받을
수 있습니까?」가 접속한 형태로, 직역하면 '빌려줌을 받을 수 있습니까?'라는 이상한 번역이 된다.
상대방에게 '당신이 빌려주는 것을 내가 받을 수 있겠느냐'는 의미이므로, 자연스럽게 '빌릴 수 있습
니까?'로 해석하자.
〈「貸す」의 て형〉은 어미 「す」를 'す의 い단'인 「し」로 바꾼 후, 「て」를 접속시킨다.

貸す…し + て → 貸して

2-29

ない、ない、どこにも ない。
없다　 없다　 어디에도　 없다

2-30

指紋 を 読み取ります。
지문　을　 채취하겠습니다

● 「読み取ります」는 「読み取る 채취하다, 알아차리다」의 정중형이다.
〈「読み取る」의 정중형〉은 어미 「る」를 'る의 い단'인 「り」로 바꾼 후, 「ます」를 접속시킨다.

読み取る…り + ます → 読み取ります

2-31

顔写真 を 撮ります。
얼굴사진　을　 찍겠습니다

● 「撮ります」는 「撮る (사진을)찍다」의 정중형이다.

〈「撮る」의 정중형〉은 어미「る」를 'る의 い단'인「り」로 바꾼 후,「ます」를 접속시킨다.

撮る …→ り + ます → 撮ります

何か 緊張する ね。
왠지　긴장되다　[종조사]

● 「何か」는 부사로 '어쩐지, 어딘지 모르게'라는 의미가 있다.

● 「ね」는 문장의 끝에 붙는 종조사로 문장을 자연스럽게 만들어 준다.

どうぞ。
여기 있습니다

● 「どうぞ」는 상대편에게 무언가를 허락하거나 권할 때 쓰는 말이다.
대답을 할 때에는「どうも 고맙습니다」라고 한다.

1 入国 の 目的 は 何ですか。
　입국　　　목적　은　무엇입니까?

● 「入国 입국」과「目的 목적」이 명사이므로, 사이에「の」가 들어간다. 해석할 때 '~의'라고 해석할
경우도 있지만, 여기서는 해석하지 않는 것이 자연스럽다.

2 旅行 です。
　여행　입니다

● 「です」는 명사에 바로 접속하여 '~입니다'라는 간단한 명사문을 만든다.

3 出張 です。
しゅっちょう
출장　입니다

4 親戚 の 家 の 訪問 です。
しんせき　　いえ　　ほうもん
친척　　집　　방문　입니다

● 「親戚 친척」, 「家 집」, 「訪問 방문」 모두 〈명사〉이므로 사이에 「の」가 들어갔다.
しんせき　　　いえ　　ほうもん

5 どこ に 泊まりますか。
と
어디　에　숙박합니까?

● 위치를 가리키는 지시대명사

여기	거기	저기	어디
ここ	そこ	あそこ	どこ

● 「泊まりますか」는 「泊まる 숙박하다, 묵다」의 정중형에 의문을 나타내는 「か」가 접속된 것이다.
と　　　　　　　　と
〈「泊まる」의 정중형〉은 어미 「る」를 '르의 い단'인 「り」로 바꾼 후, 「ます」를 접속시킨다.
と

泊ま**る**…▶ り + ます → 泊まります
と　　　　　　　　　　　　と

6 新宿 の プリンスホテル です。
しんじゅく
신주쿠　(의)　프린스호텔　입니다

7 親戚 の 家 です。
しんせき　　いえ
친척　　집　입니다

8 滞在期間 は 何日間 ですか。
たいざい き かん　　なんにちかん
체류기간　은　며칠간　입니까?

● 「何日」는 '며칠'이라는 뜻으로, '몇 월 며칠입니까?'라고 할 때는 「何月何日ですか」라고 한다.
なんにち　　　　　　　　　　　　　　　　　　　　なんがつなんにち

9 　三日間 です。
みっか かん
3일간　입니다

10 　今日、　帰ります。
きょう　　かえ
오늘　　돌아갑니다

● おととい 그저께 ← きのう 어제 ← 今日 오늘 → あした 내일 → あさって 모레
きょう

● 「帰ります」는 「帰る 돌아가다/오다」의 정중형이다.
かえ　　　　　かえ
〈「帰る」의 정중형〉은 어미 「る」를 'る의 い단'인 「り」로 바꾼 후, 「ます」를 접속시킨다.

帰る…り + ます → 帰ります
かえ

11 　飛行機 の チケット を 見せてください。
ひこうき　　　　　　　　　み
비행기　　　티켓　　을　　보여 주세요

● 「見せてください」는 「見せる 보이다」의 て형에 「ください 주세요」가 접속하여 '보여 주세요'라는
み　　　　　　　　　み
뜻의 의뢰표현이 된 것이다. 〈「見せる」의 て형〉은 어미 「る」를 없앤 후, 「て」를 접속시킨다.

見せる + て → 見せて
み　　　　　　み

12 　どうぞ。
여기 있습니다

● 무언가를 상대편에게 권하거나, 허락할 때 쓰는 공손한 표현이다.

2-35

1 　何月 ですか。
なんがつ
몇 월　입니까?

2 　何日 ですか。
なんにち
며칠　입니까?

3

何曜日 ですか。
<ruby>なんようび</ruby>
무슨 요일 입니까?

4

お誕生日 は 何月 何日 ですか。
<ruby>たんじょうび</ruby> <ruby>なんがつ</ruby> <ruby>なんにち</ruby>
생일 은 몇 월 며칠 입니까?

● '생일'은 「誕生日」인데, 앞에 「お」가 붙은 것은 「誕生日」를 정중하게 표현하기 위함이다.
상대방의 생일을 물을 때는 항상 「お」를 붙여 말하는 것이 좋고, 자신의 생일을 말할 경우에는 「お」를
붙이면 안 된다.

5

今日 は 何月 何日 何曜日 ですか。
<ruby>きょう</ruby> <ruby>なんがつ</ruby> <ruby>なんにち</ruby> <ruby>なんようび</ruby>
오늘 은 몇 월 며칠 무슨 요일 입니까?

2-36

もう、覚えた。…と、言いたい。
벌써 외웠다 라고 말하고 싶다

● 「覚えた」는 「覚える 기억하다, 외우다」의 과거형이다.
〈覚える의 과거형〉은 어미 「る」를 없앤 후, 과거형 조동사 「た」를 접속시킨다.

覚える + た → 覚えた

● 「言いたい」는 「言う 말하다」의 희망표현이다. 〈희망〉을 나타내는 조동사 「たい」는 동사 ます형
(정중형) 어간에 접속한다.
〈「言う」의 정중형〉은 어미 「う」를 '우의 い단'인 「い」로 바꾼 후, 「ます」를 접속시킨다.

言う…い + ます → 言います
어간

ます형 어간인 「言い」에 「たい」를 접속시키면, 〈희망표현〉이 된다.

言い + たい → 言いたい

③ 東京の交通 <ruby>東京<rt>とうきょう</rt></ruby>の<ruby>交通<rt>こうつう</rt></ruby> 도쿄의 교통

3-❶

<ruby>複雑<rt>ふくざつ</rt></ruby> すぎる。
복잡　　너무~하다 → 너무 복잡하다.

● 「すぎる」는 '지나가다, 통과하다'는 뜻과 '(정도가)지나치다, 도가 넘다'라는 뜻의 동사다.
　동사나 형용사에 접속하여 '너무~하다'라는 의미로도 쓰이는데, '너무 많아 지나치다, 과하다'는
　부정적인 의미를 내포하고 있다.

> **동사에 접속한 경우**

동사의 ます형 어간 + すぎる

<ruby>食<rt>た</rt></ruby>べすぎる 너무 먹다, 과식하다 : 「<ruby>食<rt>た</rt></ruby>べる 먹다」의 ます형 어간인 「<ruby>食<rt>た</rt></ruby>べ」에 「すぎる」를 접속시킨다.

> **い형용사에 접속한 경우**

い형용사의 어간 + すぎる

<ruby>暑<rt>あつ</rt></ruby>すぎる 너무 덥다 : 「<ruby>暑<rt>あつ</rt></ruby>い 덥다」의 어간 「<ruby>暑<rt>あつ</rt></ruby>」에 「すぎる」를 접속시킨다.

> **な형용사에 접속한 경우**

な형용사의 사전형 + すぎる

<ruby>簡単<rt>かんたん</rt></ruby>すぎる 너무 간단하다 : 사전형 「<ruby>簡単<rt>かんたん</rt></ruby>」에 「すぎる」를 접속시킨다.

3-❷

<ruby>日本<rt>にほん</rt></ruby>　の　<ruby>電車<rt>でんしゃ</rt></ruby>　は、どこにも　<ruby>行<rt>い</rt></ruby>けて　<ruby>便利<rt>べんり</rt></ruby>　だ　よ。
일본　　의　　전철　　은　　어디에도　갈 수 있어　편리　하다 [종조사]

● 「<ruby>行<rt>い</rt></ruby>けて」는 「<ruby>行<rt>い</rt></ruby>く 가다」의 가능형인 「<ruby>行<rt>い</rt></ruby>ける 갈 수 있다」의 て형이다.
　〈「<ruby>行<rt>い</rt></ruby>く」의 가능형〉은 어미 「く」를 'く의 え단'인 「け」로 바꾼 후, 「る」를 접속시킨다.

　<ruby>行<rt>い</rt></ruby>く → け + る → <ruby>行<rt>い</rt></ruby>ける

　〈「<ruby>行<rt>い</rt></ruby>ける」의 て형〉은 어미 「る」를 없앤 후, 「て」를 접속시킨다.

　<ruby>行<rt>い</rt></ruby>ける + て → <ruby>行<rt>い</rt></ruby>けて

● 「だ」는 단정의 조동사로 명사나 な형용사의 사전형에 접속하여 '~(이)다, ~하다'라는 뜻을 나타낸다.

あんた は、日本人 だ から でしょう。
너　　는　일본인　이다　~이니까　~이겠죠　→　넌 일본인이기 때문이겠죠.

● 「あんた」는 '너' 라는 뜻의 「あなた」의 줄임말로, 「あなた」보다 격이 없는 표현이다. 주로 아주 친한 사이에서나 아랫사람에게 사용한다.

● 「でしょう」는 상대방에게 동의나 다짐을 받아낼 때 쓰는 말로 '~이겠죠' 의 뜻을 나타낸다.

난 모르는 일이야.
知らない。
몰라.

무죄야~
이건 음모야~

あんたでしょう？
너지?

어서 불어!
냉장고 네가 털었지?
81페이지 넘기면 다 나와~.

地下鉄 より 電車 の 方 が 安い。
지하철　보다　전철　의　쪽　이　싸다

● 「~より~方が~」는 '~보다 ~쪽이 ~(하다)' 라는 뜻으로, 두 개의 사항을 비교하여 표현하는 문형이다.

複雑すぎる と、わかりにくい から。
너무 복잡하다　~면　알기 어렵다　~때문에　→ 너무 복잡하면 알기 어렵기 때문에.

● 「~と」는 '~면' 이라는 〈조건〉의 뜻을 나타낸다.
　동사와 い형용사에 접속할 경우에는 원형에, 명사와 な형용사에 접속할 경우에는 「だ + と」의 형태로 접속한다. 간혹 정중하게 말할 경우에는 「~ですと」「~ますと」의 형태를 취하기도 한다.

> 동사·い형용사 원형 + と
> 명사·な형용사의 사전형 + だ + と

● 「~にくい」는 동사의 ます형 어간에 접속하여 '~하기 어렵다' 라는 뜻을 나타낸다.
　'~하기 쉽다' 는 동사의 ます형 어간에 「~やすい」를 접속시킨다.
　「わかりにくい」는 「わかる 알다, 이해하다」의 ます형 어간인 「わかり」에 「にくい」가 접속된 형태이다.

わか~~る~~→り + ます → わかり**ます** + にくい → わかりにくい
　　　　　　어간

面倒くさかった んじゃない の？
_{귀찮았다}　　　_{~지 않느냐}　_[의문사] → 귀찮았던 거 아냐?

● 「面倒くさかった」는 「面倒くさい 귀찮다, 성가시다」의 과거형이다.
　〈い형용사의 과거형〉은 어미 「い」를 「かった」로 바꾸면 된다.

　面倒くさ**い**…かった → 面倒くさかった

● 「~んじゃない」는 동사와 い형용사 뒤에 붙어 '~지 않느냐' 라는 뜻을 나타낸다. 명사와 な형용사
　뒤에는 「~なんじゃない」의 형태로 접속한다. 「~んじゃないの」의 형태도 가능하다.

でも、よく わからない。
_{하지만}　_잘　_{모르겠다}

● 「わからない」는 「わかる 알다, 이해하다」의 부정형이다.
　〈「わかる」의 부정형〉은 어미 「る」를 'る의 あ단' 인 「ら」로 바꾼 후, 「ない」를 접속시킨다.

　わか**る**…ら + ない → わからない

何、これ。前 の と 全然 違う じゃん。
_{뭐야}　_{이거}　_앞　_{의 것}　_과　_{전혀}　_{다르다}　_{잖아}　→ 뭐야? 이거. 앞의 것과 전혀 다르잖아.

● 사물을 가리키는 지시대명사

이것	그것	저것	어느 것
これ	それ	あれ	どれ

● 「前の」에서의 「の」는 '~의 것' 이라는 뜻이다.

● 「じゃん」은 「~じゃないか ~(하)지 않은가」의 줄임말이다.
　「違うじゃん」은 직역하면 '다르지 않은가' 가 되는데, 자연스럽게 '다르잖아' 로 해석하자.

10円 未満 の Suica 残額 は ご利用 できません。
_{10엔}　_{미만}　_의　_{스이카}　_{잔액}　_은　_{이용}　_{할 수 없습니다}

● 'Suica(スイカ)' 는 철도회사인 'JR東日本' 의 승차카드다.

● 「ご利用」의 「ご」는 〈존경의 접두사〉로 「利用 이용」을 정중하게 표현한 것이다.

● 「できません」은 「できる 할 수 있다」의 정중형의 부정형이다.
　〈「できる」의 정중형의 부정형〉은 어미 「る」를 없앤 후, 「ません」을 접속시킨다.

　でき る + ません → できません

3-❿

すみません。 この、電車、新宿駅まで 行きますか。
　저기요　　　이　 전철　 신주쿠역까지　 갑니까?

● 「行きますか」는 「行く 가다」의 정중형에, 의문을 나타내는 「か」가 접속된 형태이다.
　〈「行く」의 정중형〉은 어미 「く」를 'く의 い단' 인 「き」로 바꾼 후, 「ます」를 접속시킨다.

　行 く … き + ます → 行きます

3-⓫

いいえ、この 次 の 電車 です。
　아니요　이　다음　 전철　 입니다

● 긍정의 대답은 「はい」, 부정의 대답은 「いいえ」다.
　친한 사이에서는 「はい」를 「ええ」, 「いいえ」를 「いえ」라고 줄여 말하기도 한다.

3-⓬

いや、 ここ じゃない。
　아니　여기　 ~가 아니다

● 「いや」는 부정의 대답으로 「いいえ」와 쓰임이 같다.

● 「～じゃない」는 「～ではない ~이(가) 아니다」의 줄임말로, 주로 회화체에서 사용된다.

테리우스~
나는 울보가 아니야.

맞아!
바보같아~.

私は泣き虫じゃない。
나는 울보가 아니야.

向こう の 方に 行ってください。
건너편　　　 쪽으로　　　 가 주세요

● 「行ってください」는 「行く 가다」의 て형에 「ください 주세요」가 접속한 의뢰표현이다.
〈「行く」의 て형〉은 「行って」이다. 5단동사의 て형 활용 중 예외 표현이므로, 그대로 암기해 두자.

行く → 行って + ください → 行ってください

三番線 の 方に 行ってください。
3번선　　　 쪽으로　　　 가 주세요

● 1번선~10번선까지 알아보자.

1번선	2번선	3번선	4번선	5번선
いちばんせん 一番線	にばんせん 二番線	さんばんせん 三番線	よんばんせん 四番線	ごばんせん 五番線
6번선	7번선	8번선	9번선	10번선
ろくばんせん 六番線	ななばんせん 七番線	はちばんせん 八番線	きゅうばんせん 九番線	じゅうばんせん 十番線

まもなく、三番線 に 品川 方面 の 下り 電車 が 参ります。
곧　　　 3번선 에 시나가와 방면 하행 전철 이 들어옵니다
危ないです から、黄色い 線 の 内側まで お下がり下さい。
위험합니다 이므로 노랗다 선　　 안쪽까지 물러서 주십시오

→ 곧 3번선에 시나가와 방면 하행 전철이 들어옵니다. 위험하므로 노란선 안쪽까지 물러서 주십시오.

● 「参ります」의 기본형 「参る」는 「行く 가다」 「来る 오다」의 겸양어로 자신을 낮춰 상대방을 높여 말할 때 사용하는 표현이다. 우리말에는 없는 표현이므로, 해석을 할 때에는 문맥에 맞춰 '갑니다, 옵니다'로 하지만, 매우 겸손한 표현이라는 것은 꼭 알아두자.

● 「危ないです」는 「危ない 위험하다」의 정중형이다.
い형용사의 정중형은 기본형에 「です」를 접속시키면 된다.

危ない + です → 危ないです

3-16

次 は 有楽町 です。
다음 은 유락쵸 입니다

3-17

反対側 の ドア が 開きます。
반대편 문 이 열립니다

● 「開きます」는 「開く 열리다」의 정중형이다.
　〈「開く」의 정중형〉은 어미 「く」를 'く의 い단'인 「き」로 바꾼 후, 「ます」를 접속시킨다.

開く …き + ます → 開きます

3-18

こちら の 側 の ドア が 開きます。
이쪽 측 문 이 열립니다 → 이쪽 문이 열립니다.

3-19

危ない から、 座ってください。
위험하다 이니까 앉아 주세요 → 위험하니까 앉아 주세요.

● 동사의 て형에 「ください」가 접속하면 '~해 주세요'의 뜻의 의뢰표현이 된다.
　「座ってください」는 「座る 앉다」의 て형에 「ください」가 접속된 형태이다.
　〈「座る」의 て형〉은 어미 「る」를 작은 「っ」로 바꾼 후, 「て」를 접속시킨다.

座る …っ + て → 座って

笑ってください。
웃어 주세요.

주인한테 바보라니!!

자 사진 찍습니다.
웃어 주세요~.

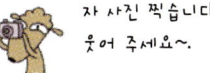

3-20

1 いらっしゃいませ。
　　어서 오세요

● 「いらっしゃいませ」는 '어서 오세요'라는 뜻으로 상업적으로 손님을 맞이할 때 쓰는 인사말이다.
　자신의 집에 찾아온 손님에게 말할 때는 「いらっしゃい」라고 한다.
　간혹, 음식점 같은 곳에서 주인아저씨가 자신의 가게는 곧 자신의 집이라고 생각하여 「いらっしゃい」
　라고 손님을 친근감 있게 맞아 주기도 한다.

2 東京駅 まで お願いします。
  도쿄역   까지   부탁합니다

● 「まで」는 '~까지' 라는 뜻이다. '~에서~까지' 는 「~から~まで」라고 같이 외워두자.

● 「お願いします」는 '부탁합니다' 라는 뜻으로 단독으로도 쓰인다.

3 東京駅 ですね。かしこまりました。
  도쿄역   말이죠   알겠습니다

● 「ですね」는 '~말이죠?' 라는 뜻으로, 손님의 주문 등에 「ですね」를 붙여 반복해서 말하는 것은 손님의 요구를 확인하기 위한 것이다.

● 「かしこまりました」는 「わかりました 알겠습니다」의 겸양어.
  「わかりました」는 「わかる 알다, 이해하다」의 정중형으로, 〈「わかる」의 정중형〉은 어미 「る」를 '중의 い단' 인 「り」로 바꾼 후, 「ます」를 접속시킨다.

  わか る …→ り + ます → わかります

4 東京駅 に 着きました。
  도쿄역   에   도착했습니다

● 「着きました」는 「着く 도착하다」의 정중형의 과거형이다.
  〈「着く」의 정중형의 과거형〉은 어미 「く」를 'く의 い단' 인 「き」로 바꾼 후, 「ました」를 접속시킨다.

  着 く …→ き + ました → 着きました

5 料金 は… 2800円 ですね。どうぞ。
  요금   은   2800엔   이군요   여기 있습니다

● 「ですね」의 「ね」는 종조사로 문장의 끝에 붙어 '~이군요' 라는 뜻을 나타낸다.

6 ちょうど　2800円　いただきました。ありがとうございます。
　　　딱　　　2800엔　　　　받았습니다　　　　　감사합니다

● 「ちょうど」는 '딱, 꼭' 이라는 뜻으로 정확하게 맞았을 경우에 사용된다.
　시간 표현에 사용되면 '정각' 으로 해석한다.

　ちょうど12時 정각 12시

● 「いただきました」는 「もらいました 받았습니다」의 겸양어.
　「もらいました」는 「もらう 받다」의 정중형의 과거형으로, 〈「もらう」의 정중형의 과거형〉은
　어미 「う」를 '우의 い단' 인 「い」로 바꾼 후, 「ました」를 접속시킨다.

　もら⚫⋯→い + ました → もらいました

4 ホテルで 호텔에서

4-❶

やっと 着いた。
겨우　　도착했다

● 「やっと」는 '겨우, 간신히, 가까스로' 라는 뜻의 부사로, 같은 뜻을 가진 부사에는 「ようやく」
「かろうじて」가 있다.

● 「着いた」는 「着く 도착하다」의 과거형이다.
〈「着く」의 과거형〉은 어미 「く」를 「いた」로 바꾼다.

　着く …⟩ いた → 着いた

4-❷

こっち だ。
이쪽　이다

● 위치를 가리키는 지시대명사

이쪽	그쪽	저쪽	어느 쪽
こっち	そっち	あっち	どっち

● 「～だ」는 '～(이)다' 의 뜻으로 단정의 뜻을 나타낸다.

4-❸

チェックイン お願いします。
체크인　　　　　부탁합니다

● 「お願いします」는 '부탁합니다' 의 뜻으로 단독으로도 사용한다.

4-❹

日本語 で お願いします。
일본어　로　　부탁합니다

● 「で」는 '～으로' 의 의미로 수단·방법의 뜻을 나타낸다.

1 ナナ様 ですか。
나나 님　이십니까?

● 「様」는 '~님'이라는 뜻으로 「~さん ~씨」보다 정중한 표현이다.

2 シングル・ルーム で、今日 から 四日 まで 三泊 ですね。
싱글룸　으로　오늘　부터　4일　까지　3박　이시네요

● おととい 그저께 ← きのう 어제 ← 今日 오늘 → あした 내일 → あさって 모레

● 1일부터 10일까지 확인해 보자.

1일	2일	3일	4일	5일
ついたち	ふつか	みっか	よっか	いつか
一日	二日	三日	四日	五日
6일	7일	8일	9일	10일
むいか	なのか	ようか	ここのか	とおか
六日	七日	八日	九日	十日

● 「～から～まで」는 '~부터 ~까지'라는 뜻으로 함께 외워두자.

3 パスポート を 拝見させていただきます。
여권　을　보여 주십시오

● 「拝見させていただきます」는 「見せてもらいます 보겠습니다」의 겸양표현으로 매우 공손한 표현이다. 이 문장은 첫걸음에서 다루기에는 어려운 문장이므로, 뜻만 알고 넘어가도록 하자.

4 部屋 は 24階 の 32号室 です。
방　은　24층　32호실　입니다

● '층'을 나타내는 조수사는 「階」이다.

1층	2층	3층	4층	5층
いっかい	にかい	さんがい	よんかい	ごかい
一階	二階	三階	四階	五階
6층	7층	8층	9층	10층
ろっかい	ななかい	はちかい	きゅうかい	じゅっかい
六階	七階	八階	九階	十階

4 호텔에서

5 <u>こちら</u> <u>が</u> <u>部屋</u> <u>の</u> <u>鍵</u> <u>です</u>。
이쪽(이것) 이   방   (의) 열쇠 입니다

● 위치를 가리키는 지시대명사는 사물을 정중하게 가리킬 경우에도 사용된다.

이쪽(이것)	그쪽(그것)	저쪽(저것)	어느 쪽(어느 것)
こちら	そちら	あちら	どちら

6 <u>カードタイプ</u> <u>に</u> <u>なっています</u>。
카드 타입   으로   되어 있습니다

● 「～になっている」는 나의 의지와는 상관없이 누군가에 의해 '～(으)로 되어 있다'라는 의미이다.
나의 의지에 의해 '～(으)로 하고 있다'는 「～にしている」라고 한다.

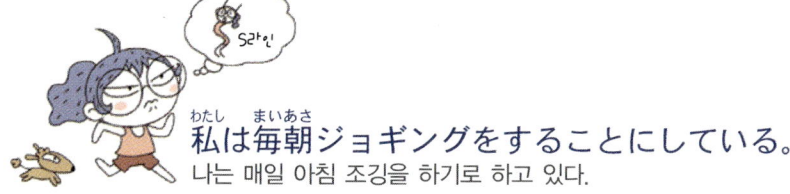

私は毎朝ジョギングをすることにしている。
나는 매일 아침 조깅을 하기로 하고 있다.

7 <u>そして</u>、 <u>こちら</u> <u>が</u> <u>朝食券</u> <u>です</u>。
그리고 이쪽(이것) 이   조식권   입니다

● 朝食 조식 – 昼食 중식 – 夕食 석식 – 夜食 야식

8 <u>四日</u> <u>の</u> <u>チェックアウト</u> <u>は</u>、 <u>10時</u> <u>まで</u> <u>です</u>。
4일 (의)   체크아웃   은   10시   까지   입니다

9 <u>それでは</u>、 <u>どうぞ</u> <u>ごゆっくり</u> <u>おくつろぎください</u>。
그럼   자   편히   쉬십시오

● 「どうぞ」는 상대에게 무엇인가를 권하거나 허락할 때 사용하는 표현으로 '자~하십시오' 라는 뜻을 갖고 있다. 사용범위가 넓은 표현이므로 나올 때마다 뜻을 잘 파악해 두자.

● 「ゆっくり」는 '느긋하게, 천천히' 라는 뜻의 부사로, 앞에 존경의 뜻을 나타내는 「ご」가 붙어 존경어가 되었다.

● 「おくつろぎください」는 「くつろいでください 편하게 쉬십시오」의 존경표현이다.
「くつろいでください」는 「くつろぐ 심신을 편안하게 하다」의 て형에 「ください 주십시오」가 접속된 의뢰표현으로 〈「くつろぐ」의 て형〉은 어미 「ぐ」를 「いで」로 바꾸면 된다.

くつろ **ぐ** …▶ いで → くつろいで

10 どうも。
감사합니다

● 「どうも」는 '정말, 대단히' 라는 뜻으로 「どうも、ありがとうございます」라고 하면 '대단히 감사합니다' 라는 뜻이 된다. 그러나 그 자체만으로도 '감사합니다' 라는 뜻을 가지고 있어, 단독으로 사용하기도 한다.

4-6

めんどうくさい	から、	後で	聞こう。
귀찮다	때문에	나중에	묻자	→ 귀찮으니까 나중에 묻자.

● 「聞こう」는 「聞く」의 의지형이다. 「聞く」는 '(소리를)듣다' 라는 뜻과 '묻다, 질문하다' 라는 뜻이 있는데, 문맥에 맞게 번역하도록 하자.
〈「聞く」의 의지형〉은 어미 「く」를 'く의 お단' 인 「こ」로 바꾼 후, 「う」를 접속시킨다.

聞 **く** …▶ こ + う → 聞こう

4-7

チェックアウト	は、	何時	まで	ですか。
체크아웃	은	몇 시	까지	입니까?

● 시간을 묻는 표현

今、何時ですか。지금 몇 시입니까?
何時からですか。몇 시부터입니까?
営業時間は何時から何時までですか。영업시간은 몇 시부터 몇 시까지입니까?

全然、わからない。
전혀　　　　모른다

● 「全然」은 뒤에 부정문을 수반하여 '전혀, 조금도'라는 뜻을 나타낸다.
　 그러나 최근에는 긍정문을 수반하여 사용하기도 하는데, 문법적으로는 틀린 표현이다.

운동하고 그렇게 먹어도 괜찮아?

全然、大丈夫。
전혀 괜찮아.

落ち着いて、やってみよう。
침착하게　　　　해 보자

● 「落ち着いて」는 「落ち着く 안정되다, 침착하다」의 て형이다.
　 〈「落ち着く」의 て형〉은 어미 「く」를 「いて」로 바꾸면 된다.

　 落ち着**く** ⋯▸ いて → 落ち着いて

● 「やってみよう」는 「やってみる 해 보다」의 의지형이다.
　 여기서 「やってみる」는 「やる 하다」의 て형에 「みる」가 접속되어 '~해 보다'라는 시도의 의미를
　 나타낸다.
　 〈「やる」의 て형〉은 어미 「る」를 작은 「っ」로 바꾼 후, 「て」를 접속시킨다.

　 や**る** ⋯▸ っ + て → やって

　 〈「やってみる」의 의지형〉은 어미 「る」를 없앤 후, 「よう」를 접속시킨다.

　 やってみ**る** + よう → やってみよう

カード を 矢印 の 方向 に 差し込んで 抜いてください。
카드　를　화살표　　방향　으로　꽂고　　뽑아 주십시오

● 「差し込んで」는 「差し込む 끼워 넣다, 꽂다」의 て형이다.
　 〈「差し込む」의 て형〉은 어미 「む」를 「んで」로 바꾸면 된다.

　 差し込**む** ⋯▸んで → 差し込んで

● 「抜いてください」는 「抜く 뽑다」의 て형에 「ください 주세요」가 접속하여 '뽑아 주세요'라는 의뢰의 뜻을 나타낸다.
〈「抜く」의 て형〉은 어미 「く」를 「いて」로 바꾸면 된다.

抜く … いて → 抜いて + ください → 抜いてください

4-⑪

> 緑 ランプ が つきましたら、ドアハンドル を 回してください。
> 녹색 램프 가 켜지면 문손잡이 를 돌려 주세요

● 「つきましたら」는 「つく 켜지다」의 정중형의 과거형에 가정의 뜻을 나타내는 「ら」가 접속된 형태이다.
〈「つく」의 정중형의 과거형〉은 어미 「く」를 'く의 い단'인 「き」로 바꾼 후, 「ました」를 접속시킨다.

つく … き + ました → つきました + ら → つきましたら

● 「回してください」는 「回す 돌리다」의 て형에 「ください」가 접속하여 '~해 주세요'의 의뢰의 뜻을 나타낸다. 〈「回す」의 て형〉은 어미 「す」를 「して」로 바꾸면 된다.

回す … して → 回して

4-⑫

> 開いた、開いた〜。意外と 簡単だ ね。
> 열렸다 열렸다 의외로 간단하다 [종조사]

● 「開いた」는 「開く 열리다」의 과거형이다.
〈「開く」의 과거형〉은 어미 「く」를 「いた」로 바꾸면 된다.

開く … いた → 開いた

● 「〜だ」는 명사 또는 な형용사의 어간(사전형)에 붙어 '~(이)다'의 뜻을 나타낸다.

4-⑬

> 赤いランプ が 点灯した場合 ドア は 開きませんので
> 빨간 램프 가 점등한 경우 문 은 열리지 않으므로
>
> フロント へ お問い合わせください。…なんだって。
> 프런트 에 문의해 주십시오 라네

● 「赤いランプ」는 '빨간 램프' 라는 뜻으로, い형용사 뒤에 명사가 접속할 경우에는 「い형용사의 종지형 + 명사」의 형태로 접속한다.

おお　　　　　かお　　おお　かお
大きい 크다 + 顔 얼굴 → 大きい顔 큰 얼굴

● 「点灯した場合」는 '점등한 경우' 라는 뜻으로 동사 뒤에 명사가 접속할 경우에는 「동사의 종지형 + 명사」의 형태로 접속한다.

● 「お問い合わせください」는 「問い合わせる 문의하다」의 존경어의 의뢰표현으로, 안내문구 등에서 주로 사용되는 표현이다. 여기서는 '문의해 주십시오' 라는 뜻만 알고 넘어가자.

4-14

あ～、ベッド だ。
아～　　　 침대　　다

● 명사에 「だ」가 붙으면 '~(이)다' 라는 간단한 명사문을 만든다.

4-15

つか
疲れた。
피곤하다

● 「疲れた」는 「疲れる 피곤하다」의 과거형이다.

〈「疲れる」의 과거형〉은 어미 「る」를 없앤 후, 「た」를 접속시킨다.

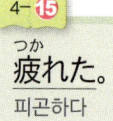

つか　　　　　　　　　つか
疲れ る + た → 疲れた

● 일본어에는 과거형으로 써서 현재의 상태를 나타내는 동사가 3가지 있다.

① 疲れた。 피곤하다.
② のどが渇いた。 목이 마르다.
③ お腹がすいた。 배가 고프다.

4-16

かみ　け　　　　　　かわ
髪の毛 を 乾かす。
머리카락　 을　 말리다

● 「髪の毛」는 「명사 + の + 명사」의 형태가 하나의 단어가 되어 '머리카락' 이라는 뜻을 나타낸다. 「髪」 안에도 '머리카락' 이라는 뜻은 담겨 있다.

髪 머리, 머리칼 + の + 毛 털 → 髪の毛 머리카락

4-17

掃除 して ください。
청소　해　　주세요

● 「してください」는 「する 하다」의 て형에 「ください」가 접속하여 '~해 주세요'의 의뢰의 뜻을 나타낸다.
〈「する」의 て형〉은 「して」로 암기하자.

する …して + ください → してください

4-18

起こさないでください。
　　　깨우지 말아 주세요

● 「起こさないでください」는 「起こす 일으키다, 깨우다」의 부정형의 어간에 「ないでください」가 접속하여 '~하지 말아 주세요'라는 부드러운 금지의 뜻을 나타낸다.
〈「起こす」의 부정형〉은 어미 「す」를 'す의 あ단'인 「さ」로 바꾼 후, 「ない」를 접속시킨다.

起こす …さ + ない → 起こさ ない + ないでください ⇒ 起こさないでください
　　　　　　　　　　어간

笑わないでください。
웃지 말아 주세요.

4-19

二階 の レストランで、 7時 から 10時 まで ね。
2층　　　레스토랑에서　　7시　부터　10시　까지　구나[종조사]

● 「ね」는 종조사로 '~구나', '~군요'의 뜻을 나타낸다.

4-20

お一人 様 ですか。
한 명　님　입니까?　→ 한 분이십니까?

● 「お一人」는 「一人 한 명」에 존경의 뜻을 나타내는 「お」가 붙은 형태이다.

한 명부터 열 명까지 확인해 보자.

한 명	두 명	세 명	네 명	다섯 명
ひとり	ふたり	さんにん	よにん	ごにん

여섯 명	일곱 명	여덟 명	아홉 명	열 명
ろくにん	ななにん	はちにん	きゅうにん	じゅうにん

한 명, 두 명이 포인트!!!

● 「様」는 '~님' 이라는 존경의 뜻으로 주로 고객을 상대로 쓰는 표현이다.
「お一人様」를 한 단어로 '한 분' 으로 해석하자.

4-21

どれ も おいしそう～。
무엇 　도 　맛있겠다 　→ 전부 맛있겠다.

● 「どれ」는 '어느 것, 무엇' 이라는 뜻으로, 여기에 '~도' 라는 의미의 조사 「も」가 접속하면 '어느 것 도, 무엇도' 라는 뜻이 된다. 자연스럽게 '전부' 로 해석할 수 있다.

● 「おいしそう(だ)」는 「おいしい 맛있다」의 양태표현으로 '맛있을 것 같다' 라는 뜻이다.
〈い형용사의 양태표현〉은 어미 「い」를 없앤 후, 양태의 조동사 「そうだ」를 접속시킨다.
회화체에서는 「だ」가 생략되기도 한다.

おいし🚫 + そうだ → おいしそうだ

4-22

おいしい～。
맛있다

● 「おいしい」는 '맛있다' 고, '맛이 없다' 는 「まずい」인데, '맛이 없다' 는 「おいしい」의 부정형으로 표현할 수도 있다.
〈い형용사의 부정형〉은 어미 「い」를 없앤 후, 「くない」를 접속시킨다.

おいし🚫 + くない → おいしくない = まずい

4-23

もう、食べられない。
더 이상 　먹을 수 없다

● 「食べられない」는 「食べる 먹다」의 가능형인 「食べられる 먹을 수 있다」의 부정형이다.

110

〈「食べる」의 가능형〉은 어미 「る」를 없앤 후, 「られる」를 접속시킨다.

食べ**る** + られる → 食べられる

〈「食べられる」의 부정형〉은 어미 「る」를 없앤 후, 「ない」를 접속시킨다.

食べられ**る** + ない → 食べられない

4-24

食べすぎ は やめましょう。
과식　　은　　그만둡시다　　→ 과식은 하지 맙시다.

● 「食べすぎ」는 동사 「食べすぎる 너무 먹다」가 명사화된 것으로 '너무 먹음, 과식' 이라는 뜻을 나타낸다.
동사의 ます형 어간은 명사취급할 수 있다.
「食べすぎる」는 「食べる 먹다」와 「すぎる (정도가)지나치다, 도가 넘다」가 결합한 복합동사로 '너무 먹다' 라는 뜻이다.

● 「やめましょう」는 「やめる 그만두다」의 청유형으로 '그만둡시다' 라는 뜻이다.
〈「やめる」의 청유형〉은 어미 「る」를 없앤 후, 「ましょう 합시다」를 접속시킨다.

やめ**る** + ましょう → やめましょう

4-25

1 あの、 チェックアウト お願いします。
저　　　체크아웃　　　부탁합니다

● 「お願いします」는 내가 남에게 부탁할 때 많이 쓰이는 표현이다. 통째로 외워두자.

2 はい。 かしこまりました。 2432号室ですね。 少々 お待ちください。
예　　알겠습니다　　　　　2432호실이시네요　잠시　기다려 주십시오

● 「かしこまりました」는 「わかりました 알겠습니다」의 겸양어다.
「わかりました」는 「わかる 알다, 이해하다」의 정중형의 과거형으로, 〈「わかる」의 정중형의 과거형〉은 어미 「る」를 'る의 い단' 인 「り」로 바꾼 후, 「ました」를 접속시킨다.

わか**る** → り + ました → わかりました

● 「ですね」는 '~이시네요' 라는 뜻으로 상대에게 무언가를 확인할 때 주로 쓰이는 표현이다.

3 追加料金 の 明細 です。 ご確認ください。
추가요금　　명세서　입니다　확인해 주십시오

- 「明細」는 '명세' 라는 뜻과 「明細書 명세서」의 줄임말로 쓰이고 있다.
- 「ご確認ください」는 「確認してください 확인해 주세요」의 존경표현이다.
  여기서는 '확인해 주십시오' 라는 뜻이라는 것만 알고, 넘어가자.

4 ありがとうございました。 また お越しくださいませ。
감사합니다　　　　　또　　오십시오

- 「お越しくださいませ」는 '또 찾아와 주세요' 라는 뜻으로, 점원이 가시는 손님에게 하는 인사표현이다.

5 はい。 どうも。
예　감사합니다

- 「どうも」는 짧게 감사를 표시할 때 사용한다.

5 食べたり、飲んだり。 먹거나 마시거나.

5-❶

豆 は 大嫌い。
콩 은 아주 싫음 → 콩은 너무 싫다.

● 「大嫌い」는 な형용사로 '아주 싫음, 아주 질색임'의 뜻을 나타낸다. '아주 좋음'은 「大好き」이다.

5-❷

おいしそう。
맛있겠다

● 「おいしそう(だ)」는 「おいしい 맛있다」의 양태표현으로 '맛있을 것 같다'라는 뜻이다.
〈い형용사의 양태표현〉은 어미 「い」를 없앤 후, 양태의 조동사 「そうだ」를 접속시킨다.
회화체에서는 「だ」가 생략되기도 한다.

おいし ⓘ + そうだ → おいしそうだ

5-❸

うまそう。
맛있겠다

● 「うまそう(だ)」는 「うまい 맛있다」의 양태표현이다.
「うまい」는 い형용사로 '맛있다, 잘한다' 등의 의미를 갖고 있다.
'음식이 맛있다'라는 뜻으로 사용될 경우에는 주로 남성들이 사용하는 표현이었으나, 최근에는 여성들도 많이 사용하고 있다.

5-❹

テレビ アニメ で 見たことがある。
TV 애니메이션 에서 본 적이 있다

● 「アニメ」는 「アニメーション(animation)」의 줄임말이다.

● 「見たことがある」는 '본 적이 있다'는 뜻으로, 여기서 「ことがある」는 동사의 과거형에 접속하여
'~한 적이 있다'라는 〈과거 그런 경험이 있다〉는 뜻을 나타낸다.
'~한 적이 없다'라는 과거 그런 경험이 없음을 나타낼 때에는 「ことがない」를 쓴다.
〈「見る 보다」의 과거형〉은 어미 「る」를 없앤 후, 「た」를 접속시킨다.

見 ⓡ + た → 見た + ことがある → 見たことがある

113

すみません。お玉 ください。
저기요 　　국자 　　주세요

- 「すみません」은 '죄송합니다, 고맙습니다, 실례합니다'라는 뜻 외에, 식당 등에서 점원을 부를 때 '저기요'라는 뜻으로도 사용된다.

- 「お玉」는 '국자'이고, '주걱'은 「しゃくし」이다.

腕、痛そう。
팔 　아플 것 같다

- 「痛そう」는 い형용사 「痛い 아프다」에 '~할 것 같다'는 양태의 뜻을 가진 「そうだ」가 접속된 형태이다. 여기서는 「そうだ」의 「だ」가 생략된 형태이다.

痛い + そうだ → 痛そうだ

私 に 任せて。
나 에게 　맡겨

- 「任せて」는 「任せる 맡기다」의 て형으로, 문장이 て형으로 끝나면 가벼운 명령이나 의뢰의 뜻을 나타낸다.
  〈任せる의 て형〉은 어미 「る」를 없앤 후, 「て」를 접속시킨다.

任せる + て → 任せて

ご注文 は?
주문 　은?

- 「ご注文は?」는 「ご注文はお決まりですか? 주문은 정하셨습니까?」의 줄임말이나, 줄여 말했다고 하여 예의에 어긋나는 표현은 아니다. 「ご注文」에서의 「ご」는 존경의 의미로 쓰였다.
  「お決まりですか 결정하셨습니까?」는 「決まりましたか 결정되었습니까?」의 정중한 표현으로, 기본형은 「決まる 정해지다, 결정되다」이다.

牛丼、なみ、ひとつ。
규동　　　보통　　　하나

かしこまりました。
알겠습니다

● 「かしこまりました」는 「わかりました 알겠습니다」의 겸양어로 자신을 낮춤으로 상대를 높이는
말이다.
「わかりました」는 「わかる 알다, 이해하다」의 정중형이다.
〈「わかる」의 정중형〉은 어미 「る」를 'る의 い단' 인 り로 바꾼 후, 「ます」를 접속시킨다.

　　わか る … り ＋ ます → わかります

牛丼、なみ、一丁。
규동　　　보통　　　한 개

● 「丁」는 보통은 두부를 세거나 책의 페이지 한 장(2페이지)을 셀 때 주로 사용하는 조수사이다.

1 ## いくら ですか。
　　　얼마　　입니까?

● 가격을 물어볼 때 쓰는 표현이다. 통째로 외우자.

2 ## 390円 に なります。
　　390엔　　으로　되었습니다　→ 390엔입니다.

● 「～になります」는 '～으로 되었습니다' 는 뜻으로, 나의 의지와는 상관없이 그렇게 되었을 때 사용하
는 표현이다. 「なります」는 「なる 되다」의 정중형이다.
〈「なる」의 정중형〉은 어미 「る」를 'る의 い단' 인 「り」로 바꾼 후, 「ます」를 접속시킨다.

　　な る … り ＋ ます → なります

3 　<ruby>400円<rt>えん</rt></ruby>　いただきました。
400엔　　받았습니다

● 「いただきました」는 「もらいました 받았습니다」의 겸양어다.
「もらいました」는 「もらう 받다」의 정중형의 과거형으로, 〈「もらう」의 정중형의 과거형〉은 어미 「う」를 'う의 い단' 인 「い」로 바꾼 후, 「ました」를 접속시킨다.

もら**う**→い + ました → もらいました

4 　<ruby>10円<rt>えん</rt></ruby>　の　おかえし　です。ありがとうございました。
10엔　　거스름돈　입니다　　감사합니다

● 「おかえし」는 동사 「<ruby>返す<rt>かえ</rt></ruby> 돌려주다」의 ます형 어간이 명사화된 표현이다.
그 자체로 '거스름돈' 으로 외워두자.

5-⑬

<ruby>高くて<rt>たか</rt></ruby>　<ruby>食べられない<rt>た</rt></ruby>。
비싸서　　　　못 먹다

● 「<ruby>高くて<rt>たか</rt></ruby>」는 「<ruby>高い<rt>たか</rt></ruby> 비싸다」의 て형으로 '비싸고, 비싸서' 의 뜻이다.
〈「<ruby>高い<rt>たか</rt></ruby>」의 て형〉은 어미 「い」를 「くて」로 바꾸면 된다.

<ruby>高<rt>たか</rt></ruby>**い**→ くて → <ruby>高くて<rt>たか</rt></ruby>

● 「<ruby>食べられない<rt>た</rt></ruby>」는 「<ruby>食べる<rt>た</rt></ruby> 먹다」의 가능형인 「<ruby>食べられる<rt>た</rt></ruby> 먹을 수 있다」의 부정형이다.
〈「<ruby>食べる<rt>た</rt></ruby>」의 가능형〉은 어미 「る」를 없앤 후, 「られる」를 접속시킨다.

<ruby>食べ<rt>た</rt></ruby>**る** + られる → <ruby>食べられる<rt>た</rt></ruby>

〈「<ruby>食べられる<rt>た</rt></ruby>」의 부정형은 어미 「る」를 없앤 후, 「ない」를 접속시킨다.

<ruby>食べられ<rt>た</rt></ruby>**る** + ない → <ruby>食べられない<rt>た</rt></ruby>

5-⑭

1 　いらっしゃいませ。<ruby>何名様<rt>なんめいさま</rt></ruby>　ですか。
　　어서 오세요　　　몇 분　입니까?

● 「<ruby>何名<rt>なんめい</rt></ruby> 몇 명」에 경어 표현인 「<ruby>様<rt>さま</rt></ruby>」가 접속하여 '몇 분' 이 되었다.

2 一人 です。
　　한 명　입니다

- '한 명' 은 「一人」, '두 명' 은 「二人」라고 한다. 꼭 외우자.

3 奥 の 方 へ、どうぞ。
　　안　　쪽　으로　자　　→ 안쪽으로 들어오세요.

- 「どうぞ」는 여러 상황에서 많이 쓰이는 표현인데, 여기서는 점원이 손님을 안쪽 자리로 안내하면서 쓰였다.

4 二階 の 方 へ、どうぞ。
　　2층　　쪽　으로　자　　→ 2층으로 올라가세요.

5 ご注文 が お決まりでしたら、お呼びください。
　　주문　이　결정 되시면　　　불러 주세요

- 「ご注文」의 「ご」는 상대를 높여 말하기 위해 「注文 주문」 앞에 붙인 〈존경의 접두사〉이다.

- 「お決まりでしたら」는 '결정되시면' 이라는 뜻의 존경표현이다. 첫걸음에서는 다루기 어려운 문장이므로, 여기서는 뜻만 알고 넘어가자.

- 「お呼びください」는 「呼んでください 불러 주세요」의 경어표현이다.
「呼んでください」는 「呼ぶ 부르다」의 て형에 '~해 주세요' 라는 의미의 「ください」가 접속되어 의뢰표현이 된 것이다. 〈「呼ぶ」의 て형〉은 어미 「ぶ」를 「んで」로 바꾸면 된다.

呼ぶ …んで → 呼んで + ください → 呼んでください

5-15

1 はい、お決まりになりましたか。
　　예　　　　정하셨습니까?

- 「お決まりになりましたか」는 「決まりましたか 정해졌습니까?」의 매우 정중한 존경표현이다. 여기서는 뜻만 알아두고 넘어가자.

2 はい、レディース　セット　ください。
예　　レ이디스　세트　주세요

● 식당 등에서 점원에게 주문을 할 때 「~ください ~주세요」라고 해도 되고, 「~で ~으로」라고 짧게 말해도 된다.

3 レディースセット　ですか。かしこまりました。少々　お待ちください。
레이디스세트　말입니까?　알겠습니다　잠시만　기다려 주십시오

● 「ですか」는 '입니까?' 라는 뜻이나, 상대의 말을 반복해서 말하면서 사용할 경우에는 '~말입니까?', '~말이시죠?' 라는 뜻으로 상대의 말을 다시 한 번 확인할 때 쓰는 표현이다.

● 「お待ちください」는 「待ってください 기다려 주세요」의 존경표현이다.
「待ってください」는 「待つ 기다리다」의 て형에 '~해 주세요' 라는 의미인 「ください」가 접속되어 의뢰표현이 된 것이다. 〈「待つ」의 て형〉은 어미 「つ」를 작은 「っ」로 바꾼 후, 「て」를 접속시킨다.

待つ……っ + て → 待って + ください → 待ってください

5-**16**

1 お待たせ致しました。
오래 기다리셨습니다

● 주로 점원이 손님을 기다리게 한 후에 말하는 표현이다. 통째로 외워두자.
친구 사이에서 약속시간에 늦어 친구를 기다리게 했을 경우에는 「お待たせ」라고 하고, '기다리게 했구나', '기다렸니?' 등으로 해석한다.

うぅん、私も今、来たばかり。
아니, 나도 지금 막 왔어.

お待たせ。
기다렸니?

정말로 방금 왔는지는 알 수 없으나,
상대방을 배려하는 마음에서 보통 이렇게 대답한다.

2 ご注文 の レディースセット です。
주문 하신 레이디스세트 입니다

● 여기서의 「の」는 '~인'의 뜻으로 사용되었다. 「の」는 상황에 따라 여러 의미로 사용될 수 있으므로, 문맥에 맞춰 자연스럽게 해석하도록 한다.

3 ごゆっくり 召し上がってください。
천천히 드세요

● 「召し上がってください」는 「食べてください 드세요」의 존경어다.
「食べてください」는 「食べる 먹다」의 て형에 '~해 주세요'라는 의미의 「ください」가 접속되어 의뢰 표현이 된 것이다. 〈「食べる」의 て형〉은 어미 「る」를 없앤 후, 「て」를 접속시킨다.

食べる + て → 食べて + ください → 食べてください

4 いただきます。
잘 먹겠습니다

● 식사 전에 하는 인사말이다. 식사 후에는 「ごちそうさまでした」 또는 줄여 「ごちそうさま」라고 한다.

5-⑰

あの 人 が 食べている の ください。
저 사람 이 먹고 있다 것 주세요 → 저 사람이 먹고 있는 것 주세요.

● 「食べている」는 「食べる 먹다」의 진행형으로 동사의 て형에 「いる」가 접속된 것이다.
〈「食べる」의 て형〉은 어미 「る」를 없앤 후, 「て」를 접속시킨다.

食べる + て → 食べて + いる → 食べている

5-⑱

1 お勘定 は?
계산 은?

● 돈을 계산할 때의 '계산'은 「勘定」라고 한다. 「計算 계산」은 산수나 수학 등에서 쓰이는 어휘다.

2 あちら の レジ で お願いします。
저쪽　　　계산대　에서　　부탁합니다

● 위치를 가리키는 지시대명사(정중한 표현)

이쪽	그쪽	저쪽	어느 쪽
こちら	そちら	あちら	どちら

● 「レジ」는 「レジスター(register)」의 줄임말로 '계산대'를 의미한다.

3 いくら ですか。
얼마　　　입니까?

● 가격을 물을 때 사용하는 표현이다. 통째로 외우자.

4 レディースセット、 ひとつ、 780円 に なります。
레이디스세트　　　　　하나　　780엔　　으로　되었습니다 → 레이디스세트, 하나, 780엔입니다.

● 「〜になります」는 '〜으로 되었습니다' 는 뜻으로, 나의 의지와는 상관없이 그렇게 되었을 때 사용하는 표현이다. 「なります」는 「なる 되다」의 정중형이다.
〈「なる」의 정중형〉은 어미 「る」를 'る의 い단' 인 「り」로 바꾼 후, 「ます」를 접속시킨다.

な る ⋯→ り + ます → なります

5 800円、 いただきました。 20円 の おつり です。 ありがとうございました。
800엔　　　받았습니다　　　20엔　거스름돈　입니다　　감사합니다

● 「いただきました」는 「もらいました 받았습니다」의 겸양어다.
「もらいました」는 「もらう 받다」의 정중형의 과거형으로, 〈「もらう」의 정중형의 과거형〉은 어미 「う」를 'う의 い단' 인 「い」로 바꾼 후, 「ました」를 접속시킨다.

もら う ⋯→ い + ました → もらいました

1 生麺 を ゆでる。
なまめん
생면 을 삶다

● 生麺 생면 ↔ ゆで麺 삶은 면
なまめん　　　　　　　めん

● 「ゆでる」는 '삶다, 데치다' 라는 뜻의 동사이다.

　野菜をゆでる。 야채를 삶다.
　や さい
　たまごをゆでる。 달걀을 삶다.

2 水 を きる。
みず
물 을 빼다 → 물기를 빼다

● 「きる」는 한자로는 「切る」로 주로 '자르다, 베다' 의 의미로 사용되나, '(물기 등을)빼다, 없애다' 의
의미도 갖고 있다.

3 スープ を 注ぐ。
　　　　　　そそ
스프 를 붓다

● 「注ぐ」는 '(물 등을)붓다, 따르다' 의 의미가 있다.
　そそ

4 麺 を もる。
めん
면 을 담다

● 「もる」는 한자로는 「盛る」로 '쌓아 올리다, (그릇에)담아 채우다' 의 의미가 있다.
　　　　　　　　　　　も

5 具 を のせる。
　く
건더기 를 올리다

● 「具」는 '연장, 도구, 수단' 이라는 뜻과 '(비빔밥이나 국 등의 위에 올리는)건더기' 라는 뜻이 있다.
　く

● 「のせる」는 '태우다, 싣다' 라는 뜻과 '위에 놓다, 얹다', 그리고 '(신문이나 잡지 등에)글을 싣다,
게재하다' 라는 뜻으로 사용된다.

1 お金 を 入れる。
돈 을 넣는다

● 「入れる」는 「れ」의 유무에 주의하자.
「れ」가 있으면 타동사 「入れる」로 '넣다' 라는 뜻이 되고, 「れ」가 없으면 자동사 「入る」가 되어 '들어가다/오다' 라는 뜻이 된다.

2 メニュー の ボタン を 押す。
메뉴 (의) 버튼 을 누르다

● 「押す」는 '(뒤쪽에서)밀다, (위쪽에서)누르다' 라는 뜻을 가지고 있다.

3 食券 が 出る。
식권 이 나오다

● 「出る」는 자동사로 '나가다, 나오다' 라는 뜻이고, 어미가 「す」가 되면 타동사인 「出す」가 되어 '(안에서 밖으로)꺼내다, 내놓다' 의 의미가 된다.

4 おつり が あれば、出る。
거스름돈 이 있으면 나오다

● 「あれば」는 「ある 있다」의 가정형이다.
〈「ある」의 가정형〉은 어미 「る」를 'る의 え단' 인 「れ」로 바꾼 후, 「ば」를 접속시킨다.

あ る ···→ れ + ば → あれば

5 食券 を 店員 に 渡す。
식권 을 점원 에게 건네다

● 「渡す」는 타동사로 '건네다, 넘기다' 의 뜻이고, 어미가 「る」가 되어 「渡る」가 되면 자동사로 '건너다, 건너오다/가다' 의 뜻이 된다.

6 料理 が 出る の を 待つ。
　　音식　이　나오다　것　을　기다리다　→　음식이 나오는 것을 기다리다.

● 동사의 기본형에 명사가 접속하면 '~할 명사' 라는 뜻이 된다.
　동사 기본형 + 명사 = (동사)할 명사

7 料理 が 出る。
　　음식　이　나오다

8 おいしく 食べる。
　　맛있게　먹다

● い형용사의 어미 「い」가 「く」로 바뀌면, 부사화 되어 '~하게' 라는 뜻으로 사용된다.

　おいし(い)…→く → おいしく

5-21

本当に 言葉 が 要らない。
정말로　말　이　필요없다

● 「本当」는 '사실, 진실' 이라는 뜻이나, 「に」가 붙으면 '정말로, 굉장히' 라는 의미로 사용된다.
● 「要らない」는 동사 「要る 필요하다」의 부정형이다.
　〈「要る」의 부정형〉은 어미 「る」를 '3의 あ단' 인 「ら」로 바꾼 후, 「ない」를 접속시킨다.
　要(る)…→ら + ない → 要らない

5-22

これ って、いい のか 悪い のか、よく わからない ね。
이것　라는 것이　좋다　건지　나쁘다　건지　잘　모른다　[종조사]
→ 이런 게 좋은 건지 나쁜 건지 잘 모르겠네.

● 사물을 가리키는 지시대명사

이것	그것	저것	어느 것
これ	それ	あれ	どれ

● 「~って」는 '~라는 것' 이라는 뜻이다.

5 먹거나 마시거나

123

● 「わからない」는 「わかる 알다, 이해하다」의 부정형이다.

　　〈「わかる」의 부정형〉은 어미 「る」를 'る의 あ단' 인 「ら」로 바꾼 후, 「ない」를 접속시킨다.

　　わか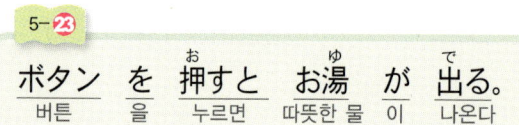ら ＋ ない → わからない

5-23

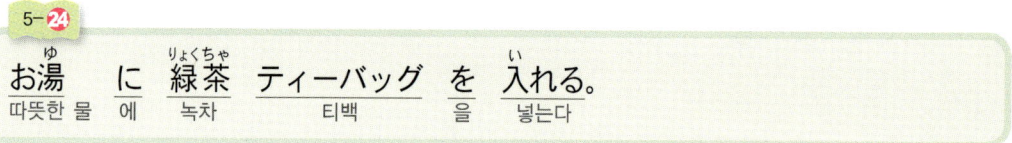

ボタン を 押すと お湯 が 出る。
버튼　을　누르면　따뜻한 물　이　나온다

● 「押すと」는 '누르다' 라는 뜻의 「押す」에 가정의 「と」가 결합된 상태로 '누르면' 이라는 가정의 뜻을
　　나타낸다. 가정의 「と」가 동사와 접속될 경우에는 동사 기본형에 접속한다.

5-24

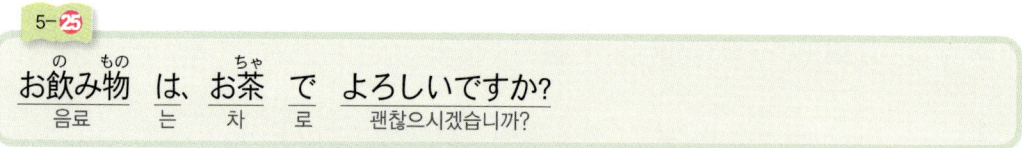

お湯 に 緑茶 ティーバッグ を 入れる。
따뜻한 물　에　녹차　티백　을　넣는다

● 「入れる」는 타동사로 '넣다' 라는 뜻을 갖는데, '들어가다' 라는 뜻의 자동사가 되면 「入る」가 된다.
　　한자의 발음과 형태에 주의하도록 하자.

5-25

お飲み物 は、お茶 で よろしいですか?
음료　는　차　로　괜찮으시겠습니까?

● 「よろしいですか」는 「いいですか 좋습니까?, 괜찮습니까?」의 공손한 표현이다.

5-26

手 を ふく。
손　을　닦다

● 「ふく」는 '닦다, 훔치다' 의 뜻을 가지고 있다.

汗をふく。
땀을 닦다.

휴~
다 닦았어요.
어머니

신데렐라!
방 닦으랬지 누가 땀 닦으래?!

すし を とる。
초밥 을 집다

● 「とる」는 '손으로 집다, 들다' 외에 '(열매 등을)따다', '받다', '훔치다', '빼앗다' 등의 뜻이 많은 동사이므로, 문맥에 맞게 해석해야 한다.

テーブル の 上 に 鉄板 が ある。
테이블 위 에 철판 이 있다

● 위치를 나타내는 표현

上 위　　下 아래　　横 옆　　　そば 옆, 곁
中 안　　外 밖　　　左 왼쪽　　右 오른쪽

今 じゃないと、 食べられない んだって。
지금 이 아니면 먹을 수 없다 라고 하더라

● 「じゃないと」는 「～じゃない ～이(가) 아니다」에 가정을 나타내는 「～と ～면」이 접속된 형태이다.

● 「食べられない」는 「食べる 먹다」의 가능형인 「食べられる 먹을 수 있다」의 부정형이다.
〈「食べる」의 가능형〉은 어미 「る」를 없앤 후, 「られる」를 접속시킨다.

食べる + られる → 食べられる

〈「食べられる」의 부정형〉은 어미 「る」를 없앤 후, 「ない」를 접속시킨다.

食べられる + ない → 食べられない

1 お決まりですか。 ご注文、 どうぞ。
정하셨습니까? 주문 하십시오

● 「お決まりですか」는 '정하셨습니까?' 라는 뜻의 존경표현이다. 여기서는 뜻만 알고 넘어가자.

● 「どうぞ」는 무언가를 상대편에게 권하거나, 허락할 때 쓰는 공손한 표현이다.

2 エビバーガー と コーラ ください。
새우버거 　 와 　 콜라 　 주세요

3 コーラ の サイズ は?
콜라 　 사이즈 　 는

4 エム で。
M 　 으로

5 エビバーガー と コーラ エムサイズ で、 よろしいですか。
새우버거 　 와 　 콜라 　 M사이즈 　 로 　 괜찮으시겠습니까?

● 「よろしい」는 「いい 좋다, 괜찮다」의 공손한 표현으로, 여기서는 '이거면 되시겠습니까?' 라는 의미로 사용되었다.

6 こちら で 召し上がりますか。
이쪽 　 에서 　 드시겠습니까?

● 「召し上がりますか」는 「食べますか 먹겠습니까?」의 존경어다.
「食べますか」는 「食べる 먹다」의 정중형인 「食べます 먹습니다」의 의문형 조사 「か」가 접속한 형태다. 〈食べる의 정중형〉은 어미 「る」를 없앤 후, 「ます」를 접속시킨다.

食べる + ます → 食べます + か → 食べますか

7 いいえ、 お持ち帰り で。
아니요 　 포장 　 으로

● 「お持ち帰り」는 동사 「持ち帰る 가지고 가다, 들고 가다」의 ます형 어간이 명사화된 표현으로 '가지고 감, 들고 감' 이라는 뜻이다. 「お持ち帰り」를 통째로 '포장' 으로 외우자.

8 全部 で 520円 になります。
전부 　 해서 　 520엔 　 입니다

126

● 점원이 손님에게 가격을 말할 때는 「〜円です 〜엔입니다」라는 표현 대신 「〜円になります」라는 표현을 주로 사용한다.

9 1000円 預かりました。480円 の おつり です。少々 お待ちください。
1000엔   받았습니다   480엔   거스름돈 입니다   잠시만   기다려 주십시오

● 「預かりました」의 기본형 「預かる」는 '(일을)맡다, 취급하다, 담당하다' 는 뜻이나, 여기서는 '고객의 돈을 맡아 처리하다' 라는 의미로 사용되었다. 「預かりました」는 「預かる」의 정중형의 과거형으로, 「預かる」의 정중형의 과거형〉은 어미 「る」를 'る의 い단' 인 「り」로 바꾼 후, 「ました」가 접속된 형태이다.

預か る → り + ました → 預かりました

5-31

メニュー を 選ぶ。
메뉴   를 고르다

● 「選ぶ」는 '고르다, 선택하다' 라는 뜻이다.

5-32

サイズ を 選ぶ。
사이즈   를 고르다

5-33

1 ドリンク は お決まりですか。
음료   는   결정하셨습니까?

2 はい。カフェモカ で。
예   카페모카   로

3 サイズ は?
사이즈   는?

4 トール で。
톨   로

5 ご注文 の 確認 を 致します。 カフェモカ、 トールサイズ ですね。
　　주문　　　확인　을　하겠습니다　카페모카　　　톨사이즈　이시죠?

● 「致します」는 「します 합니다」의 겸양어다. 「します」는 「する 하다」의 정중형이다.

6 こちら で 召し上がりますか。
　　이쪽　에서　드시겠습니까?

● 「召し上がりますか」는 「食べますか 먹겠습니까?」의 존경어다. 「食べますか」는 「食べる 먹다」의
정중형인 「食べます 먹습니다」에 의문형 조사 「か」가 접속한 형태다.
〈「食べる」의 정중형〉은 어미 「る」를 없앤 후, 「ます」를 접속시킨다.

　　食べる + ます → 食べます + か → 食べますか

7 はい。 / いいえ。 テイクアウト で。
　　예　　　아니요　　테이크아웃　으로

● 「テイクアウト」는 「お持ち帰り 포장」과 같은 말이다.

8 ありがとうございます。 あちら で 少々 お待ちください。
　　감사합니다　　　　　저쪽　에서　잠시만　기다려 주십시오

6 ショッピングは 楽_{たの}しい。 쇼핑은 즐거워.

6-❶

歩_{ある}いて　20分_{ぶん}　ぐらい。
걸어서　　20분　　　정도

● 〈「歩く」의 て형〉은 어미 「く」를 「いて」로 바꾸면 된다.

歩_{ある}く → いて → 歩_{ある}いて

6-❷

1　ショッピングモール　で　ショッピング　を　する。
　　쇼핑몰　　　　　　　에서　쇼핑　　　　　　을　하다

2　マツモトキヨシ　で　化粧品_{けしょうひん}　と　美容用品_{びようようひん}　を　買_かう。
　　마츠모토키요시　에서　화장품　　과　미용용품　　　을　사다

3　キャラクターショップ　で　友_{とも}だち　の　お土産_{みやげ}　を　買_かう。
　　캐릭터 숍　　　　　　　에서　친구들　의　선물　　　을　사다

4　書店_{しょてん}　にも　行_いってみよう。
　　서점　　에도　　가 보자

● 「行ってみよう」는 「行ってみる 가 보다」의 의지형이다.

● 「行ってみる」는 「行く 가다」의 て형에 「みる」가 접속되어 '~해 보다'라는 〈시도의 의미〉를 나타낸다.
〈「行く」의 て형〉은 「行って」로, 그대로 암기하자.

行く → 行って + みる → 行ってみる

● 〈「行ってみる」의 의지형〉은 어미 「る」를 없앤 후, 「よう」를 접속시킨다.

行ってみる + よう → 行ってみよう

6-❸

これ、 かわいい。
이거　귀엽다

● 사물을 가리키는 지시대명사

이것	그것	저것	어느 것
これ	それ	あれ	どれ

6-❹

で、 いくら?
그래서　얼마?

6-❺

買おう かな、 どう しよう かな。
사자　까?　어떻게　하자　까?　→ 살까? 어떻게 할까?

● 「買おう」는 「買う 사다」의 의지형이다.
　〈「買う」의 의지형〉은 어미 「う」를 '우의 お단'인 「お」로 바꾼 후, 「う」를 접속시킨다.
　　買う → お + う → 買おう

● 「かな」는 의문을 나타내는 「か」에 영탄을 나타내는 종조사 「な」가 결합한 형태이다. 자기 자신에게
　묻는 느낌으로 '~까?'라는 의미가 있다.

● 「しよう」는 「する 하다」의 의지형이다. 「する」의 활용형은 그대로 외우자.

6-❻

やめよう。 韓国 の 方 が もっと やすい かも…。
그만두자　한국　(의)　쪽　이　더　싸다　일지도(모르겠다)
→ 그만두자. 한국 쪽이 더 쌀지도….

● 「やめよう」는 「やめる 그만두다」의 의지형이다.
　〈「やめる」의 의지형〉은 어미 「る」를 없앤 후, 「よう」를 접속시킨다.
　　やめる + よう → やめよう

● 「かも」는 「~かもしれない ~일지도 모르겠다」에서 「しれない」가 생략된 형태이다.

買おう。
사자

● 「買おう」는 「買う 사다」의 의지형이다.

〈「買う」의 의지형〉은 어미 「う」를 'う의 お단'인 「お」로 바꾼 후, 「う」를 접속시킨다.

買<del>う</del> ··➔ お + う → 買おう

ポイントカード は お持ちですか。
포인트 카드　　는　　가지고 계십니까?

● 「お持ちですか」는 「持っていますか 가지고 있습니까?」의 존경표현이다.

기본형 「持つ 들다, 가지다」의 て형에 「いますか」를 접속시켜 '~하고 있습니까?'의 뜻을 나타낸다.

〈「持つ」의 て형〉은 어미 「つ」를 작은 「っ」로 바꾼 후, 「て」를 접속시킨다.

持<del>つ</del> ··➔ っ + て → 持って

ポイントカード、 つくりたい です。
포인트 카드　　　만들고 싶다　입니다 → 포인트카드, 만들고 싶습니다.

● 「つくりたい」는 「つくる 만들다」의 희망표현이다.

「たい」는 동사의 ます형 어간에 접속하여 '~하고 싶다'의 뜻으로, 1인칭의 희망을 표현하는 어휘이다.

2인칭일 경우에는 희망을 물을 때에 한해 사용되고, 3인칭일 경우에는 「たがる」를 사용한다.

〈「つくる」의 ます형〉은 어미 「る」를 'る의 い단'인 「り」로 바꾼 후, 「ます」를 접속시킨다.

つく<del>る</del> ··➔ り + ます → つくります

ます형 어간인 「つくり」에 「たい」를 접속시키면, '희망표현'이 된다.

つくり + たい → つくりたい

この 申込書 を 書いてください。
이　　신청서　　를　　써 주세요

● 「書いてください」는 「書く 쓰다」의 의뢰표현이다.

동사의 て형에 「ください」를 접속하면 '~해 주세요'라는 의뢰표현이 된다.

〈「書く」의 て형〉은 어미 「く」를 「いて」로 바꾸면 된다.

書<del>く</del> ··➔ いて → 書いて + ください → 書いてください

1 2700円に なります。
2700엔   입니다

● 점원이 손님에게 가격을 말할 때에는 「〜に なります 〜으로 되었습니다」로 말하기도 한다.

2 ちょうど お預かり致しました。
정확하게   받았습니다

● 「ちょうど」는 부사로 시간이나 크기, 수량 등이 딱 맞는 모양을 나타내는 표현이다.
● 「お預かり致しました」는 「預かりました 받았습니다」의 겸양표현으로, 말하는 사람이 자신을 낮춰서
  말로, 점원들이 「〜円、お預かり致しました。 〜엔, 받았습니다.」라는 표현을 주로 사용한다.
  「預かりました」는 「預かる 맡다, 보관하다, 맡아서 돌보다」의 정중형의 과거형이다.
  〈「預かる」의 정중형의 과거형〉은 어미 「る」를 'る의 い단'인 「り」로 바꾼 후, 「ました」를 접속시킨다.

  預か る ⋯▶ り + ました → 預かりました

3 こちら は レシート です。 袋 に 入れますか。
이것   은   영수증   입니다 봉투 에   넣을까요?

● 「入れますか」는 「入れる 넣다」의 정중형에 의문형 조사 「か」가 접속된 형태이다.
  〈「入れる」의 정중형〉은 어미 「る」를 없앤 후, 「ます」를 접속시킨다.
  入れ る + ます → 入れます + か → 入れますか

4 お土産 用 の 袋、入れましょうか。
선물   용   봉투   넣을까요?

● 「入れましょうか」는 「入れる 넣다」의 ます형 어간에 청유형 의문 표현인 「ましょうか」가 접속하여
  '〜할까요?'의 뜻을 나타낸다.

いらっしゃいませ。 ごゆっくり ご覧になってくださいませ。
어서 오세요   천천히   보십시오

● 「ごゆっくり」는 「ゆっくり 천천히, 느긋하게」에 정중의 의미를 갖는 접두사 「ご」가 붙은 형태이다.

● 「ご覧になってくださいませ」는 '보십시오'라는 뜻으로, 보통 점원들이 손님에게 하는 말로 매우 정중한 표현이다. 뜻만 알고 넘어가자.

6-⑬

値段	は?	税込み	で	2390円。	まあ、	いいね。	で	サイズ	は?
가격	은?	세금포함	으로	2390엔	뭐	괜찮네	그래서	사이즈	는

● 「税込み」는 '세금이 포함되어 있는 금액'을 의미한다.

　일본은 물품을 구입할 때, 「税込み」라고 적혀 있지 않을 경우에는 소비세 5%가 추가로 청구된다.

● 「まあ」는 '그런대로, 아쉬운 대로 괜찮다'라는 의미이다.

6-⑭

1 すみません。 この シャツ の サイズ は 何 ですか。
　　　저기요　　　이　 셔츠　　　　사이즈　는　무엇　입니까?

2 この シャツ は、 フリーサイズ です。
　　　이　 셔츠　는、　 프리사이즈　 입니다

3 着てみても いいですか。
　　　입어 봐도　　 됩니까?

● 동사의 て형에 「みる」가 접속되면 '~해 보다'라는 시도의 의미를 나타낸다.

　「着る」는 '(옷을)입다'의 의미인데, 상체에 한해 사용된다. '(하체 쪽을)입다'라고 할 때는 「はく」라고 한다.

　〈「着る」의 て형〉은 어미 「る」를 없앤 후, 「て」를 접속시킨다.

　　着る + て → 着て + みる → 着てみる

4 はい、 こちら の 試着室 で、 どうぞ。
　　　예　 이쪽　　　　탈의실　 에서　갈아 입으세요

● 「どうぞ」는 상대편에게 무언가를 허락하거나 권할 때 쓰는 말이다. 문맥에 맞춰 자연스럽게 해석하자.

1 ぴったり です ね。 よく お似合いです よ。
　　　딱　　　입니다　[종조사]　잘　　어울립니다　　[종조사]

● 「お似合いです」는 「似合います 어울립니다」의 존경표현이다.
　「似合います」는 「似合う 어울리다, 잘 맞다」의 정중형이다.
　〈「似合う」의 정중형〉은 어미 「う」를 '우의 い단'인 「い」로 바꾼 후, 「ます」를 접속시킨다.

　似合う … い + ます → 似合います

2 そうですか。 これに します。
　　そう 그렇습니까?　　이것으로　하겠습니다

● 「します」는 변격동사인 「する 하다」의 정중형이다. 그대로 암기하자.

3 後で、 また、 来ます。
　　다음에　　또　　오겠습니다

● 「来ます」는 변격동사인 「来る」의 정중형이다. 그대로 암기하자.

1 申し訳ございません が、 シャツ は ちょっと できません。
　　　죄송합니다　　　　～만　셔츠　는　　좀　　할 수 없습니다
　→ 죄송합니다만, 셔츠는 좀 안 됩니다.

● 「申し訳ございません」는 「すみません」의 존경어로 매우 정중한 표현이다.

● 「できません」은 「できる 할 수 있다」의 정중형의 부정형이다.
　〈「できる」의 정중형의 부정형〉은 어미 「る」를 없앤 후, 「ません」을 접속시킨다.

　でき る + ません → できません

2 そうですか。 合わなかったら、 どうしよう。
　　그렇습니까?　　맞지 않으면　　어쩌지?

● 「合わなかったら」는 「合う 맞다」의 과거 부정형에 〈가정〉을 나타내는 「ら」가 접속된 형태이다.
　〈「合う」의 과거 부정형〉은 「合う」의 부정형인 「合わない」의 어미 「い」를 없앤 후, 「かった」를 접속시킨다.

合わな~~い~~ + かった → 合わなかった + ら → 合わなかったら

〈「合う」의 부정형〉은 어미 「う」를 「わ」로 바꾼 후, 「ない」를 접속시킨다.

合~~う~~ → わ + ない → 合わない

● 「合わなかったら、どうしよう」는 '옷이 맞지 않으면, 어쩌지?' 라는 뜻으로, 여기서는 주인공 나나가 혼잣말로 걱정을 하며 말하는 것이다.

---

3 お客様 に ぴったり だ と 思います よ。
　　　손님　에게　　딱　　이다 라고　생각합니다　[종조사]

● 「思います」는 「思う 생각하다」의 정중형이다.
〈「思う」의 정중형〉은 어미 「う」를 'う의 い단'인 「い」로 바꾼 후, 「ます」를 접속시킨다.

思~~う~~ → い + ます → 思います

---

4 そうですか。 じゃ、 ください。
　　　그렇습니까?　그럼　　주세요

● 「じゃ」는 「では 그럼」의 줄임말이다.

---

5 お買い上げ、 ありがとうございます。
　　　구입해 주심　　　감사합니다　　　→ 구입해 주셔서 감사합니다.

● 「買い上げ」의 원형 「買い上げる」는 '(관청이 민간으로부터)사들이다, 수매하다'라는 뜻으로, ます형 어간이 명사화 되어 '수매'의 뜻을 갖는다. 「買い上げ」에 접두사 「お」가 접속하여 '사심'이라 존경의 의미를 갖는다.

6-17

1 どうぞ、 はいてみても いいです よ。
　　　자　　신어 봐도　　좋습니다　[종조사]

● 「どうぞ」는 상대편에게 무언가를 허락하거나 권할 때 쓰는 말이다. 문맥에 맞춰 자연스럽게 해석하자.

● 동사의 て형에 「みる」가 접속되면 '~해 보다'라는 시도의 의미를 나타낸다.

「はく」는 '(하체 쪽의 옷을)입다'의 의미로, '(상체 쪽을)입다'라고 할 때는 「着る」라고 한다.

〈「はく」의 て형〉은 어미 「く」를 「いて」로 바꾼다.

は◉く⋯いて → はいて ＋ みる → はいてみる

● 「～てもいいです」는 '～해도 좋습니다'라는 허락의 의미를 나타낸다.

〈「はいてみる」의 て형〉은 어미 「る」를 없앤 후, 「て」를 접속시킨다.

はいてみ◉る ＋ て → はいてみて ＋ もいいです → はいてみてもいいです

2 あ、そうですか。24 下さい。
　　 아　　그래요?　24　주세요

6-18

1 ちょっと、大きいです ね。一つ、下 の サイズ ありますか。
　　 조금　　큰니다　[종조사]　하나　아래　사이즈　있습니까?

● 「ありますか」는 「ある 있다」의 정중형에 의문을 나타내는 「か」가 접속된 형태이다.

〈「ある」의 정중형〉은 어미 「る」를 'る의 い단'인 「り」로 바꾼 후, 「ます」를 접속시킨다.

あ◉る⋯り ＋ ます → あります ＋ か → ありますか

2 ちょっと、小さいです ね。一つ、上 の サイズ ありますか。
　　 조금　　작습니다　[종조사]　하나　위　사이즈　있습니까?

● 「小さいです」는 い형용사 「小さい 작다」의 정중한 표현이다.

い형용사의 정중형은 기본형에 「です」를 접속시킨다.

小さい ＋ です → 小さいです

3 爪先 が、ちょっと きついです。
　　 발끝　이　　좀　꼭 끼네요

● 「きつい」는 '꼭 끼다, 빽빽하다'라는 의미의 い형용사이다.

6-19

1 申し訳ございません。ただ今、在庫 が ございません。
　　 죄송합니다　　　지금　재고 가　없습니다

● 「申し訳ございません」은 「すみません 죄송합니다」의 매우 정중한 표현이다.

● 「ございません」은 「ありません 없습니다」의 겸양어로, 말하는 사람이 자신을 낮춰 말하는 표현이다.

2 残念です ね。
아쉽습니다 [종조사]

● 「残念」은 な형용사의 사전형으로 '유감스러움, 아쉬움'의 의미이다.
な형용사의 정중형은 사전형에 「です」를 접속시킨다.

残念 + です → 残念です

6-20

1 どうぞ、 はいてみて ください。
자 신어 봐 주세요

2 ぴったりです。 これ に します。
딱 맞습니다 이것 으로 하겠습니다

● 「します」는 「する 하다」의 정중형으로 '합니다'라는 뜻이지만, 일본에는 미래형이 따로 없어, 현재형이 미래형으로 사용되기도 하기 때문에 문맥에 맞춰 미래형으로 해석해야 할 경우도 있다.

6-21

1 かぶって みても いいですか。
써 봐도 됩니까?

● 「かぶって」는 「かぶる 머리에 쓰다, 덮어 쓰다」의 て형으로 '쓰고, 써서'라는 뜻을 나타낸다.
〈「かぶる」의 て형〉은 어미 「る」를 작은 「っ」로 바꾼 후, 「て」를 접속시킨다.

かぶ る ⋯ っ + て → かぶって

2 着て みても いいですか。
입어 봐도 됩니까?

● 「着て」는 「着る 상의를 입다」의 て형이다.
〈「着る」의 て형〉은 어미 「る」를 없앤 후, 「て」를 접속시킨다.

着**る** + て → 着て

3 <u>はいて</u> <u>みても</u> <u>いいですか。</u>
　　입어(신어)　봐도　　됩니까?

● 「はいて」는 「はく 신발을 신다, 하의를 입다」의 て형이다.
　〈「はく」의 て형〉은 어미 「く」를 「いて」로 바꾼다.

は**く** ⋯⋯▸ いて → はいて

4 <u>つけて</u> <u>みても</u> <u>いいですか。</u>
　　껴　　봐도　　됩니까?

● 「つけて」는 「つける 달다, 착용하다」의 て형이다.
　「つける」의 뜻은 이 외에도 '붙이다, 바르다, 불을 켜다' 등의 여러 뜻이 있으므로, 번역시 주의하도록 하자.
　〈「つける」의 て형〉은 어미 「る」를 없앤 후, 「て」를 접속시킨다.

つけ**る** + て → つけて

5 <u>かけて</u> <u>みても</u> <u>いいですか。</u>
　　걸어(메)　봐도　　됩니까

● 「かけて」는 「かける 걸다, 늘어뜨리다」의 て형이다.
　「かける」는 이 이외에도 뜻이 많은 동사이므로, 번역시 주의하도록 하자.
　〈「かける」의 て형〉은 어미 「る」를 없앤 후, 「て」를 접속시킨다.

かけ**る** + て → かけて

6 <u>はめて</u> <u>みても</u> <u>いいですか。</u>
　　껴　　봐도　　됩니까?

● 「はめて」는 「はめる 끼다, 끼우다」의 て형이다.
　「はめる」는 주로 장갑이나 반지를 낄 때 사용하고, '(수갑 등을)채우다'라는 뜻으로도 사용된다.
　〈「はめる」의 て형〉은 어미 「る」를 없앤 후, 「て」를 접속시킨다.

はめ**る** + て → はめて

6-22

ほか の 色 は ありませんか。
다른 　 색 　은 　 없습니까?

● 「ありませんか」는 「あります 있습니다」의 부정형 「ありません」에 의문을 나타내는 「か」가 접속된 형태이다.

6-23

無地 　 は ありませんか。
무늬가 없는 것 　은 　 없습니까?

6-24

もっと 大きい の ありませんか。
더 　 크다 　～것 　 없습니까?

→ 더 큰 것은 없습니까?

6-25

ちょっと 小さい の ありませんか。
조금 　 작다 　～것 　 없습니까?

→ 조금 작은 것은 없습니까?

6-26

これ、新しい の が ほしい んです けど。
이거 　 새것이다 　것 　이 　 원하다 　～(ㅂ)니다 　만

→ 이거, 새것을 원합니다만 → 이거, 새것 주세요.

1 # はい、ございます。少々 お待ちください。
예 　 있습니다 　잠시 　 기다려 주십시오

● 「ございます」는 「あります 있습니다」의 겸양어다.

● 「お待ちください」는 「待ってください 기다려 주세요」의 존경표현이다.

2 # すぐ、お持ちします。
바로 　 가져오겠습니다

● 「お持ちします」는 「持ちます 가집니다」의 겸양표현이다.
「持ちます」는 「持つ 가지다」의 정중형으로, 〈「持つ」의 정중형〉은 어미 「つ」를 'つ의 い단'인 「ち」로 바꾼 후, 「ます」를 접속시킨다.

持つ ⋯⋯ ち ＋ ます → 持ちます
も　　　　　　　　　　　　　　　　　も

3 申し訳ございません。今、それ しか 残っておりません。
　　もう わけ　　　　　　　　　いま　　　　　　　　　のこ
　　죄송합니다　　　　　　　지금　그것　밖에　　남아 있지 않습니다

- 「申し訳ございません」은 「すみません 죄송합니다」의 겸양어다.
　もう わけ
- 「しか」는 뒤에 부정문을 동반하여 '~밖에 (없다)'라는 의미를 갖는다.
- 「残っておりません」은 「残っていません 남아 있지 않습니다」의 겸양표현이다.
　のこ　　　　　　　　　　　　のこ
　기본형은 「残る 남다」이다.
　　　　　　のこ

4 仕方ありません　ね。　これ、ください。
　　しかた
　　어쩔 수 없습니다　[종조사]　이거　주세요
　　→ 어쩔 수 없네요. 이거 주세요.

- 「仕方」는 '하는 방법, 수단'이라는 뜻으로, 「仕方ない」는 '어쩔 수 없다, 방법이 없다, 어쩔 도리가
　しかた　　　　　　　　　　　　　　　　　しかた
　없다' 라는 의미를 갖는다. 정중형은 「仕方ありません」이 된다.
　　　　　　　　　　　　　　　　　　しかた

5 それじゃ　いいです。
　　그럼　　　됐습니다

- 「それじゃ」는 「それでは 그럼, 그렇다면, 그러면」의 줄임말이다.
- 여기서 「いいです」는 '좋다'라는 의미인 「いい」의 정중형이 아니라, '됐습니다'라는 사양의 뜻을 갖
　는다.

6-27

商品 が あふれている。
しょうひん
상품　이　넘쳐나고 있다

- 「あふれている」는 「あふれる 넘쳐나게 많다, 흘러 넘치다」라는 뜻의 진행형으로 여기서는 어떠한 모습의
　상태를 묘사하고 있다.

6-28

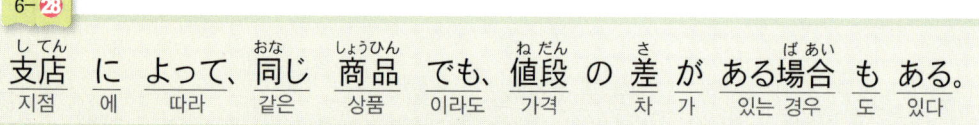

支店 に よって、同じ 商品 でも、値段 の 差 が ある場合 も ある。
してん　　　　　　　おな　しょうひん　　　　　ね だん　　さ　　　　ば あい
지점　에　따라　같은　상품　이라도　가격　차　가　있는 경우　도　있다

● 「ある場合」는 동사 원형 「ある 있다」에 '경우'라는 뜻의 명사 「場合」가 접속하여 '있는 경우'라는 뜻을 나타낸다.

ある 있다 + 場合 경우 → ある場合 있는 경우

6-29

買う 前に 値段 の 比較 を しよう。
사다　전에　가격　　　비교　를　하자

● 동사의 원형에 「前に」가 접속하면 '~하기 전에'라는 뜻을 나타낸다.

買う 사다 + 前に 전에 → 買う前に 사기 전에

6-30

肌あれ に くすみ まで…。
거친 피부　에　칙칙함　까지

6-31

もの によって は、日本 の 方 が もっと やすい ね。
물건　에 따라서　는　일본　쪽　이　더　싸다　[종조사]

6-32

袋 が こんなに 多くなっちゃった。どうしよう。
봉투　가　이렇게　　많아졌다　　　어떻게 하지?

● 「多くなっちゃた」는 「多くなってしまった 많아져 버렸다」의 줄임말이다.
「多くなってしまった」는 い형용사 「多い 많다」가 네 번 활용된 형태이다.

① い형용사의 어미 「い」를 없앤 후, 「くなる」를 접속하면, '~게 되다'라는 〈변화〉의 뜻을 나타낸다.

多い + くなる → 多くなる

② 동사의 て형에 「しまう」가 접속하면, '~해 버리다'라는 〈동작의 완료〉, '~하고 말다'라는 〈결과에 대한 유감〉의 의미로 사용된다.
〈「多くなる」의 て형〉은 어미 「る」를 작은 「っ」로 바꾼 후, 「て」를 접속시킨다.

多くなる ┄→ っ + て → 多くなって

③ 동사의 て형에 「しまう」를 접속시키면, '~해 버리다'라는 뜻을 나타낸다. 과거형으로 바꿀 때에는 마지막 「しまう」부분만 변형시켜 주면 된다. 〈「しまう」의 과거형〉은 어미 「う」를 작은 「っ」로 바꾼 후, 「た」를 접속시킨다.

6 쇼핑으로 즐거워

多くなってしま**う** ┈→ っ + た → 多くなってしまった

④「多くなってしまった」에서「てしまった」를「ちゃった」로 줄여 표현할 수 있다.

6-33

こんな の が あるんだ。
이런　것　이　있구나

● 「んだ」는 〈강조 표현〉으로, 해석은 '~것이다, ~이다'로 되지만, 그 안에는 말하는 사람이 무언가를 전하고 싶은 강한 감정이 실려 있다는 것을 알자.

6-34

バッグ の ヒモ を 両手 で 上 に 引き上げる。
백　의　끈　을　양손　으로　위　로　끌어올린다

● 「引上げて下さい」는「引上げる 끌어올리다」의 て형에 의뢰의 표현인「下さい」가 접속된 형태이다.
〈引上げる〉의 て형〉은 어미「る」를 없앤 후,「て」를 접속시킨다.

引上げ**る** ~~デ~~ + て → 引上げて

6-35

次 は、どこ に 行こうかな～。
다음　은　어디　로　갈까?

● 「行こう」는「行く 가다」의 의지형이다.
〈「行く」의 의지형〉은 어미「く」를 'く의 お단'인「こ」로 바꾼 후,「う」를 접속시킨다.

行**く** ┈→ こ + う → 行こう

● 「かな」는 의문을 나타내는 조사「か」에 영탄을 나타내는「な」가 결합하여 가벼운 영탄을 내포한 의문을 표현하거나, 혼잣말로 자기 자신에게 물을 때 주로 사용되는 표현이다.

6-36

どれ も かわいい。　この ぬいぐるみ、ほしい。
어느 것　도　귀엽다　→ 전부 귀엽다　이　봉제인형　갖고 싶다

● 「ほしい」는 '갖고 싶다, 탐나다'의 뜻으로, 1인칭의 욕구를 표현하는 어휘이다.
2인칭일 경우에는 욕구를 물을 때에 한해 사용되고, 3인칭일 경우에는「ほしい」는 사용할 수 없고 「ほしがる」라고 한다.

これ、欲しい？
이거 갖고 싶어?

이거 갖고싶으면 애교 떨어봐!

ほしい、ほしい
갖고 싶어, 갖고 싶어.

뽀꼬는~
뽀꼬는!
그거 너무 갖고싶어연~

6-37

この	折り畳み傘、	かわいい。	これ	は、	買わなきゃ…。
이	접는 우산	귀여워	이것	은	사지 않으면…

→ 이건 사야 해.

● 「折り畳み傘」의 「折り畳み」는 동사 「折り畳む 접어 개다, 개키다」에서 온 것이다.

● 「買わなきゃ」는 「買わなければならない 사지 않으면 안 된다」의 의미이다.
「동사의 부정형의 어간 + なければならない」의 형태로 '~하지 않으면 안 된다'라는 뜻을 나타낸다.
「なければ」는 회화체에서는 「なきゃ」로 축약해 사용할 수 있다.
「買わなければならない 사지 않으면 안 된다」는 「買う 사다」의 부정형 어간인 「買わ」에 「~なければならない ~하지 않으면 안 된다」가 접속된 형태이다.
〈「買う」의 부정형〉은 어미 「う」를 「わ」로 바꾼 후, 「ない」를 접속시킨다.

買う ⋯⋯ わ + ない → 買わない

6-38

どれ	も	かわいい	から、	迷っちゃう	ね。
어느 것	도	귀엽다	때문에	망설여 버리다	[종조사]

→ 전부 귀여워서 망설여지네.

● 「迷っちゃう」는 「迷ってしまう」의 줄임말로 기본형은 「迷う 헤매다, 망설이다」이다.
동사의 て형에 「しまう 끝내다, 마치다」가 접속하여 '~해 버리다'라는 뜻을 나타낸다.
〈「迷う」의 て형〉은 어미 「う」를 작은 「っ」로 바꾼 후, 「て」를 접속시킨다.

迷う ⋯⋯ っ + て → 迷って + しまう → 迷ってしまう ＝ 迷っちゃう

6-39

おまえ、	読める	のか。
너	읽을 수 있다	~어?

● 「読める」는 「読む 읽다」의 가능형이다.
〈「読む」의 가능형〉은 어미 「む」를 'む의 え단'인 「め」로 바꾼 후, 「る」를 접속시킨다.

読む ⋯⋯ め + る → 読める

● 「のか」는 끝을 올려 말해 [↗] 상대방에게 질문이나 확인을 하는 의문표현이다.

写真 と 絵 だけ 見ても いいんじゃない。
사진　과　그림　만　봐도　　좋잖아

● 「～んじゃない」는 '～이 아니야?'라는 뜻으로, 자신의 의견을 반문하여 간접적으로 말하는 경우에 사용된다. 「いいんじゃない」는 '좋지 않아?'라는 부정의 표현으로 상대방에게 묻고 있는데, 그 뜻은 '좋잖아'라는 긍정의 의견을 상대에게 말하고 있는 것이다.

一階、二階、六階 だけ 行こう。
1층　2층　6층　만　가자

● 「行こう」는 「行く 가다」의 의지형이다.
　〈「行く」의 의지형〉은 어미 「く」를 'く의 お단'인 「こ」로 바꾼 후, 「う」를 접속시킨다.

行く⚫…こ + う → 行こう

読めるかどうか わからない けと、 一冊 だけ 買おう。
읽을 수 있을지 없을지　모른다　지만　한 권　만　사자
→ 읽을 수 있을지 없을지 모르겠지만, 한 권만 사자.

● 「読める」는 「読む 읽다」의 가능형이다.
　〈「読む」의 가능형〉은 어미 「む」를 'む의 え단'인 「め」로 바꾼 후, 「る」를 접속시킨다.

読む⚫…め + る → 読める

● 「～かどうか」는 '～할지 안 할지'라는 뜻의 문형이다.

● 「買おう」는 「買う 사다」의 의지형이다.
　〈「買う」의 의지형〉은 어미 「う」를 'う의 お단'인 「お」로 바꾼 후, 「う」를 접속시킨다.

買う⚫…➤ お + う → 買おう

やっぱり、ここ でも なか は 見られない ね。
역시　여기　에서도　안　은　볼 수 없다　[종조사]

● 「見られない」는 「見る 보다」의 가능형인 「見られる 볼 수 있다」의 부정형이다.
　〈「見る」의 가능형〉은 어미 「る」를 없앤 후, 「られる」를 접속시킨다.

　　見る + られる → 見られる

　〈「見られる」의 부정형〉은 어미 「る」를 없앤 후, 「ない」를 접속시킨다.
　　見られる + ない → 見られない

6-44

1　ブックカバー　を　つけますか。
　　　북 커버　　　　를　　씌울까요?

● 「つけますか」의 기본형 「つける」는 뜻이 많은 동사 중의 하나이다.
　'붙이다, 덧붙이다'라는 의미에서 북 커버 등을 씌울 때도 사용한다.

2　はい、つけて　ください。
　　　예　　씌워　　주세요

● 동사의 て형에 「ください」가 접속하면, '~해 주세요'라는 의뢰표현이 된다.
　〈「つける」의 て형〉은 어미 「る」를 없앤 후, 「て」를 접속시킨다.

　つける + て → つけて + ください → つけてください

3　いいえ、結構です。
　　　아니요　　됐습니다

● 「結構です」는 사양할 때 사용하는 표현이다. 또 다른 사양 표현인 「いいです」라고 해도 된다.

4　しおり　は　こちら　に　挟んで　おきます　ね。
　　　책갈피　는　이쪽　에　끼워　두겠습니다　[종조사]

● 동사의 て형에 「おく」가 접속하면 '~해 두다'라는 의미를 갖는다.
　「挟んで」는 「挟む 끼우다」의 て형이고, 「おきます」는 「おく 두다」의 정중형이다.
　〈「挟む」의 て형〉은 어미 「む」를 「んで」로 바꾸면 된다.

　挟む…んで → 挟んで

〈「挟んでおく」의 정중형〉은 어미 「く」를 'く의 い단'인 「き」로 바꾼 후, 「ます」를 접속시킨다.

挟んでお く ┈→ き + ます → 挟んでおきます

5 はい、どうも。
　예　　감사합니다

6-45

足、痛い。もう、歩けない。
다리 아프다　더　 걸을 수 없다

● 「歩けない」는 「歩く 걷다」의 가능형인 「歩ける 걸을 수 있다」의 부정형이다.

〈「歩く」의 가능형〉은 어미 「く」를 'く의 え단'인 「け」로 바꾼 후, 「る」를 접속시킨다.

歩 く ┈→ け + る → 歩ける

〈「歩ける」의 부정형〉은 어미 「る」를 없앤 후, 「ない」를 접속시킨다.

歩け る + ない → 歩けない

6-46

お風呂 に 入る。
욕조　에　들어가다 → 목욕하다.

6-47

足 に シップ を 貼る。
다리 에　습포제　를　붙인다 → 다리에 파스를 붙인다.

● 「歩いて」는 「歩く 걷다」의 て형으로 '걷고, 걸어서' 의 뜻이다.

〈「歩く」의 て형〉은 어미 「く」를 「いて」로 바꾸면 된다.

歩 く ┈→ いて → 歩いて

앗!
나나 치사하게
혼자 먹다니...

빨리 안오면
나혼자 다 먹는다.

틀린 그림 찾기 정답

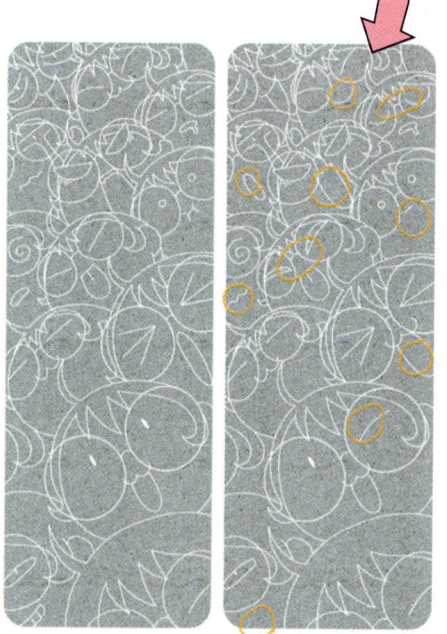

어려운 미로 정답

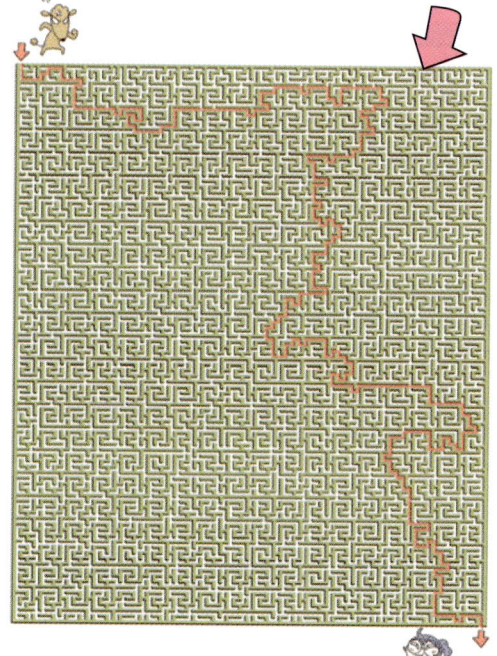

종이 인형 설명

1. 코팅을 하거나 투명 시트지를 붙인 후 오려주세요.

2. 뒤쪽에 둥글게 말은 테이프를 붙여 옷을 입혀 주면, 나만의 종이인형이 돼요.

태우거나 잘못 오릴 경우를 대비해서
몇 권 더 준비하는 센스!

아껴야 잘 살지.
난 다림질해서 코팅할 거야.

치~

의상 설명

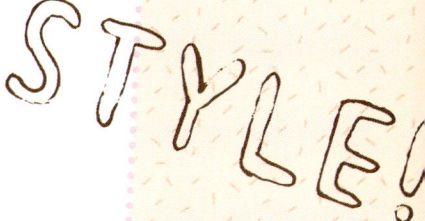

① チェックのシャツ 체크 셔츠

② ノースリーブワンピース 민소매 원피스

③ キャミソールワンピース 캐미솔 원피스

④ 横柄のTシャツ 가로 줄무늬 T셔츠

⑤ ピンクのブラウス 핑크색 블라우스

⑥ イエローのジャケット 노란색 재킷

⑦ リボンつきワンピース 리본 달린 원피스

⑧ ジーパン 청바지

⑨ ファーコート 모피 코트

⑩ トレンチコート 트렌치 코트

⑪ ペッティング 패딩

⑫ かわいいミニスカート 귀여운 미니 스커트

⑬ 短い半ズボン 짧은 반바지

⑭ バナナ模様のTシャツ 바나나 무늬 T셔츠

⑮ ドットワンピース 도트 원피스

⑯ ミニスカート 미니 스커트

⑰ サスペンダー 멜빵바지

⑱ ドレス 드레스

⑲ 麦わら帽子 밀집모자

STYLE!

일본어 문법 첫걸음

저자 | 커뮤니케이션 일본어연구회
초판 1쇄 인쇄 | 2008년 7월 30일
초판 2쇄 발행 | 2009년 1월 19일

발행인 | 박효상
편집 | 김진아, 신제찬
영업 | 이종선, 이태호
그림 | 오이랑
표지 디자인 | 장선숙
본문 디자인 | 북心
출판등록 | 제10-1835호
발행처 | 사람in
주소 | 121-839 서울시 마포구 서교동 379-10
전화 | 02) 338-3555(代)
팩스 | 02) 338-3545
E-mail | saramin@netsgo.com
Homepage | www.saramin.com

ISBN 978-89-6049-082-6